U0942509

北京奥运交通丛书之二

北京奥运交通需求

Beijing Olympic Transport Demands Analysis

刘小明　全永燊　郭继孚　孙壮志　编著

北京市交通委员会
北京交通发展研究中心　组织编著

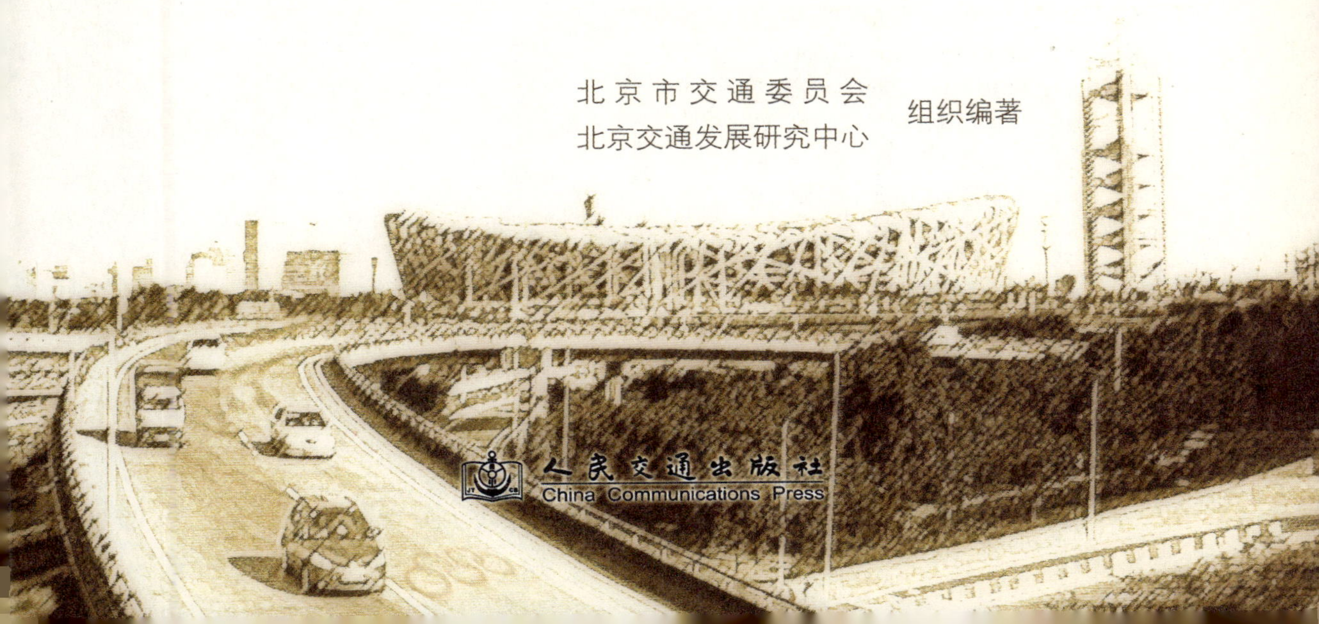

人民交通出版社
China Communications Press

内 容 提 要

本书是北京奥运交通丛书之二，在对“好运北京”测试赛期间各类比赛和活动进行大量交通调查的基础上，结合传统交通需求预测理论和方法，建立了基于奥运活动的城市宏观交通模型，提出了基于交通出行链的城市交通背景需求和奥运交通需求的预测方法，对北京奥运会、残奥会的交通需求进行了预测。

本书共五章，包括概述、奥运交通需求预测方法、大型赛事活动交通需求特征调查、北京奥运交通需求预测和北京奥运交通数字解读。

本书可作为政府部门、大型活动组织人员决策和工作参考用书，也可作为交通工作者、科技工作者、教育工作者研究和教学的参考资料。

图书在版编目（CIP）数据

北京奥运交通需求 / 刘小明等编著. -- 北京 : 人民交通出版社, 2010.7
（北京奥运交通丛书 ; 2）
ISBN 978-7-114-08508-6

Ⅰ. ①北… Ⅱ. ①刘… Ⅲ. ①奥运会－交通运输管理－研究－北京市 Ⅳ. ①G811.21②U491

中国版本图书馆CIP数据核字(2010)第119721号

书　　名：北京奥运交通丛书之二
北京奥运交通需求
著 作 者：刘小明　全永燊　郭继孚　孙壮志
责任编辑：戴慧莉
出版发行：人民交通出版社
地　　址：（100011）北京市朝阳区安定门外外馆斜街 3 号
网　　址：http://www.ccpress.com.cn
销售电话：（010）59757969，59757973
总 经 销：人民交通出版社发行部
经　　销：各地新华书店
印　　刷：北京盛通印刷股份有限公司
开　　本：787 × 980　1/16
印　　张：15
字　　数：276 千
版　　次：2010 年 7 月　第 1 版
印　　次：2010 年 7 月　第 1 次印刷
书　　号：ISBN 978-7-114-08508-6
定　　价：88.00 元

北京奥运交通丛书
编著委员会

前　言

Preface

2008，百年奥运，中华圆梦。

在党中央国务院的坚强领导下，在北京市委市政府和北京奥组委的统一指挥下，在国际奥委会国际残奥委会和相关国际组织的积极帮助下，在全国各族人民的大力支持下，北京奥运会残奥会圆满成功。北京奥运会残奥会实现了有特色、高水平和两个奥运同样精彩的目标，达到了让国际社会满意、让各国运动员满意、让人民群众满意的要求，全面兑现了向国际社会作出的郑重承诺。北京奥运会残奥会的成功举办，为我们留下了丰富的物质财富和精神财富，同时也积累了宝贵的经验。奥运会后，北京市委市政府站在新的起点上，认真贯彻落实科学发展观，坚持“绿色奥运、科技奥运、人文奥运”理念，大力推进人文北京、科技北京、绿色北京建设，努力把首都建设成为繁荣、文明、和谐、宜居的首善之区。

北京奥运会残奥会的交通问题一直是国际社会关注的热点之一。从 2001 年申奥成功至 2008 年奥运会残奥会举办，这 7 年间，为实现申办奥运交通承诺，首都交通人深入学习实践科学发展观，全面践行“绿色奥运、科技奥运、人文奥运”理念，了解奥运交通需求、编制奥运交通规划、加快奥运交通建设、制订奥运交通政策、实施交通科技创新、评估奥运交通风险、落实奥运交通方案等，实现了北京奥运会残奥会期间交通安全顺畅，公共交通和城市货运保障有力，赛事交通与社会交通和谐运转，受到了国际社会、各国运动员和广大北京市民的高度称赞。

“新北京、新奥运”战略为北京交通的跨越式发展提供了难得的机遇：创新了科学高效的交通管理体制和运行机制；建成了一大批交通基础设施；大力优先发展公共交通，使人民群众普遍得到实惠、出行更加便捷；智能交通等一批科研成果得到了推广应用，城市交通管理服务水平进一步提高；实施了交通需求管理政策，积累了城市交通管理的成功经验；开展了交通安全隐患排查治理和交通应急演练，全面实现了“平安奥运”交通目标；成功实施了奥运交通运行各项方案，为举办大型活动做好交通保障积累了宝贵经验；锻炼培养了一批懂技术、能管理、会服务、高素质的交通服务团队和人员；首都交通行业服务意识和服务水平大幅提高，交通志愿者热情服务成为了首都窗口服务行业的靓丽风景；“公交优先、绿色出行”的理念更加深入人心；交通规划、建设、运营、管理、服务水平明显提升，为北京奥运会残奥会提供了强有力的交通保障。

北京奥运会残奥会交通保障任务的圆满完成，为我们留下了丰富的物质财富和精神财富，同时也积累了宝贵的交通发展经验。站在新的发展起点上，北京市委市政府提出了今后一段时期建设以“人文交通、科技交通、绿色交通”为特征的新北京交通体系的目标，制订印发了《北京市建设人文交通科技交通绿色交通行动计划》，为建设“人文北京、科技北京、绿色北京”，努力把北京建设成为繁荣、文明、和谐、宜居的首善之区提供强有力的交通支持。

为进一步坚持以科学发展观为指导，借鉴奥运交通保障的成功经验推动首都交通发展，为大型活动交通保障提供借鉴，并为教学、科研人员提供研究参考，北京市交通委员会、北京交通发展研究中心组织有关人员编著了《北京奥运交通丛书》。这是集体智慧的结晶，也是将实践经验、科研成果与理论相结合的有益探索。

《北京奥运交通丛书》共分 8 册，从奥运交通需求、规划、建设、运行、政策、科技、安全应急等方面对北京奥运交通进行了较为全面的描述。《北京奥运交通总论》介绍了奥运交通工作的主要内容及做法经验；《北京奥运交通需求》介绍了北京奥运交通服务标准、需求特征、需求分析和北京奥运需求情况等内容；《北京奥运交通规划》介绍了北京奥运申办以来交通规划系统的构成及主要规划内容；《北京奥运交通建设》介绍了北京奥运筹办期间城市交通基础设施及奥运期间临时交通设施的建设情况；《北京奥运交通政策》介绍了北京奥运期间采取的交通需求管理政策制订过程及方法，实施效果及其评价；《北京奥运交通运行》介绍了北京奥运赛时期间交通运行和交通保障过程；《北京奥运交通科技》介绍了北京奥运筹办举办过程中智能交通技术和新技术、新材料、新工艺在交通中的应用；《北京奥运交通应急管理》介绍了北京奥运期间交通安全风险评估、交通应急管理等内容。

《北京奥运交通丛书》的编写力求采取理论和实际相结合的手法，既反映北京奥运申办、筹办、举办过程中的交通筹备、运行组织过程，也论述了大城市交通发展和大型活动的交通规划、建设、组织、管理等相关理论问题，提出了一些新理念、新观点、新方法，并进行实证分析，希望能让广大读者从中获益和启迪。

由于时间仓促，加上编写水平有限，不妥之处敬请广大读者批评指正。

《北京奥运交通丛书》编著委员会

2010 年 2 月

目　录

Contents

1 概 述

2001 年 7 月 13 日晚，北京终于成功地取得了 2008 年奥运会的主办权。自 2001 年 7 月到 2008 年 8 月，北京进行了为时七年多的奥运会、残奥会筹备工作。

在城市发展建设和奥运筹备并进的七年中，如何正确处理奥运会期间的短期交通特殊需求与城市日常交通需求的关系，既保证七年后奥运会各项赛事活动顺利开展，又能以奥运作为城市的发展契机，通过奥运筹办促进城市交通可持续发展就成了一个不可回避的重大课题。

破解这一难题的关键首先在于对奥运交通需求与城市日常交通需求的双重属性（兼容性和差异性）的正确把握，即两者的差异性究竟在哪里？同时又在多大程度上可以相互兼容？

这需要在正确认识和把握城市交通的发展演变规律的同时，了解和掌握奥运交通的需求特征；需要在建设和完善城市交通基础设施的同时，又兼顾奥运交通的需要；需要在基于城市交通和奥运交通两种运转体系和两套服务标准的前提下，做到两个交通和谐运转。这就要求正确并全面把握城市交通和奥运交通的需求，从需求出发，安排交通基础设施建设，做好相关的筹办工作。

本书从城市交通和奥运交通两个方面，分析论述了交通的需求概况、需求调查、需求特征和需求预测等内容。

1.1 奥运交通服务客户群和服务标准

1.1.1 奥运会、残奥会交通服务客户群

奥运会、残奥会期间赛事交通服务客户群包括：国际奥委会（IOC[1]）主席、国际

[1] IOC:International Olympic Committee

残奥委会（IPC[1]）主席、秘书长及官员；国际贵宾（国家元首、政府首脑、王室代表）、各国体育部长；国家（地区）奥委会（NOC[2]）、国家（地区）残奥委会（NPC[3]）主席、秘书长及官员；各国际单项体育组织主席、秘书长及工作人员；运动员、随队官员；技术官员，注册媒体；工作人员、合同商及志愿者；持票观众等。

1.1.2 奥运交通服务标准

1.1.2.1 交通服务标准的制订

奥运会交通服务标准是提供交通服务的准则，是指导举办城市做好奥运会残奥会交通筹备工作和国际奥委会及国际残奥委会考察、评价举办城市交通服务工作的依据。

和往届奥运会一样，参考国际奥委会《交通技术手册》[4]、《主办城市合同》、《申办报告》等相关资料，在充分借鉴历届奥运会交通服务成功经验的基础上，结合北京交通实际特点，与国际奥委会（IOC）、国际残奥委会（IPC）、国际单项体育联合会（IF[5]）、国际残疾人体育单项联合会（IPSF[6]）、注册媒体、赞助商等各客户群，在反复酝酿、多次沟通的基础上，制订了北京奥运会、残奥会交通服务标准。

交通服务标准中明确了为各类注册客户群提供的交通服务的基本原则、政策和程序，包括服务的类别、时间、规范及服务的主要内容等。

1.1.2.2 交通服务类别

按照《交通技术手册》的要求，国际奥委会根据奥运会交通服务工作的实际需要，依据提供的交通服务方式将参加奥运会的客户群体划分为 T1 ~ T5 五种类别。奥林匹克交通系统根据出行主体的交通特性，提供不同的交通出行服务模式，满足不同客户群体的交通需求。

表 1–1 列出了奥林匹克出行主体及其交通服务方式。不同出行主体的交通服务方式是奥运会期间交通服务安排与交通组织规划的重要依据之一。

不同交通服务类别的交通服务标准及交通权限如表 1–2 所示。除表中所列外，同时还向不同客户群提供专用分配车辆服务、收费卡车辆服务和出租汽车服务。

---

1 IPC:International Paralympic Committee

2 NOC:National Olympic Committee

3 NPC:National Paralympic Committee

4 《交通技术手册》（《Technical Manual on Transport》），IOC

5 IF: International Federation

6 IPSF:International Paralympic Sport Federation

表1-1　奥运交通服务方式及出行主体

主体＼方式	T1	T2	T3	T4	T5
交通服务客户群	国际奥委会主席、委员及其客人； 国际体育单项组织主席、秘书长及其客人； 国家（地区）奥委会主席和秘书长（代表团人数大于50人）； 国际贵宾（国家元首、政要和王室成员）； 赞助商贵宾	国际奥委会医疗委员会官员； 世界反兴奋剂组织官员； 国际体育单项组织技术代表； 体育仲裁法庭官员； 国家（地区）奥委会官员（人数小于50人）	国际奥委会、相关组织官员及其客人	运动员及随队官员、技术官员、持证媒体、赞助商	观众、志愿者及工作人员（早到场迟离场）

表1-2　奥运会交通服务标准

交通级别		交通服务	用车标准（人/车）	交通权限
T1		固定车辆及驾驶员的专用车服务，1人1车	1	T1　交通服务 T3　交通服务 免费公共交通
T2		固定车辆及驾驶员的合乘车服务，2人或多人合用1辆车	2	T2　交通服务 T3　交通服务 免费公共交通
T3		通用合乘车服务，分为即时和预订两种服务方式	≥3	T3　交通服务 免费公共交通
T4班车系统	TA	运动员及随队官员专用班车	50	TA班车系统 免费公共交通
	TF	技术官员及国际单项体联专用班车		TF班车系统 免费公共交通
	TM	媒体专用班车		TM班车系统 免费公共交通
T5（TP）		公共交通	70～100	免费公共交通

（1）**T1 交通服务**。T1 交通服务是指对持有 T1 类别身份注册卡的客人提供配有专职驾驶员的小客车服务。

服务时间 :T1 交通服务将从客户抵达北京后开始提供。每天服务时间原则上为

7:00 ～ 24:00（根据赛事活动需要可适当延长服务时间），其他时间使用 T3 类别车辆提供交通服务。

服务范围：北京六环路以内的任何地点和六环路以外的场馆及指定旅游景点。

（2）T2 交通服务。T2 交通服务是指对持有 T2 类别身份注册卡的客人提供配有驾驶员的专用合乘小客车服务。

服务时间和服务范围与 T1 相同。

（3）T3 交通服务。T3 交通服务是指对持有 T3 类别身份注册卡的客户提供的配有驾驶员的合用车辆（T1、T2 类别客人均可乘坐 T3 车辆）。

服务时间：每天服务时间为 24h，其中 7:00 ～ 24:00 提供竞赛场馆、首都机场和抵离地点、总部饭店、国际广播中心／主新闻中心、赞助商接待中心、奥运村、媒体村、签约饭店和其他奥组委指定的场所之间的交通服务；00:00 ～ 7:00 只提供奥组委指定驻地、国际广播中心／主新闻中心、注册中心、首都机场等场所之间的交通服务。

服务范围：北京六环路以内的任何地点和六环路以外的场馆及指定旅游景点。

服务方式：在竞赛场馆、首都机场、总部饭店、国际广播中心／主新闻中心、奥运村设立交通服务台，客户通过交通服务台申请即时的 T3 交通服务，可在 15min 内获得服务；前往其他奥组委指定场所的客户将通过 T3 服务中心和驻地交通服务台提前 6h 预约；前往相同目的地或者距离较近的目的地的客户将共同使用车辆。

（4）T4 交通服务。T4 交通服务是指为运动员和随队官员（TA）、技术官员（TF）及注册媒体（TM）提供的专用班车服务，班车按照事先制订好的线路和班车运行时刻表运行。

（5）T5（TP）交通服务。T5 交通服务是为所有持奥运会身份注册卡的人员以及持当日观赛门票的观众提供的免费公共交通服务。

（6）专用分配车辆服务。按国际奥委会有关规定，北京奥组委为各国家（地区）代表团、国际奥委会行政部门、奥林匹克博物馆、国际摄影车队、国内摄影车队等提供专用车辆和驾驶员，根据客户的需求提供交通服务。所分配的车辆只服务于北京市六环路以内的任何地点和六环路以外的场馆及指定的旅游景点。

（7）收费卡车辆服务。北京奥组委为各类注册客户群提供收费卡车辆服务，注册人员可通过收费卡项目预定车辆。

（8）出租汽车服务。在奥运村、国际广播中心／主新闻中心（IBC/MPC）、媒体村、竞赛场馆、各签约饭店及其他奥运重要场馆周边设置出租汽车站，提供有偿出租汽车服务。

1.1.2.3　交通服务优先级

对于不同的客户群体，其交通服务优先级不同。按照 IOC 的规定，运动员及随队官员享有最高交通服务优先级，技术代表和技术官员其次，如图 1-1 所示。

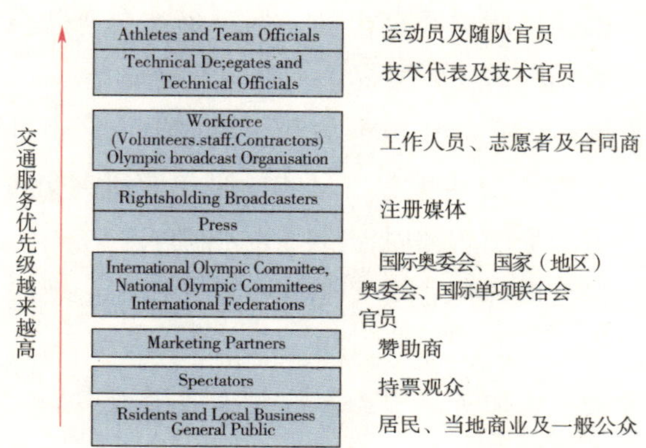

图1-1　奥运会残奥会不同客户群交通服务优先级示意图[1]

1.1.2.4　各客户群交通服务

1）国际奥委会交通服务标准

根据国际奥委会的规定，北京奥组委为国际奥委会成员分别提供 T1、T2、T3 和专用车辆服务（表 1-3）。为国际奥委会成员提供包括抵离、会议和活动、开闭幕式等主要内容的交通服务。

表1-3　IOC各客户群交通服务类别

交通服务类别	客 户 类 别
T1	国际奥委会主席、委员及其客人
	新当选的国际奥委会运动员及其他国际奥委会指定人员
	国际奥委会医疗委员会
T2	世界反兴奋剂组织
T3	体育仲裁法庭
	国际奥委会、相关组织、机构的官员及客人
专用分配车辆	国际奥委会行政用车
	奥林匹克博物馆

[1] 引自IOC《Technical Manual on Transport》

（1）抵离。国际奥委会成员抵达北京时，为其提供从首都机场到奥组委指定驻地、注册中心之间的相应级别的交通服务；在国际奥委会成员离开北京时，为其提供相应级别的交通服务。

（2）会议和活动。根据国际奥委会全会、国际奥委会执委会、国际奥委会协调委员会以及其他会议或活动的需要，可提供大客车交通服务。

（3）开闭幕式。为国际奥委会成员参加开闭幕式提供从奥林匹克大家庭成员饭店前往奥运会主会场的大客车交通服务。具体的服务计划由交通部门与奥组委礼宾部门、开闭幕式部门、主会场团队和安保部门共同制订。

（4）观察员项目。根据国际奥委会《交通技术手册》的要求，为观察员提供有偿的交通服务。

（5）专用及专用分配车辆服务。根据服务对象的交通类别，为国际奥委会成员提供专用和合用车辆的交通服务。

① 国际奥委会（T1 交通服务）。为国际奥委会委员（包括名誉委员和荣誉委员）、国际奥委会总干事和国际奥委会各委员主任及其他国际奥委会指定人员每人提供 1 辆配备有驾驶员的小客车。另外，将为奥运会期间举行的国际奥委会运动员委员会选举会议，提供 15 辆配备有驾驶员的小客车，以满足新选出的国际奥委会委员及国际奥委会指定的其他人员的使用。

② 医疗委员会（T2 交通服务）。为国际奥委会医疗委员会提供 30 辆配备驾驶员的小客车。

③ 体育仲裁法庭（T2 交通服务）。为体育仲裁法庭提供 10 辆配备驾驶员的小客车。

④ 世界反兴奋剂组织（T2 交通服务）。为世界反兴奋剂组织提供 12 辆配备驾驶员的小客车。

⑤ 奥林匹克博物馆。自奥运会开幕式前一周到奥运会闭幕式后一周，为奥林匹克博物馆提供商务用车。

⑥ 国际奥委会行政管理部门。为满足国际奥委会行政管理部门（如国际奥委会市场部、国际奥委会奥运村部）的车辆需求，将另外提供 15 辆小客车。

⑦ 奥林匹克青年营。自奥运会开幕式前两天至奥运会闭幕式后一天，为奥林匹克青年营提供免费的大客车服务，以满足他们观看比赛和参加活动的需求。

（6）国际奥委会委员的随行人员及客人的接待服务。在奥运会开幕式前举行的国际奥委会执行委员会会议和国际奥委会全会期间，为参会的国际奥委会委员的随行人员及客人提供其需要的交通服务。

2）运动员、随队官员及国家（地区）奥委会交通服务标准

北京奥组委为运动员、随队官员及国家（地区）奥委会提供的交通服务类别及客户类别见表 1-4，包括班车服务和专用及专用分配车辆服务。

表1-4　运动员、随队官员及国家（地区）奥委会交通服务标准

交通服务类别	客户类别
T1	国家（地区）奥委会主席和秘书长（参会运动员人数大于50人）
	外国国家元首、政府首脑、王室成员团队
	代表团团长、副团长
T2	国家（地区）奥委会主席和秘书长（参会运动员人数小于50人）
T3	国家奥委会的官员及客人
代表团用车	代表团工作用车
T4	运动员及随队官员

（1）运动员及随队官员班车（T4 交通服务）。从奥运村开村到闭村期间，将为在奥运村或者奥组委指定地址住宿的运动员、随队官员及其随身行李和运动器材提供班车服务。具体内容如下：

① 抵离。抵离期间，为集体抵离的运动员、随队官员提供即时班车服务，为零散抵离的运动员、随队官员提供合乘班车服务。

在奥运村预开村期间（2008 年 7 月 18 日 ~ 7 月 24 日），为参加代表团注册会的代表团团长和随行团员提供首都机场与奥运村之间的交通服务。

② 训练及比赛。

a. 运动员及随队官员比赛、训练班车。按照竞赛和训练日程，为运动员和随队官员提供从奥运村至竞赛场馆、训练场馆的班车服务。其中，在开幕式当天，对仍需要训练的运动员及随队官员提供的班车服务将在 13:00 结束，如仍需训练的，由各代表团使用分配车辆前往训练场馆。

b. 集体项目用车。为参加集体项目的代表队每队提供 1 辆专用大客车，用于比赛、训练以及参加国际单项体育组织联合会官方会议。但使用大客车时，需要提前预订。

c. 随身器材运输。根据实际交通需求，为运动员随身器材较多的体育项目实时提供运输车辆。

③ 观看比赛。对于集体项目，为观看比赛的运动员、随队官员提供从奥运村至竞赛场馆的班车服务。

对于非集体项目，允许观看比赛的运动员、随队官员乘坐比赛班车前往场馆。在乘车时，参赛人员优先。

④ 奥运村。

a. 与奥运村外其他奥组委指定驻地之间的交通服务。在奥运村与奥组委确定的超编官员驻地之间提供 24h 运行的班车服务。

b. 与市中心的交通服务。在奥运村外围设置通往北京市中心的 24h 运行的公共交通，持身份注册卡的运动员和随队官员可免费乘坐。在奥运村外围设置出租汽车站，可提供有偿交通服务。

c. 奥运村内交通服务。从奥运村开村至奥运村闭村期间，根据班车时刻表，为奥运村内的所有持证人员和客人提供 24h 交通服务。

d. 旅游景点交通服务。为运动员和随队官员提供由奥运村到指定旅游景点的专线班车服务。

e. 专项服务。根据国际奥委会规定，在为代表团配备的车辆不能满足其交通需求的情况下，将提供有偿的交通服务，此项服务可在奥运村预定。

⑤ 开闭幕式。为运动员和随队官员提供集体往返于奥运村至开闭幕式主会场的交通服务，包括为闭幕式当天下午比赛结束时间晚的运动员提供直接前往主会场的交通服务。

（2）专用及专用分配车辆服务。为国家（地区）奥委会提供的专用车辆包括：代表团专用车、国家（地区）奥委会主席和秘书长用车。

① 代表团专用车辆。根据代表团的规模分配代表团专用车辆，具体分配原则见表 1–5（包括为代表团正、副团长服务的车辆）。

② 国家（地区）奥委会主席和秘书长用车。为参赛运动员人数在 50 人以下（含）的国家（地区）奥委会主席和秘书长提供合用的专车和驾驶员（T2 交通服务），为参赛运动员人数在 50 人以上的国家（地区）奥委会主席和秘书长分别提供专车和驾驶员（T1 交通服务）。

表1–5 代表团规模与车辆配给数

代表团规模（人）	配车数量（辆）
1～10	1
11～50	2
51～100	3
101～200	4
201～300	5
301～400	6
401～500	7
501以上	8

注:表1–5来源于《国际奥委会奥运村指南》。

（3）**国际贵宾交通服务**。国际贵宾指由各国国家（地区）奥委会邀请参加奥运会的国家元首、政府首脑、皇室成员和体育部长。按照国际奥委会规定，国际贵宾应享受提前预约的合乘车交通服务（T3）。按照历届奥运会惯例，将充分考虑国际贵宾的特殊需求，为其提供专用车辆和驾驶员服务（不包括开、闭幕式）。

由安保部门负责，为特定贵宾提供安装有特殊安保设施的车辆和驾驶员，这些车辆允许与奥组委车辆赞助商品牌不同；由使馆或领事馆为国际贵宾提供的专用车辆，也允许与奥组委车辆赞助商品牌不同。

3）注册媒体交通服务标准

注册媒体交通服务的客户包括：奥林匹克转播组织、持权转播商和文字 / 摄影记者。

北京奥组委为注册媒体提供的交通服务包括媒体班车服务和媒体专用分配车辆服务（表 1–6）。

表1–6　媒体客户服务标准

交通服务类别	客 户 类 别
T4	主转播商、持权转播商、文字和摄影媒体
专用分配车辆服务	国际摄影车队
	国家摄影车队
	北京奥林匹克转播有限公司（BOB）

（1）媒体班车（T4）。

媒体班车按班车时刻表运行，实际运送能力按照车辆核载人数的 2/3 计算（如 50 座的车辆，计划每次车程最多可运送 30 ~ 35 人和他们的随身物品）。

① **抵离**。开幕式前（2008 年 7 月 25 日 ~ 8 月 7 日）为注册媒体人员及其随身携带的行李及器材提供从首都机场至媒体注册中心、奥组委指定媒体驻地之间的班车服务；开幕式至闭幕式期间（2008 年 8 月 8 日 ~ 8 月 24 日），提供往返于首都机场至主新闻中心 / 国际广播中心之间、往返于主新闻中心 / 国际广播中心至奥组委指定的媒体驻地之间的班车服务；闭幕式后（2008 年 8 月 25 日 ~ 8 月 27 日）提供从奥组委指定媒体驻地至首都机场的班车服务。

为集中抵离的媒体机构（包括持权转播商和文字 / 摄影媒体）提供首都机场至奥组委指定媒体驻地之间的专线交通服务。

为北京奥林匹克转播有限公司工作人员提供从首都机场往返于注册中心和制服发放中心的交通服务。

② **开闭幕式**。为注册媒体提供集体乘车往返于奥组委指定媒体驻地至国际广播中心 / 主新闻中心、国际广播中心 / 主新闻中心至主会场的班车服务。

③ 驻地与国际广播中心 / 主新闻中心之间的班车。从开幕式前 14 天至闭幕式后 3 天（2008 年 7 月 25 日 ~ 8 月 27 日），提供往返于国际广播中心 / 主新闻中心与奥组委指定的媒体驻地（媒体村、媒体饭店）之间的班车服务。

④ 国际广播中心 / 主新闻中心与场馆之间的班车。以国际广播中心 / 主新闻中心为中心，分别提供往返于各比赛、训练场馆、奥运村等地的班车服务。

a. 国际广播中心 / 主新闻中心与奥运村之间班车。从奥运会开幕式前 14 天至闭幕式后 1 天（2008 年 7 月 25 日 ~ 8 月 25 日），提供往返于国际广播中心 / 主新闻中心与奥运村之间的班车服务，运行时间为 8:30 ~ 21:30。

b. 国际广播中心 / 主新闻中心与竞赛场馆之间的班车。提供从国际广播中心 / 主新闻中心往返于各竞赛场馆的交通服务，服务从奥运会开幕式前 4 天（2008 年 8 月 4 日）到场馆最后一项比赛结束，每天首班班车在比赛前 3h 到达场馆，末班班车于比赛结束后 3h 驶离场馆，首末班车之间的交通服务按赛事需求提供定时班车。

c. 采访训练班车。提前 24h 提出经批准的集体采访训练交通需求，安排往返于国际广播中心 / 主新闻中心至训练场馆的班车。

d. 会议和活动交通服务。为国际奥委会和北京奥组委组织的活动以及允许注册媒体集体采访的会议活动提供往返于国际广播中心 / 主新闻中心到活动现场的班车服务。

e. 奥组委指定媒体驻地与竞赛场馆之间班车。对于场馆与媒体驻地距离比较近的比赛项目，将在该项目第一场比赛开始前 3h 开通一班直接从媒体驻地前往竞赛场馆的班车。

为北京奥林匹克转播有限公司（BOB）工作人员提供从驻地往返于相应竞赛场馆之间的专用班车服务。服务时间为奥运会转播公司工作人员每个工作班次开始至结束。具体为：比赛开始前 3.5h 和 2.5h 抵达各一次；比赛结束后 1.5h 和 2.5h 返回各一次。

如有需要，BOB 工作人员可以使用其他注册媒体班车。为 BOB 工作人员开通的班车，其他注册媒体也可以使用。

f. 竞赛场馆之间班车。为在两个以上场馆进行的现代五项比赛、铁人三项、起点和终点相隔较远的马拉松、公路自行车比赛，提供竞赛场馆或起终点之间的班车服务。

（2）专业分配车辆服务。

① 北京奥林匹克转播有限公司（BOB）车辆。根据历届奥运会惯例，为奥运会

转播公司提供专用车辆。车辆的类型、数量、运行方式及管理由奥组委与奥运会转播公司协商确定。

② 摄影车队车辆。为国际奥委会指定的国际奥林匹克摄影车队成员、国际摄影车队各提供两辆专用 7 座商务车并安排驾驶员。

4）市场开发合作伙伴交通服务标准

北京奥组委为市场开发合作伙伴提供的交通服务包括赞助商专用车辆和赞助商租赁大客车。

（1）赞助商专用车辆。根据北京奥组委的《市场开发计划协议》、《市场开发接待指南和基本操作标准》、《国际奥委会接待技术手册》以及奥组委签署《赞助协议》的各项规定，为奥林匹克合作伙伴（TOP 赞助商）和北京奥运会市场开发合作伙伴提供 T1 和 T3 的交通服务。

（2）赞助商租赁大客车。根据赞助商提出的交通需求，为其提供收费的大客车服务或协助赞助商租用大客车。

5）工作人员交通服务标准

工作人员包括奥组委付薪工作人员、志愿者和合同员工。

北京奥组委为工作人员提供的交通服务主要是免费的公共交通服务（包括地铁、公共汽（电）车）。

6）观众交通服务标准

奥运会期间，观众交通主要依靠公共交通出行，观赛观众可持当日票免费乘坐公共汽（电）车或地铁前往场馆。各竞赛、训练场馆和相关奥运场馆不提供观众自驾车停车场。

对交通需求集中的场所，如奥林匹克公园等奥运场馆，根据场馆的交通需求情况，在已有城市轨道交通和现状公交线路的基础上开辟适量的奥运公交专线，使持票观众可充分利用公共交通抵离各场馆。

公共交通运行时间：奥运会期间从奥林匹克公园到市中心开辟 24h 运行的奥运公交专线；部分公共交通线路在主要道路上提供夜间公交服务；竞赛场馆公交线路的运营时间根据比赛时间适当延长。

1.1.3 残奥会交通服务标准

本着两个奥运同样精彩的原则，北京残奥会组委会为残奥会提供了与奥运会相同标准的交通服务。残奥会的交通服务类别、各客户群交通服务标准参照奥运会。

1.1.3.1　国际残奥委会交通服务

根据国际残奥委会的规定，北京奥组委为国际残奥委会成员分别提供 T1、T2、T3 和专用车辆服务，见表 1–7。

表1–7　国际残奥委会成员交通服务标准

交通服务类别	客户类别
T1	国际残奥委会主席、副主席
	国际残奥委会委员
	国际残奥委会首席执行官
	国际残奥委会部门主任
	国际残奥委会名誉委员会委员
	国际奥委会主席
T2	世界反兴奋剂组织观察员
	体育仲裁法庭成员
T3	国际残奥委会主席、副主席、国际残奥委会委员、首席执行官、国际残奥委会名誉委员会委员、国际奥委会主席等的陪同和随员
	国际残奥委会的客人
	地区组织主席、秘书长及陪同客人
	国际残奥委会各理事会主席、委员、常设委员会主席、委员
	国际残奥委会医学官员
	国际奥委会委员及陪同客人、国际奥委会部门主任及工作人员
	国际残奥委会官方摄影师、摄像师
	国际残奥委会工作人员、顾问
	过去、未来残奥会组委会主席、秘书长及陪同客人
TP	国际残奥委会客人的陪同与随员

1.1.3.2　代表团车辆分配

残奥会代表团车辆分配标准见表 1–8。

表1-8　残奥会各代表团车辆分配标准

代表团规模（人）	无障碍车辆数（辆）	代表团车辆总计（辆）
1～10	0	2
11～50	1	3
51～100	1	5
101～200	2	7
201～300	2	8
301～400	2	9
401以上	3	11

1.1.3.3　无障碍交通服务

为保证为残奥会提供良好的无障碍交通服务，北京残奥会特别为乘坐轮椅的残疾人客户群制订了无障碍客车服务标准。

（1）无障碍专用、合用客车服务。为 T1、T2、T3 客户，提供无障碍专用、合用客车服务（伊斯坦纳无障碍车辆）。T1、T2、T3 小客车无障碍标准是：

① 后车门为乘坐轮椅人员上下车门；

② 后车门处设置电动升降平台和扶手，并设有应急手动装置；

③ 在升降平台和车厢地板放置轮椅处，设置固定轮椅的装置和安全保险带；

④ 后车门和车厢内设置呼叫按钮；

⑤ 车厢内设置相应的陪同座椅；

⑥ 后车门门楣处，设置明显的安全提示标志；

⑦ 后车门宽度应不小于 1000mm；

⑧ 车内空调和音响设施良好；

⑨ 车辆安全、技术和环保标准符合国家及北京市有关规定。

（2）无障碍大客车服务。为参赛运动员、随队官员、技术官员、媒体记者，提供无障碍大客车服务。无障碍大客车的标准是：

① 残奥会无障碍大客车为低地板结构（一级踏步）；

② 后车门处设有电动踏板（并有应急手动系统）；

③ 后车门处外车身板和车厢多功能区前立柱上分别设置呼叫按钮；

④ 每个轮椅位置配备固定轮椅的装置（含临时固定措施）以及安全扶手；

⑤ 车内轮椅位置不少于 7 个；

⑥ 踏板区使用黄色等醒目的颜色；

⑦ 后车门宽度应不小于 1000mm ；

⑧ 车内通道的空间要满足轮椅通行的角度；

⑨ 车内空调和音响设施良好；

⑩ 车辆安全、技术和环保标准符合国家及北京市有关规定。

1.2 奥运交通需求的特点

在奥运会期间，为奥运各种客户群体提供交通出行服务是奥运交通服务团队的主要任务。奥运交通和城市日常交通相比，虽然需求总量不大，但时空分布集中、需求层次多、准点率要求高。其具体特点表现为以下几点。

1.2.1 奥运交通服务客户群具有多样性的特点

奥运交通服务的客户群来自 200 多个国家和地区，他们有着不同的文化背景和宗教信仰;服务的对象涉及国际奥委会官员、国家贵宾、运动员、裁判员、技术官员、志愿者、组织人员、赞助商、贵宾、媒体、观众等各类人员，具有多样性的特点。

1.2.2 对奥运不同客户群的交通服务类别有较为严格的约定

如前所述，从交通服务类别上，国际奥委会将不同客户群分为 T1 ~ T5 五个交通服务类别。对各类别所属的客户群及其服务标准,国际奥委会都有比较严格的约定。

总体上,T1 ~ T4 客户群对出行的时效性、私密性和舒适性要求较高,但数量较少,便于组织；而 T5 交通群体具有数量大、高度分散和难以组织的特点。

1.2.3 奥运交通需求时空分布的高度聚集性

奥运会客运交通需求在时间上和空间上都具有显著的高峰聚集性特点。悉尼奥运会期间，奥运村铁路和公共汽车承担的客流量具有明显的峰值，在奥运客流的高峰时段，奥运交通会给城市交通系统带来巨大的压力，高峰比赛日公交系统乘客运输总量甚至可达正常情况的 2 倍；盐湖城奥运会期间，公共交通乘客人数有显著的增长，并且在某些比赛日会出现非常明显的客流高峰，其中一个典型比赛日的奥运客流量接近全赛程（共 16 个赛日）总量的 1/3，客流集中程度非常明显。

通过对北京奥运会赛事安排的分析，发现北京奥运会交通需求同样具有明显的高峰集中的特点。以奥林匹克公园观众客流需求为例，高峰日观众客流需求可达全赛程平均客流需求量的 1.8 倍，同时，存在着显著的高峰需求期。

奥运会交通需求出现以上特点的原因主要有两方面：一方面，在比赛项目的时间安排上，考虑国际转播等需要，部分上座率高和观众数量大的比赛项目安排过度集中，导致观众客流集中在了某些时段。另一方面，在比赛项目的空间安排上，一些重大项目竞赛场馆的安排集中于部分场馆区，使众多的观众向部分区域汇聚。如运动员、裁判员与媒体成员的交通端点分别为奥运村和各竞赛场馆；对于除运动员与裁判员以外的奥林匹克大家庭成员、贵宾与赞助商，其出行起（终）点为驻地，终（起）点为各竞赛场馆；对于普通观众、组委会人员以及志愿者、表演人员，其出行起（终）点分布在全市各个区域，而终（起）点为其服务或观看比赛的场馆。这种客流高峰集中现象在奥林匹克公园最为显著，奥林匹克公园是比赛项目和重大活动最集中的区域，其观众集散问题也将是奥运会期间必须面对的最严峻的交通问题之一。

从另一个角度看，与奥运相关的各类群体出行时空分布的高度集聚特征在客观上表明它对整个城市的交通运行影响只是局部性的，而且就其总量而言，即便是高峰日的出行总量，也只相当于城市出行总量的 5% 左右。因此，只要能够充分把握奥运短期交通需求的特殊规律性，有相应的应对策略和措施，完全有可能把它对城市日常出行的影响减至最小，做到奥运交通和城市交通和谐运转。

1.2.4　奥运交通需求的规律性

奥运会期间，尽管与赛事相关的各类群体出行需求（T1 ～ T5）呈显著的多层次差异性，各层次人群出行目的、出行路线、出行时间以及出行工具选择均不相同，而且需要为之提供的交通服务标准也有很大差别，但奥运交通需求的产生，源于奥运会的比赛项目，而奥运会的比赛项目是按事先确定的竞赛日程时间表进行的，其比赛的场次、时间、地点是事先确定的。因而，除 T1 ～ T3 类中少数出行主体（VIP 官员、赞助商等）之外的交通出行，绝大部分均与赛事安排密切相关，必然有较强的时间性和明确的聚集目的地。其分布不仅具有与活动和比赛时间密切相关的流量峰值，而且部分群体的出行也具有明确的交通起、终点。在分析客流分布时，应按照其各自的特点分别予以考虑。

当然，竞赛日程并非不会有变更，具体赛事时间、地点也会有变化，依靠必要的技术手段完全可以实时跟踪了解这些变更，并相应地作出交通服务计划的调整。

总之，掌握各群体日常出行的时空分布规律和特点，不仅可以有针对性地以恰当的方式为不同群体提供奥运交通服务，对奥运交通服务有的放矢，提升交通服务水平，兑现申奥交通承诺，而且可以真正做到合理兼顾和协调奥运交通需求与城市日常需求，维持整个城市交通系统的平稳以及高效运行，做到奥运交通和城市交通和谐运转。

1.3 往届奥运会交通需求情况

1.3.1 悉尼奥运会

1.3.1.1 悉尼奥运会比赛项目和总体规模

第 27 届国际奥林匹克运动会于 2000 年 9 月 15 日 ~ 10 月 1 日在澳大利亚新南威尔士州悉尼召开。悉尼奥运会规模超过了此前历届奥运会，比赛项目设 28 个大项、300 个小项，观众人数达到了 110 万人，运动员人数达到 10651 人，参与报道本届赛会的新闻记者共有 16033 名，志愿服务者有 46967 名。其中，仅 9 月 22 日一天，便有 400345 名观众前往奥林匹克公园观看比赛。

悉尼奥运会期间，共售出 670 万张门票，观看比赛的上座率达到 87% [1]。

1.3.1.2 悉尼奥运公园

悉尼奥林匹克公园（简称悉尼奥运公园）占地 640 万 m^2，毗邻澳大利亚新南威尔士州悉尼的康宝树湾（Homebush Bay）郊区，是 2000 年悉尼奥运会的主要比赛场地。

悉尼奥运公园分为体育运动赛区、奥运村生活区、展览商业区和休闲区四个部分，如图 1-2 所示。

（1）体育运动赛区。体育运动赛区主要包括 7 个奥运竞赛场馆：奥运运动场，奥运会时可容纳 110000 人，赛后减至 83500 人，用于开幕式和闭幕式，田径比赛和足球决赛场馆，于 1999 年 7 月落成。

田径中心，是拥有 15000 个座位的国际标准田径场地，于 1994 年 3 月开始使用，在奥运会期间作为训练和热身的场所。

国家运动中心，是澳大利亚一流的多功能竞赛场馆，于 1984 年开放，供奥运摔跤和跨栏比赛使用。

[1] http://baike.baidu.com/vien/179817.htm?fr=ala0_1#1

图1-2 悉尼奥林匹克公园[1]

1 图片来自悉尼奥运会官方网站

水上运动中心，由奥运比赛泳池、训练池、休闲池和公用泳池四部分组成，于1994年10月建成，平时可容纳4400名观众，奥运会期间可扩展到17500个座位。

自行车赛场，奥运会赛时有6000个座位，奥运会后可有3000个永久性座位供室内自行车比赛使用。

网球中心，设有16个赛场，10000个座位。

曲棍球中心，有15000个座位。

体育运动赛区还包括4000座位的射击中心和可供60人同时比赛的高尔夫球场等场馆。

（2）奥林匹克村。奥林匹克村可供15000名运动员和官员住宿，奥运会结束后，作为约6000人居住的住宅。奥运村最大限度地使用公共交通工具，专门新建的奥运火车站与整个悉尼城铁路线联网。

（3）展览商业区。展览商业区有商务中心和展览馆。展览馆也可以承担奥运室内比赛项目，于1998年竣工，曾举办过皇家复活节的演出。平时也可以举办各种大型交易会、展览会和文娱活动。

（4）休闲区。与奥林匹克公园毗邻有一座国家公园，占地100万m^2，其中水面、沼泽地60万m^2，陆地40万m^2，是在1988年澳大利亚建国200周年之际，利用废弃的砖场修建的，故命名为200周年纪念公园。休闲区林木苍翠，风景宜人，环境宁静，对改善外环境起了很好的作用。紧张比赛后，运动员到此，会感到心旷神怡，疲劳顿消。

悉尼奥运会是历史上最为成功的奥运会之一。悉尼奥运会的交通组织非常有效，奥运会期间交通系统运行良好。

1.3.2 盐湖城冬奥会

第19届国际奥林匹克冬季运动会于2002年2月8日～2月25日在美国犹他州盐湖城及附近的奥格登、帕克城、希伯城、普罗沃、西瓦利城召开。由2002年盐湖城第19届冬奥会组委会（简称SLOC）主办。

1.3.2.1 盐湖城冬奥会比赛项目

本届冬奥会在奥林匹克宪章规定的项目中共选择了7类运动、15大项、78小项（男44，女34），比上届冬奥会增加了1大项、10小项（男女各增5项）。

第19届冬奥会比赛项目有[1]:

[1] http: //sports.sohu.com/87/14/sports_news 164051487.shtml

滑雪，包括高山滑雪（10项），越野滑雪（12项），跳台滑雪（3项），北欧两项（3项），自由式滑雪（4项），滑板滑雪（4项）；滑冰，包括速滑（10项）和花样滑冰（4项），短道速滑（8项），冬季两项雪车，包括雪车（3项）和钢架雪车（2项），雪橇（3项），冰球（2项），冰壶（2项）。

1.3.2.2　盐湖城冬奥会场馆

（1）盐湖城冰上中心。该场馆位于盐湖城坦普尔西南，距离奥运村5km（5min）。建于1991年，占地4万m^2，6层，室内运动和娱乐设施占地面积为74万m^2，是NBA篮球联赛犹他爵士队的主场，场馆可容纳10700人。该场馆为花样滑冰和短道速滑的比赛场地。

（2）犹他奥林匹克椭圆形体育馆。该馆距离奥运村28km（25min）。于1999年5月开工，2001年3月竣工。场馆采用了独特的、缆索吊挂系统的椭圆馆，其独特的设计使顶部的位置比普通的顶部低20ft（6m），从而使该建筑的体积减小、效能提高，可以更好地控制场地的温度和湿度。馆内包括一个围起的400m长的椭圆冰场，两个足够大的冰球场，1个体能训练房，1个医务室，15个更衣室，1个小卖部以及冰鞋租用区等。该场馆可容纳6500人观赛，奥运会期间在此举办了速度滑冰比赛。

（3）E中心冰球馆和皮克斯冰场。E中心馆（E Center）距离奥运村16km（15min），于1997年9月启用。2002年伤残人奥运会将其用作主新闻中心。E中心馆拥有28000m^2的室内运动及娱乐设施。冰场是世界劲旅犹他格里兹列斯冰球队（Utah Grizzlies）的主场，可容纳8500人观赛。

皮克斯冰场距离奥运村78km（50min），于1999年10月1日交付使用，可容纳8000人。

E中心冰球馆和皮克斯冰场在冬奥会期间均举办了男、女冰球比赛。

（4）鹿谷雪场。鹿谷雪场位于犹他州帕克城中，是著名的滑雪度假胜地，该场馆距离奥运村53km（45min），鹿谷度假胜地雪场建于1981年，空中技巧场地于1999年底完工。该雪场平均降雪量762cm，制雪能力超过192万m^2，拥有84条滑道，最长的滑道长3.4km，可满足从初学者到专业选手的各样滑雪爱好者的要求，可容纳14000～18000人。奥运会时，在此举办了高山滑雪和自由式滑雪比赛。

（5）士兵谷雪场。士兵谷雪场为冬奥会期间奥林匹克现代冬季两项和越野滑雪比赛场地。场地距奥运村75km/（55min），距盐湖城约69km，距希伯城约10km。该雪场位于沃萨奇山国家公园东侧，临近Deer Creek人工湖的西北角，占地518万m^2，平均年降雪量215cm。设计开始于1998年4月，比赛场地的设计者在滑道的设计中，几乎没有砍伐树木。为减少滑道上的脚印，设计了许多出口和通道。滑道建设于 1999 年 11 月竣工，可容纳 17000 人，冬奥会期间在此举办了冬季两项、越野滑雪和北欧两项比赛。

1.3.2.3　盐湖城冬奥会交通规划和组织

盐湖城冬奥会与会者和观众达到 170 万人。考虑到如此巨大的临时交通量对犹他州及其周围组团的交通影响，以及冬奥会对交通服务的高要求，有大量的组织和个人加入盐湖城冬奥会的交通组织与管理当中。

盐湖城冬奥会采用大量的措施与技术作为支撑。所有这些措施和技术都是基于犹他州交通部的长期规划，而非专门服务于冬奥会。这些技术将出行网络和交通管理系统进行整合，以发挥最大的效率。这些措施和技术的使用，不仅大大改善了冬奥会的交通状况，而且也加速了当地交通基础设施建设和相关技术的发展

盐湖城冬奥会十分重视交通规划工作，进行了初步规划、建模测试和制订交通供给调节措施等。在初步规划阶段，由于资金、场馆间距、安全等方面的限制，故在交通规划中着重考虑了安全方面的因素。进行建模和测试时，使用了 Lift2002 和 CORSIM 两套软件，利用这两套软件，可以确定交通系统中可能的“瓶颈”，从而提出了交通的解决方案，并设计了相应的改善措施。提出的交通供给调节措施主要有：将路肩作为额外车道、限制左转、交通渠化以方便自由右转、在特定时间段采用特殊的信号配时、利用交通法规控制交叉口、减少社会背景交通量等。

盐湖城冬奥会期间，智能交通系统（ITS）技术在交通监控和实时交通信息发布方面得到了充分应用，并且发挥了巨大作用。监控系统中使用的监视和控制设备包括:200 个闭路电视（CCTV）监视器、55 套可变信息标志、50 套便携式信息标志、230 个交通传感器、600 个线控交通标志。实时交通信息的发布主要通过互联网、电视、收音机、“511”热线电话等途径。在互联网方面，主要有 www.UtahCommuterlink.com 和 www.SaltLake2002.com 两个网站，前者是犹他州“先进交通管理系统”官方网站，该网站根据实时的交通信息更新，同时还针对特定的人员类型（观众、通勤者、购物等）提供出行建议。奥林匹克 AM 收音机节目每小时播放 4 段 4 min 的奥林匹克最新信息，信息内容包括道路情况、天气情况、观众情况和交通事故情况等。“511”出行信息热线电话提供免费的语音化交通信息服务，它发布的信息有道路状况、事件信息、出行指导、公交指示等。

盐湖城冬奥会组织者通过提前规划做好设施建设、利用智能交通提高交通管理的服务水平、在特定时间段采用特殊的信号配时、利用交通法规控制交叉口、减少

社会背景交通量等一系列管理措施，使冬奥会期间盐湖城的交通系统运行良好，交通规划和组织工作取得了令人满意的成果。

1.3.3 雅典奥运会

1.3.3.1 雅典奥运会比赛项目和总体规模

第28届夏季奥运会于2004年8月13日～8月29日在希腊首都雅典举行。共有来自国际奥委会201个会员协会的11099名运动员参加了这届奥运会。雅典奥运会共设28个大项、37个分项、301个小项的比赛。

与悉尼奥运会相比，雅典奥运会减少了拳击项目的1个小项、男子摔跤项目的两个小项和女子花剑团体项目，增加了女子摔跤4个小项和女子佩剑个人项目。参与报道本届赛会的新闻记者共有21500名，其中摄影/文字记者5500名，广播记者16000名。共招募到16万名志愿服务者。

雅典奥运会进一步加强了安全保卫工作，组委会共动用了45000名保安工作人员。参与保卫工作的有来自警察、军队、海岸警卫队、消防队、私人保镖的人员和经过专门训练的志愿服务人员。

1.3.3.2 奥运交通分配和模拟模型

为了详细预测所有与奥运交通有关的交通需求及OD矩阵，在SATURN的基础上开发了一套特别的奥运交通分配和模拟模型。这个模型专门用来预测运动员及有关人员出行所产生的交通量及服务水平。针对上述不同的出行者、不同的出行方式和出行时段，可以通过模型预测的结果来确定以OD对来表示的出行次数。

模型系统中的交通网络分两个层次，一是整个大雅典地区的交通网络；二是奥运交通网络和部分重要的备选路径。运动员及有关人员使用这个交通网络，并通过采取特殊的交通管理措施即可保证系统具有较高的服务水平。这些交通管理措施包括：奥运专用车道、关键交叉口禁止转向标志等。在竞赛场馆周围，模型系统的网络非常详细，几乎包括了所有可能的进出口道路以及各类指定的停车场地。

模型对出行者的出行方式进行了如下分类：观众使用公共交通；国际奥委会成员及贵宾使用供一人、两人和三人使用的特许小汽车；主办方人员使用特许公交车辆；工作人员和志愿者使用公共交通；新闻媒体使用特许公交车辆或特许私人小汽车。

模型系统输入的预测参数包括：赛事的详细时刻表；竞赛场馆设施的容量及座位的分配情况；运动员及相关人员的住所位置；每个小区内可以容纳的观众数量（包括当地的和外来的）；在不同的比赛及场馆中，各类出行者达到和离开的交通方式比例；考虑不同比赛、不同阶段和不同时间情况下观众的预计出席数量；公共交通的使用状况、使用强度及出行方式比例；使用小汽车的数量估计。

该模型系统不仅可以预测各种不同出行者到达和离开的数量，同时可以预测不同竞赛场馆、不同交通方式的组合情况，预测结果可以细分到任何一天内以 30min 为间隔的交通量。当比赛时间改变时，或者当比赛地点和其他假定都最终确定时，可把修改后的数据再输入模型系统。

雅典城市交通部门利用不同方式的观众出行需求预测来规划比赛期间的公交发车时刻表和发车频率。运动员及有关人员的 OD 出行矩阵被用作 SATURN 模型系统的输入数据，以预测各特征高峰时段的交通流量。

采用观众乘坐公共汽车的出行量可直接预测到每条固定的公交线路上的乘客人数，并由雅典城市交通部门来确定公交发车的频率。在确定运动员和技术人员产生的交通量时，也采用了同样的方法，因为这些公交车辆的线路是相对固定的，发车频率也和比赛时间有关。

按照规划，所有观众的出行都将采用公共交通，因此，政府特别重视城市公共交通系统的改善。在奥运会期间，政府非常重视对公众适时提供有关城市交通和奥运交通状况的信息，也专门为观众准备了详细的出行指南，并通过固定的广播和电视节目报道城市交通和奥运交通状况。此外，在奥运会期间，政府还鼓励其他居民采用公共交通出行方式，一方面政府推出停车控制区域政策来限制私人小汽车的使用；另一方面，又增设了通往场馆的快速公交线路，并提高了现有公交线路的发车频率。

雅典奥运会的成功经验表明：当一个已存在非常严重交通问题的城市，面临着特殊的奥运交通需求的时候，必须进行周密而又详细的交通需求分析和交通设施规划，并制订出有效的交通系统及交通需求管理政策和措施。

近几届奥运会的规模情况可见表 1–9。

1.4 北京奥运会、残奥会概况

2008 年北京奥运会比赛将在 36 个竞赛场馆内举行，其中北京市的竞赛场馆有 31 座（图 1–3），京外城市竞赛场馆有 5 座。本届奥运会共设置了 28 个比赛大项，300 个比赛小项。

北京市的竞赛场馆中，使用既有场馆 12 座，为奥运会新修建场馆 11 座，奥运会临建场馆 8 座，场馆分布在 5 个区域：奥运公园赛区、大学赛区、西部赛区、东部赛区和北部赛区。

表 1–9 中统计了近几届奥运会的参赛国家、比赛项目数、比赛场次以及参赛运动员人数等基本数据，可以为北京奥运会的交通需求预测提供一定的参考。

表1–9 近几届奥运会规模统计资料

运动会名称	参赛国家数	比赛项目数	比赛场次	参赛运动员人数（人）
1980年，美国普莱西德湖冬季奥运会	37	—	39	1283
1984年，美国洛杉矶夏季奥运会	140	21	221	7078
1988年，加拿大卡尔加里冬季奥运会	57	—	46	1643
1992年，西班牙巴塞罗那夏季奥运会	171	—	257	10563
1992年，法国阿尔贝维尔冬季奥运会	64	—	57	1801
1994年，挪威利勒哈默尔冬季奥运会	67	—	61	1844
1996年，美国亚特兰大夏季奥运会	197	26	271	10744
1998年，日本长野冬季奥运会	80	—	68	2304
2000年，悉尼夏季奥运会	199	28	300	10651
2002年，美国盐湖城冬季奥运会	—	—	78	2399
2004年，希腊雅典夏季奥运会	202	28	—	16000
2006年，意大利都灵冬季奥运会	80	15	—	2633

注:表中“—”表示无具体统计数据。

奥林匹克公园赛区，是奥运会的心脏，共安排了 10 座竞赛场馆，将进行 15 个项目的比赛。奥运村、媒体村、主新闻中心、国际广播电视中心、数字大厦、赞助商展示中心也设在奥林匹克公园中心区内。大学赛区安排了 5 座竞赛场馆；西部赛区安排了 9 座竞赛场馆和一个公路赛场；东部赛区安排了 4 座竞赛场馆；北部赛区安排了两座竞赛场馆。各分区场馆情况如表 1–10 所示。奥林匹克公园中心区和大学赛区、西部赛区、北部赛区距奥运村的平均距离分别约为 3km、10km、28km。

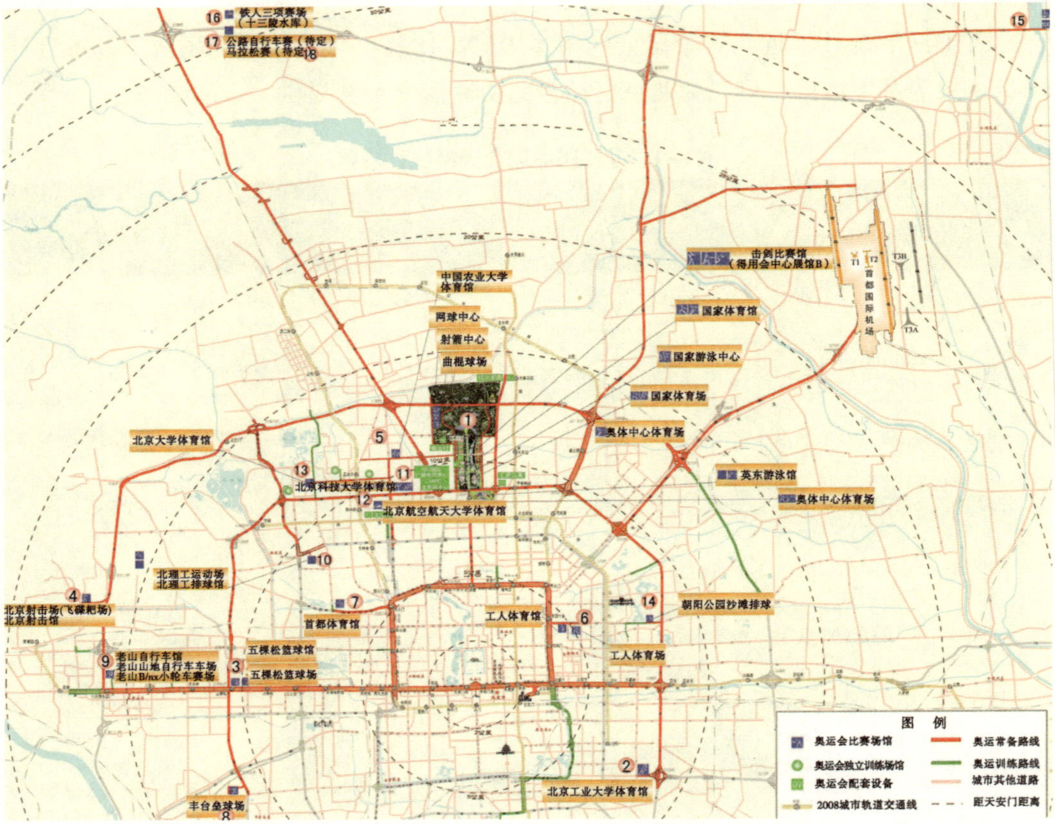

图1-3　第29届奥运会在京场馆分布示意图

北京奥运会场馆采用“既适当集中、又相对分散”的原则进行布局，这样便于赛时的交通组织管理，又便于场馆的赛后利用。奥运会期间，北京的交通组织将为奥林匹克大家庭成员、媒体、赞助商、奥组委工作人员、志愿者以及持票观众等提供满足其需要的奥运会交通服务。据申办报告（《北京 2008》）和《主办城市合同》，抵离竞赛场馆的时间要求分别为：奥运会开幕式和闭幕式超大型活动的最长集散时间为入场连续聚集时间不得超过 150min，散场时的最长疏散时间不得超过 120min；足球、田径等大型比赛的观众离场时间最长不得超过 25min，乘交通工具最长时间不得超过 90min；运动员、教练员从驻地到达市内出行距离最远的训练或竞赛场馆，耗时不得超过 30min；因天气变化、交通事故等特殊情况而采用的备选交通组织方案的允许延误时间或提前出发时间一般不得超过 20min。

表1-10　第29届奥运会竞赛场馆分区情况表

各分区名称	各分区所属场馆
奥运公园赛区	国家体育场、国家体育馆、国家游泳中心、击剑馆、奥林匹克公园射箭场、国家网球中心、国家曲棍球场、奥林匹克中心体育场、奥林匹克中心体育馆和英东游泳馆
大学赛区	北京航空航天大学体育馆、北京大学体育馆、中国农业大学体育馆、北京科技大学体育馆和北京理工大学体育馆
西部赛区	北京射击场飞碟靶场、北京射击馆、老山自行车馆、山地自行车场、小轮车赛场、丰台垒球场、五棵松体育馆、五棵松棒球场、首都体育馆和公路自行车赛场
东部赛区	工人体育场、工人体育馆、朝阳公园沙滩排球场和北京工业大学体育馆
北部赛区	奥林匹克水上公园、十三陵水库铁人三项赛场

北京残奥会于2008年9月6日～9月17日举行，除马术比赛在香港举行、帆船比赛在青岛举行外，其余项目均在北京举行。残奥会的比赛项目（20个）和场馆（京内16座，京外2座）的详细情况如表1-11所示。

表1-11　北京残奥会比赛项目及场馆表[1]

序号	项目名称（英文）	项目名称	场馆	序号	项目名称（英文）	项目名称	场馆
1	Archery	射箭	奥林匹克公园射箭场	11	Rowing	赛艇	奥林匹克水上公园
2	Athletics	田径	国家体育场	12	Sailing	帆船	青岛国际帆船中心
3	Boccia	硬地滚球	国家会议中心击剑馆	13	Shooting	射击	北京射击馆
4	Cycling	自行车	老山自行车馆	14	Swimming	游泳	国家游泳中心
5	Equestrian	马术	香港奥运赛马场	15	Table Tennis	乒乓球	北京大学体育馆
6	Football 5-a-side	五人制足球	奥林匹克公园曲棍球场B场	16	Volleyball Sitting	坐式排球	中国农业大学体育馆
7	Football 7-a-side	七人制足球	奥林匹克公园曲棍球场A场	17	Wheelchair Basketball	轮椅篮球	国家体育馆
8	Goalball	盲人门球	北京理工大学体育馆	18	Wheelchair Fencing	轮椅击剑	国家会议中心击剑馆
9	Judo	盲人柔道	工人体育馆	19	Wheelchair Rugby	轮椅橄榄球	北京科技大学体育馆
10	Powerlifting	举重	北京航空航天大学体育馆	20	Wheelchair Tennis	轮椅网球	奥林匹克公园网球场

1　根据百度百科资料整理（http://baike.baidu.com/view/1162753.htm）。

按照北京奥运会、残奥会注册中心提供的数据，截至2008年9月10日，北京奥运会注册人员约8.4万人，主要客户群包括：国际奥委会（IOC）、国家（地区）奥委会（NOC）、国际单项体育联合会（IF）、运动员、代表队官员、技术官员、PRS和BRC、全球合作伙伴工作人员等；残奥会注册人员约2.2万人，主要客户群包括：国际残奥委会（IPC）、国家（地区）残奥委会（NPC）、国际残疾人单项体育联合会（IPSF）、运动员、代表团官员、技术官员、PRS和BRC等（表1-12、表1-13）。

表1-12　北京奥运会注册人员统计表

序　号	人员类型	注册人数（人）
1	国际奥委会（IOC）	2325
2	国家（地区）奥委会（NOC）	21978
3	国际单项体育联合会（IF）	4569
4	国际贵宾	92
5	北京奥组委赞助商陪同	0
6	全球合作伙伴陪同	58
7	CAS/WADA	54
8	运动员	10965
9	代表队官员	7335
10	技术官员	2750
11	PRS	6512
12	BRC	17919
13	赞助商	177
14	全球合作伙伴首脑	71
15	全球合作伙伴奥运会项目负责人	69
16	全球合作伙伴高级技术人员	90
17	全球合作伙伴工作人员	8615

表1–13　北京残奥会注册人员统计表

序号	人 员 类 型	注册人数（人）
1	国际残奥委会（IPC）	785
2	国家（地区）残奥委会（NPC）	7867
3	国际残疾人单项体育联合会（IPSF）	728
4	国际贵宾	122
5	北京奥组委赞助商陪同	55
6	国际残奥委会赞助商陪同	8
7	IOC/TAS/CAS/WADA	20
8	运动员	3959
9	代表团官员	1645
10	技术官员	539
11	PRS	1861
12	BRC	3457
13	北京奥组委赞助商	128
14	国际残奥委会赞助商	25
15	国际残奥委会赞助商技术运作人员	14
16	国际残奥委会赞助商工作人员	466

奥运交通组织与保障应在满足奥运交通需求的前提下，尽可能减少奥运交通对城市交通的影响。同时通过奥运筹备工作，为北京留下丰富的交通财富，从而对未来北京交通系统的整体建设和发展产生积极的影响。因此，做好交通需求的预测和分析工作，对指导交通的建设和筹备十分重要。

由于残奥会比赛的特殊性，对各个客户群体的服务，相对于奥运会又提出了更高的要求，尤其是对运动员的服务。在掌握运动员总体规模的基础上，还需要详细了解各个比赛项目的参赛运动员情况，包括各个比赛项目的运动员参赛人数、男女运动员人数、运动员的国籍、残疾状况等等，表 1-14 给出了北京残奥会各项目运动员参赛名额。

表1-14　北京残奥会各项目运动员参赛名额

比赛项目	男子运动员名额（人）	女子运动员名额（人）	总数（人）
射箭	88	48	136
田径	710	325	1035
硬地滚球	68	20	88
自行车（场地和公路）	140	48	188
马术（ 盛装舞步 ）	28	50	78
五人制足球	48	–	48
七人制足球	88	–	88
盲人门球	72	48	120
柔道	84	48	132
举重	120	80	200
赛艇	48	48	96
帆船	61	19	80
射击	100	40	140
游泳	330	230	560
乒乓球	168	96	264
排球（坐式）	96	96	192
轮椅篮球	144	120	264
轮椅击剑	57	24	81
轮椅橄榄球	88	8	96
轮椅网球	76	36	112
合计	2614	1384	3998

注：以上数据来自http://paralympic.beijing2008.cn/news/sports/others/n214355523.shtml

2 奥运交通需求预测方法

奥运交通的需求预测和常规的交通需求预测有所不同。

在预测内容上，奥运交通需求既要考虑城市交通的需求，又要考虑奥运交通的需求；既要考虑到两种交通需求在时间和空间上的分布，又要考虑到不同交通在时间和空间上的相互转换；既要考虑到常规条件下两种交通的需求水平，又要考虑到奥运赛时即将实施的一系列交通需求管理措施对两种交通的影响。

在技术方法上，既要考虑到由于城市发展、人口增长、机动车增加、居民出行特征随城市发展而有所变化等因素对交通需求产生的影响，又要考虑到奥运交通的特殊性，即由于竞赛日程安排、比赛时间、比赛性质、比赛重要程度、比赛受关注程度、不同客户群体之间的交通需求特征差异等奥运特有因素对交通需求的影响。

在传统预测理论和方法的基础上，结合奥运交通的特点，北京奥运会构建了基于奥运活动的城市宏观交通模型，建立了基于活动链的城市背景交通和奥运交通的需求预测方法。

2.1 基于奥运活动的城市宏观交通模型

在合理预期 2008 年北京人口增长、机动车增加、居民出行特征随着城市规模扩大而发生变化等主要影响因素的前提下，以奥运会期间的主要活动，如奥运会开闭幕式、典型比赛日的交通需求、北京市人口分布和土地利用状况，以及道路、轨道交通和常规公交网络为数据基础，构建城市宏观交通模型，以分析交通设施与城市交通需求、奥运交通需求的供需关系，为城市和奥运交通系统的规划、建设和运输服务提供决策依据。

2.1.1　模型空间范围

如前所述，2008 年北京奥运会比赛将在 36 座竞赛场馆内举行，其中北京市的竞赛场馆有 31 座，京外城市竞赛场馆有 5 座。北京地区的场馆分布在 5 个区域：一个中心区和 4 个分区，一个中心区是指奥运公园中心区，4 个分区分别是大学区、西部赛区、东部赛区和北部赛区。

北京市域内 31 座奥运竞赛场馆，除了分布在昌平区和顺义区的两座场馆外，其他场馆都在六环路以内。昌平区和顺义区都是北京市的郊区，一是其本身背景交通需求量小，二是昌平区的项目是铁人三项，顺义区的项目为水上项目，预计观众数量不会太多和相对集中。而六环路以内为北京的市区范围，背景交通需求量较大。为简化起见，将宏观交通需求模型确定为六环路以内，将两个郊区场馆与市区的连接道路的需求预测包括在模型内。模型范围如图 2-1 所示。

图2-1　城市宏观模型研究范围

2.1.2 模型结构设计

奥运会期间的交通需求分析是在建立奥运城市交通模型的基础上，对于奥运会期间所有相关活动，如奥林匹克大家庭的所有活动、观众与游客的活动需要，通过建立特殊交通模型来分析和处理。围绕这个问题，北京2008年奥运交通模型由2008年城市背景交通模型和2008年奥运运行模型构成，分别模拟奥运会期间的两大交通需求，即不考虑奥运会的影响，自然增长条件下的居民正常生活的背景交通需求和由于奥运赛事诱增的交通需求。最后进行两部分需求的叠加，以及在适当的赛事期间交通需求管理政策下，预测赛事期间城市的交通运行状况。模型框架如图2-2所示。

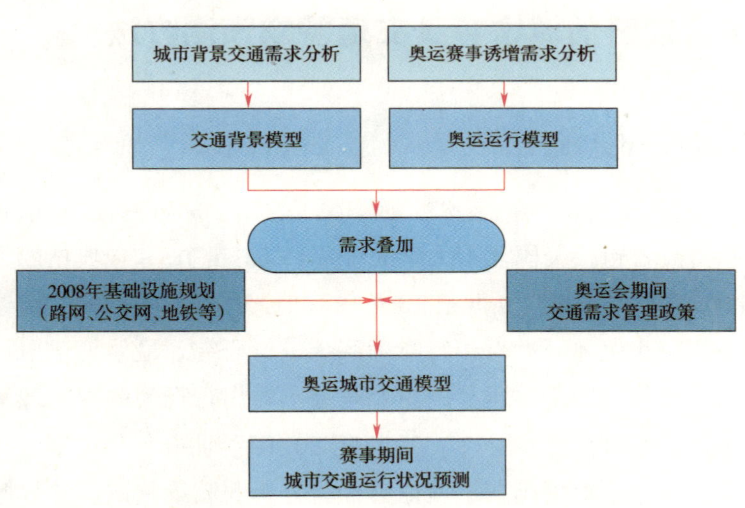

图2-2 奥运城市交通模型框架图

（1）背景交通模型。2008年北京背景交通模型，即不考虑奥运会赛事影响的城市交通运行模型。该模型的建立，只考虑在正常的社会经济发展情况下，2008年北京城市交通运行状况。但是，考虑奥运会可能带来旅游人数的增加，因此在进行已有常规城市旅游吸引点的吸引量预测时，需要体现这种增加量。学生放假、工作时间调整等交通需求管理措施会引起北京市民出行需求的变化，模型需要计算这部分变化的需求。

（2）奥运运行模型。由于T1 ~ T4服务群体的需求数量相对比较稳定，又有专门的奥运专用道路为其服务，所以该部分需求将预先加载到路网中。模型主要关注

T5 群体（观众、志愿者和工作人员）由于奥运赛事引起的交通需求。根据出行特征的差异性，按照一定的标准把观众分成不同的群体，如当地居民、国内的外地来京且住在宾馆、国内的外地来京住在朋友家中等。把不同人群的奥运需求做成不同的矩阵，然后把这些矩阵叠加到背景模型上。

奥运交通网络主要是基于城市交通网络进行增删，重点关注因奥运赛事而改变调整之处，包括：奥运专用道、奥运公交专线、奥运场馆周边站场或出入口到场馆控制区所在小区质心的步行连线、基本道路网络的禁行、单行设置、基本公交线路变更、停运、奥运场馆安保封闭区、场馆区和交通控制区的范围，对控制区内的路网进行限行设置等主要因素。

2.2 基于活动链的城市背景交通需求预测方法

2.2.1 活动链理论基础

出行行为研究在我国刚刚起步，而其在国外已成为一种独立的出行分析方法，其最早的研究者包括美国北卡大学 F.Stuart Chapin Jr. 和瑞典伦德大学地理学家 Torsten Hagerstrand，但直到 20 世纪 70 年代后期，在 Ian Heggie 的领导下，英国牛津大学的交通研究小组才开始对出行行为系统进行研究。最早关于出行行为以及行为模型的早期研究仅局限于学术界，主要是寻求对出行行为的深入理解，而不是急于建立一种具有预测功能的模型。从 20 世纪 80 年代到 90 年代中期，行为模型在基础理论研究方面，包括模型结构、理论与经验分析、政策测试、参数标定、数据要求等，已变成一个热点研究领域，并成就了一批较有影响的开拓者，如 Peter Jones，Tommy Garling，Kay Axhausen，Dick Ettema 和 Harry Timmermans 等。但是，国内外对于出行行为研究中的相关重要定义并没有达成统一的认识，因此，瑞典著名出行行为学家 Axhausen 就曾经指出“概念清晰是出行行为研究的关键”，因为唯其如此，研究得出的数据和结论才具有实际意义。

出行链(Trip Chaining)，又称为 Trip Chain 或 Trip Tour，是由一个或者多个出行(多个出行目的) 按先后顺序排列组成的一条链。本研究中出行链开始和结束标准界定如下：

出行链开始的标准：出行的出发地是家，则一条出行链开始。

出行链结束的标准：到达了家，则一条出行链结束。

基于家的出行链：出行者由家出发，最终回到家的所有出行，构成一条基于家的出行链。

出行链距离：构成一条出行链的所有出行的距离之和。

出行链时耗：构成一条出行链的所有出行的时耗之和。

出行链主交通方式：一条出行链由几次出行构成时，各出行的主交通方式有可能各不相同，因此一般按照交通方式的优先级[1]别确定出行链的交通方式，这样确定的交通方式就是出行链主交通方式。

如图 2–3 所示，出行者调查日共有 5 次出行，两条基于家的出行链。基于家的出行链 1 为出行者从家出发，到商场购物，之后返回家中；基于家的出行链 2 为出行者从家出发，到饭店就餐，餐后赴电影院看电影，进行休闲娱乐，之后回到家中，结束一天的出行。

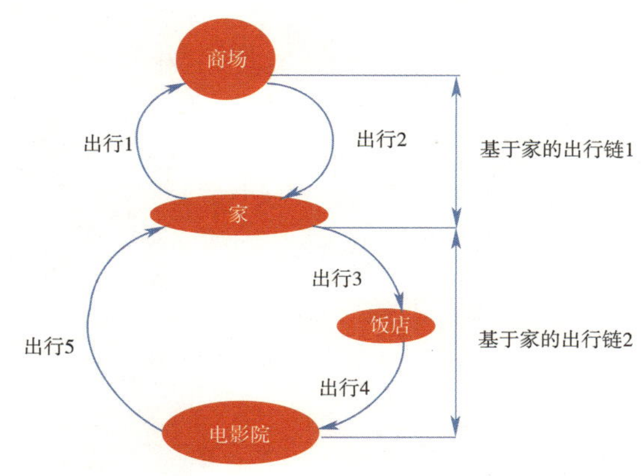

图2–3　基于家的出行链示意图

北京市城市背景交通需求预测方法采用基于活动链的出行需求预测方法，该方法具有如下优点。

（1）出行链描述了一个人一天的所有出行在时间上和空间上的发生顺序。

（2）目的地及交通方式的选择具有相互关联性。

（3）交通需求模型与交通供给模型相互反馈。

以上特点使得该方法的预测精度较传统的四阶段交通需求预测方法的预测精度有大幅度提高。

[1] 采用的优先级为：地铁、公交车、班车、摩托车、出租汽车、小汽车、自行车（含电动自行车）、步行、其他。

2.2.2 交通模型结构

交通模型包括需求模型和供给模型。在交通模型中，交通需求模型与交通供给模型相互作用，需求模型根据供给模型交通分配计算的交通供给水平和路网流量分配结果对交通出行产生、出行分布以及方式选择进行调整，需求模型和供给模型这样循环迭代，直到供需双方达到平衡收敛，使得交通系统最终达到一个平衡的状态。城市背景交通模型的两个模块如下：

需求模块：包含出行需求数据和基于活动（Activity-based）的需求模型。交通需求模型是根据交通小区土地利用数据和供给模型计算的服务水平指标来进行预测的，模型根据个人出行行为划分的居民分组来模拟居民的出行活动和生成居民一日出行链，进而估计和预测分模式的 OD 矩阵。

基于活动链的交通需求模型包括三个子模型，即活动模型、目的地选择模型和 Logit 方式选择模型，分别对应于四阶段模型中的出行生成、出行分布和方式划分三个阶段。图 2-4 给出了这三个子模型以及需求模型与供给模型的迭代影响关系。

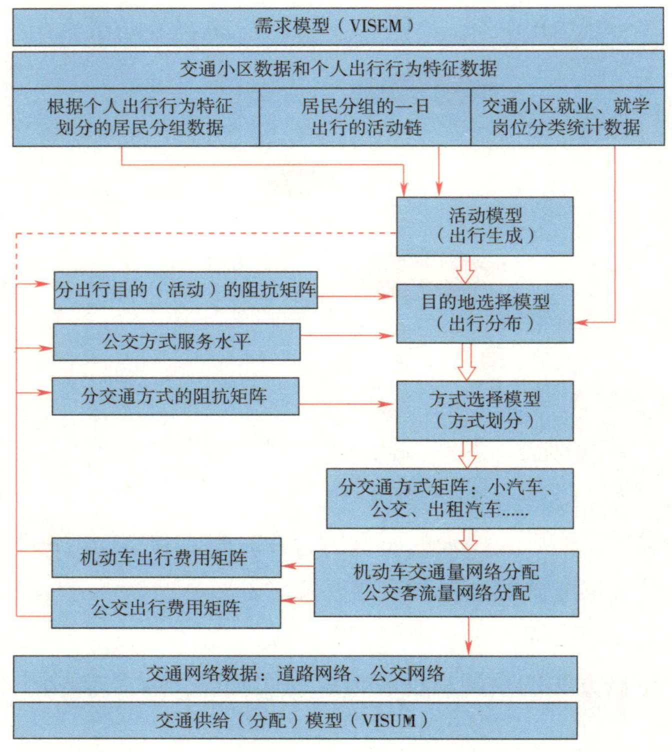

图2-4　需求模型与供给模型的迭代影响关系图

供给模块:包含供给系统的相关交通网络数据（包括交通小区、节点和公交站点、路段、公交线路等）和交通分配模型。供给模型以需求模型和交通网络数据作为输入，通过交通分配算法，根据交通分配结果来计算交通量和服务指标（如行程时间、换乘次数和服务频率），对交通系统进行分析和评价。

2.2.3 出行生成模型

在出行生成阶段，活动模型根据居民小区中居民分组数据和根据出行行为划分的居民分组的一日出行的活动链（Activity Chains）概率计算出各个交通小区生成的一日与出行目的相关的活动链数据。活动链描述了一个人一天中与出行相关的活动的次序，其起点和终点都是家，这里的活动（Activity）是与出行行为相关的活动，而不是与出行行为无关的活动。

例如，一个活动链：家（H）—工作（W）—购物（O）—回家（H），那么活动链 HWOH 代表着三次出行，即 HW，WO，OH。为了计算活动链，VISEM 要求对于每条活动链都有一个根据居民分组的使用这条出行链的概率，这个值描述了这条活动链对于这个居民分组中的一个人平均每天使用这条活动链的频率。

2.2.3.1 交通小区居民分组

根据 2005 年居民出行调查数据，统计北京市居民个人出行行为特征，模型将居民人口划分为 7 类行为相似的人群：有车的就业人员、无车的就业人员、小学生、中学生、大学生、无职业者、退休人员。

根据北京市统计资料，2005 年北京市全市常住人口为 1538 万，其中六环路以内人口为 1107 万。历年人口数据资料如表 2 –1 和图 2 –5 ~图 2 –8 所示。

表2–1 2005年人口结构和预测2008年人口结构（单位：人）

年份	人口结构						
	有车的就业人员	无车的就业人员	小学生	中学生	大学生	无固定职业者	退休人员
2005	1399248	4425786	464940	820287	637632	1107000	1824336
2008	2280000	4081200	502800	891600	661200	1219200	1930800

根据历年人口数据，通过时间序列，对 2008 年北京市人口规模及其结构进行预测，预测结果为 2008 年北京市人口将达到 1650 万，其中六环路以内人口将达到 1250 万。

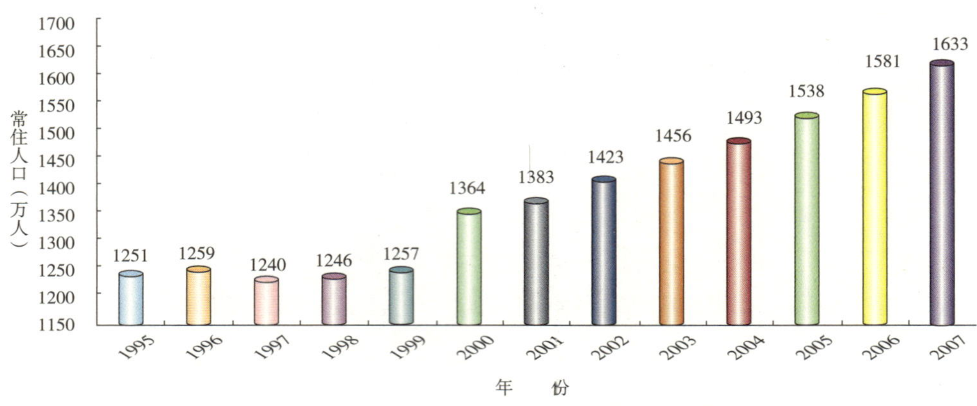

图2-5 历年常住人口数量

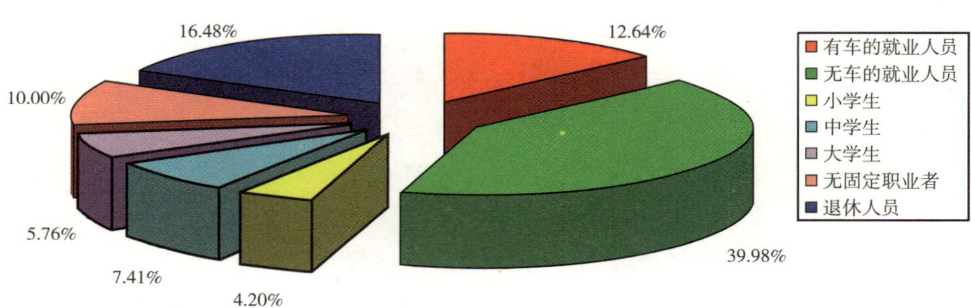

图2-6 2005年人口结构图

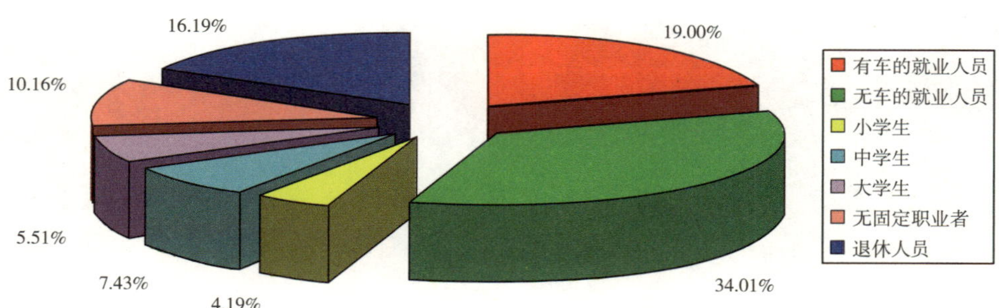

图2-7 预测2008年人口结构图

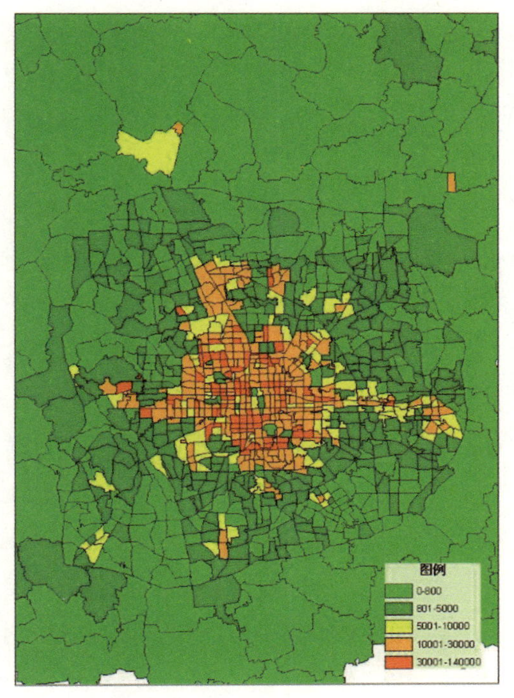

图2-8　2008年六环路内人口密度图

2.2.3.2　居民分组的活动链概率

北京市居民活动链经优化合并后，活动链缩减为 64 种。表 2–2 给出了模型输入活动链数据结构。

表2–2　居民分组的活动链数据及其概率*

活动链	有车的就业人员	无车的就业人员	小学生	中学生	大学生	无固定职业者	退休人员
HBH							
HEH							
HLH			$CP_{i,j}$				
HPH							
HEPH							
HESH							
HEWH							
…	…	…	…	…	…	…	…

注：*　限于知识产权的具体数据略。

表 2-2 第一列中各字母表示每次出行的目的地活动，具体含义见表 2-3。而每列字母的个数则反映该类活动链所代表的出行次数（出行次数 = 字母个数 - 1）。表 2-2 中每个单元格中的数字表示每 100 个属于该类型人群选择相应类型出行链出行的频率。

表2-3　出行目的（活动）列表

符号	出行目的
H	回家
W	上班
R	小学生上学
E	中学生上学
U	大学生上学
S	购物
L	文化娱乐
P	生活
B	工作外出

2.2.3.3　出行生成预测

交通生成预测是根据各交通小区中不同人群的居民数量及其出行特征（活动链数据）进行预测。假设交通小区 1 中有车的工作人数量为 200 人，根据表 2-2，该类人选择 HWH（家→上班→家）出行类型的频率为 $CP_{i,j}$，则交通小区 1 中有车工作人选择 HWH 类型出行的数量为 $200 \times CP_{i,j}$，出行量为 $200 \times CP_{i,j} \times 2$。依此类推，根据交通小区中不同人群的人口数量和相应人群选择出行类型的频率，即可预测由各小区的人口产生的出行总量和活动链数目。

2.2.4　出行分布模型

在出行分布阶段，目的地选择模型通过将各种活动分布到相应的目的地小区将活动链数据转化为出行链数据。对于出行链中的活动目的地的选择，模型必须给每个活动都提供交通小区对这个活动出行的吸引度的结构化数据（如土地利用数据）。目的地交通小区的选择是由出行 OD 对之间的阻抗（例如距离、出行时间、公交服务水平等）、各个居民分组和居民活动对于这些阻抗的敏感度来决定。通过目的地选择子模型的目的地选择，模型可计算出出行链的总数，这些出行链数据又可以集计成总的出行需求矩阵。

出行目的地选择模型形式如下：

$$F_{ij} = O_i \cdot X \cdot P_{ij}$$

$$P_{ij} = \frac{D_j \cdot X \cdot f(w_{ij})}{\sum_{h=1}^{B} [D_k \cdot X \cdot f(w_{ik})]} \tag{2-1}$$

式中：$F_{i,j}$——小区 i 至小区 j 的出行量；

$P_{i,j}$——以小区 i 为起点，选择至小区 j 的概率；

O_i——小区 i 出行产生量；

D_j——小区 j 对出行的吸引强度；

B——小区的数量。

阻抗函数 $f(w_{i,j})$ 的形式为：

$$f(w_{i,j}) = e^{-\alpha \cdot w_{i,j}} \cdot w_{i,j}^{\beta} \tag{2-2}$$

式中：$w_{i,j}$——小区 i 至小区 j 的阻抗；

α，β——校正参数。

在分布函数中，选择综合费用作为模型交通阻抗，综合费用可通过交通分配过程获得。

需要标定的 α,β 的数量由模型中人群分类和出行目的分类决定，通过 VISEM 软件中的相应功能模块，建立了 $\alpha \neq 0$，$\beta = 0$ 和 $\alpha \neq 0$，$\beta \neq 0$ 两种分布模型。根据标定的参数，将模型运算得出的各人群分目的出行的出行距离分布与实际居民出行调查的距离分布进行了对比，最后选取了 $\alpha \neq 0$，$\beta \neq 0$ 形式的交通分布模型。以下给出有车工作者上班出行模型标定数据与实际调查数据的对比结果，并举例说明该部分工作，如图 2-9 所示。

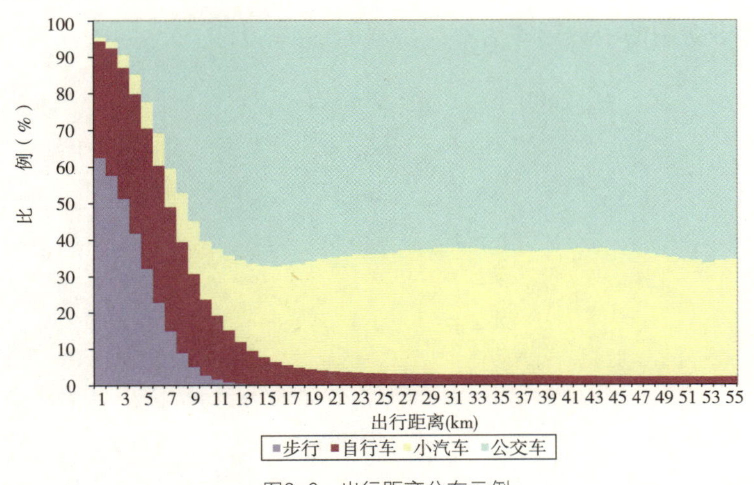

图2-9 出行距离分布示例

2.2.5 方式选择模型

经过出行生成和出行分布阶段，得到了总的出行需求，并以 OD 小区之间的出行链的形式表现；然后，将总的出行需求分配到各种交通模式上，传统的方式划分模型是根据集计的交通系统特性细分总的出行需求到各种交通模式上，这种模型不能够表现个人的选择行为。在方式划分阶段，多维 Logit 模式选择模型考虑到可转换交通模式和不可转换交通模式的因素，将出行链分解为特定的交通模式。VISEM 应用了一个面向行为的方法（Behaviour-Orientated Approach），这个方法是在方式划分阶段考虑到了以下三个方面。

（1）社会经济状况，特指决策人群的车辆拥有率（根据居民分组）。

（2）各种交通模式的服务指标（通过考虑如出行时间、小区进入和离开时间、公交换乘次数等因素的效用函数计算）。

（3）在一个出行链中的选择约束（这些约束被定义为可转换交通模式和不可转换交通模式）。

方式选择模型采用了 Logit 模式选择模型，其形式为：

$$F_{gij}(m) = e^{U_{gij}(m)} \Big/ \sum_{k=1}^{M} e^{U_{gij}(k)} \qquad (2\text{-}3)$$

式中：$F_{gi,j}(m)$——人群 g 从小区 i 到小区 j 采用交通方式 m 的概率；

$U_{gi,j}(m)$——人群 g 采用交通方式 m 从小区 i 到小区 j 的综合费用。

其中，综合费用的函数形式为：

$$\begin{aligned} U_{gij}(m) = &- P_{1gm} \cdot T_{ij}(m) \\ &- P_{2gm} \cdot Z_{ij}(m) \\ &+ P_{3gm} \cdot \ln(D_{ij}/P_{4gm}) \\ &- P_{5gm} \cdot C_{ij}(m) \\ &- P_{6gm} \\ &+ P_{7gm} \cdot A_{ij}(m) \end{aligned} \qquad (2\text{-}4)$$

式中：

$T_{ij}(m)$——采用交通方式 m 从小区 i 到小区 j 的行程时间；

$Z_{ij}(m)$——采用交通方式 m 时出小区 i 和进小区 j 的时间；

$D_{ij}(m)$——采用交通方式 m 从小区 i 到小区 j 的距离；

$C_{ij}(m)$——采用交通方式 m 从小区 i 到小区 j 的费用；

$A_{ij}(m)$——采用交通方式 m 从小区 i 到小区 j 的其他费用（如停车费用）；

P_{1gm}、P_{2gm}、P_{3gm}、P_{4gm}、P_{5gm}、P_{6gm}、P_{7gm}——模型参数。

2.2.6 交通供给模型

在交通分配阶段，根据需求模型得到的分模式的矩阵，利用供给模型进行机动车交通分配和公交客流分配，并计算相应的分模式的道路网络和公交网络的服务指标，与需求模型进行循环迭代，使得交通系统供需达到平衡收敛。

机动车分配采用了平衡分配算法，遵循以下原理：在最终平衡分配的网络中，相对于其他可选择的路径，每一个机动车用户所选取的路径的道路阻抗是相等的；而相对于其他不可选择的路径而言，所选择路径的阻抗是最小的。

公交客流分配采用了基于线路的客流分配模型，包括三个步骤：第一步，寻找两个交通小区之间的所有路径；第二步，删除阻抗不可接受的路径；第三步，在各分配路径之间根据阻抗情况分配客流。

2.2.6.1 交通小区

在奥运模型中，把各个场馆和交通场站都简化为一个发生吸引点，因此只需要对两点之间的交通需求进行预测和量化，即从交通场站到比赛场馆有多大的客流量，反向如何。但这些人如何进入场馆，对场馆控制区内的交通如何组织，有哪些管控措施，这是微观模型需要考虑的内容。而在宏观模型中，对场馆控制区不作具体的交通设计。

北京市域共划分了 1118 个交通小区，其中六环路以内有 963 个交通小区，对比赛场馆进行了单独的小区划分。为了分析几大区域以及奥运场馆之间的交换量，将交通小区合并为 72 个中区，其分区图如图 2-10 和图 2-11 所示。

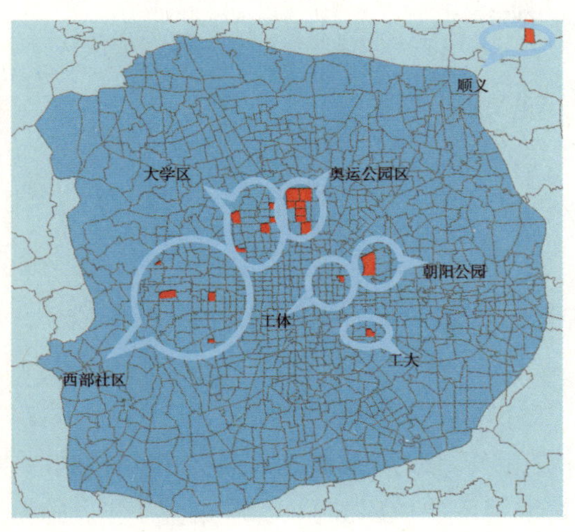

图2-10　六环路内交通小区图

2.2.6.2 交通网络

交通网络描述了交通系统中供给方数据，包括道路网络和公交网络。主要包括以下要素：

① 节点（代表网络中的交叉口以及公交站点）；

② 路段（路段属性包括车辆在道路网络的速度、通行能力以及公交车辆的行程时间）；

③ 转向关系；

④ 公交线路；

⑤ 小区引线。

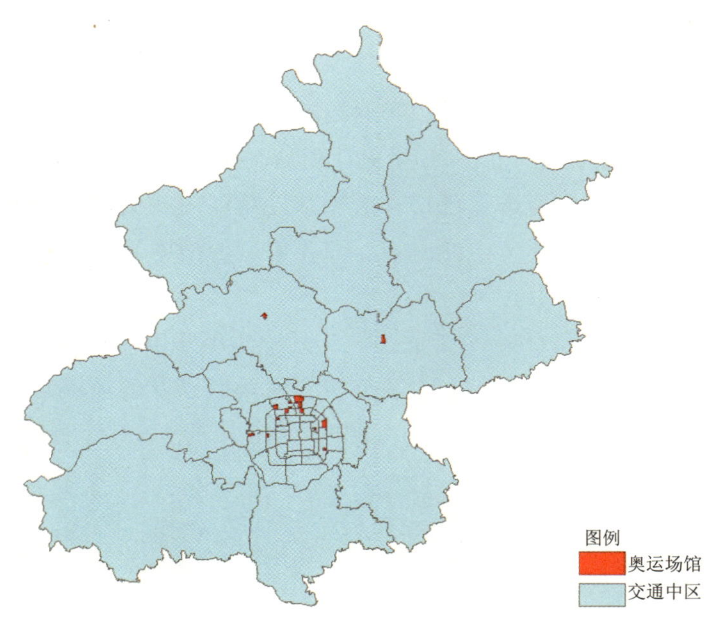

图2-11　北京市交通模型交通中区图

图 2-12 为 2008 年城市路网图。图 2-13 为 2008 年奥运专用道图，其中奥运专用道共 286km。

2005 年，北京市六环路以内道路总里程为 4073km，其中，城市快速路 214km，城市主干道 880km，城市次干道 625km，城市支路 1888km。根据《2008 年道路建设计划》，2008 年将新增城市快速路 62km、城市主干道 150km、城市次干道 53km、城市支路 160km。届时，道路容量将提高 16%。由于设置奥运专用道，将占用 10%

的道路容量，因此，考虑以上两方面因素，2008 年较 2005 年实际道路容量增加 6%。

图2-12　2008年路网系统图

图2-13　北京奥运专用道系统图

公交网络的输入数据包括：线路走向、车辆运营时刻、停靠站点、车型等，2008 年北京市模型共包括近 600 条公交线。图 2-14 为 2008 年公交线网图，图 2-15

为 2008 年奥运公交专线图。2008 年轨道线路较 2005 年新增了地铁 5 号线、10 号线、奥运支线和机场线，新增地铁里程 86km。

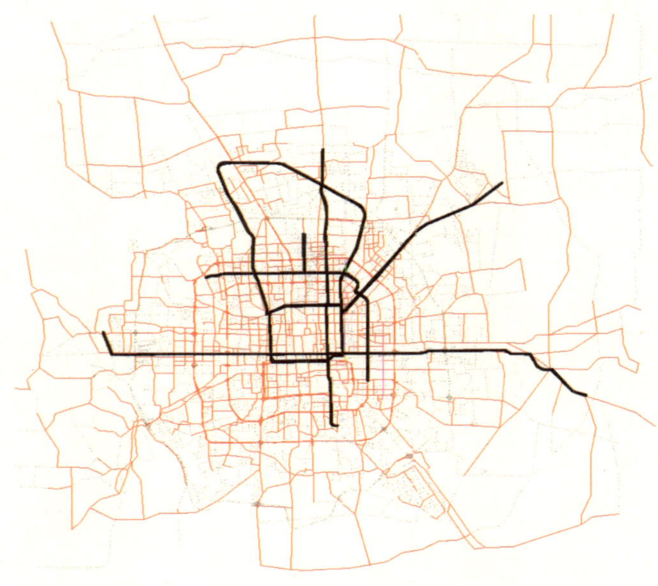

图2-14　2008年公交线网图

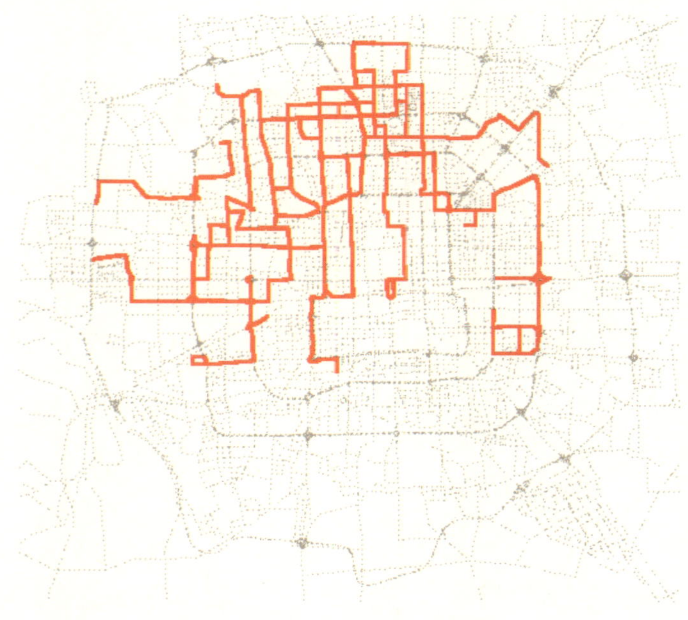

图2-15　2008年奥运公交专线图

2.3 基于活动链的奥运交通需求预测方法

2.3.1 交通模型结构

奥运运行模型采用“赛场—赛事—坐席数”的三级需求预测方法，模型结构如图 2–16 所示。整个预测以奥运比赛场馆为核心，首先运用座位数和上座率预测场馆日观众人数，然后借鉴悉尼和雅典奥运会的经验，通过大型活动现场调查，对观众

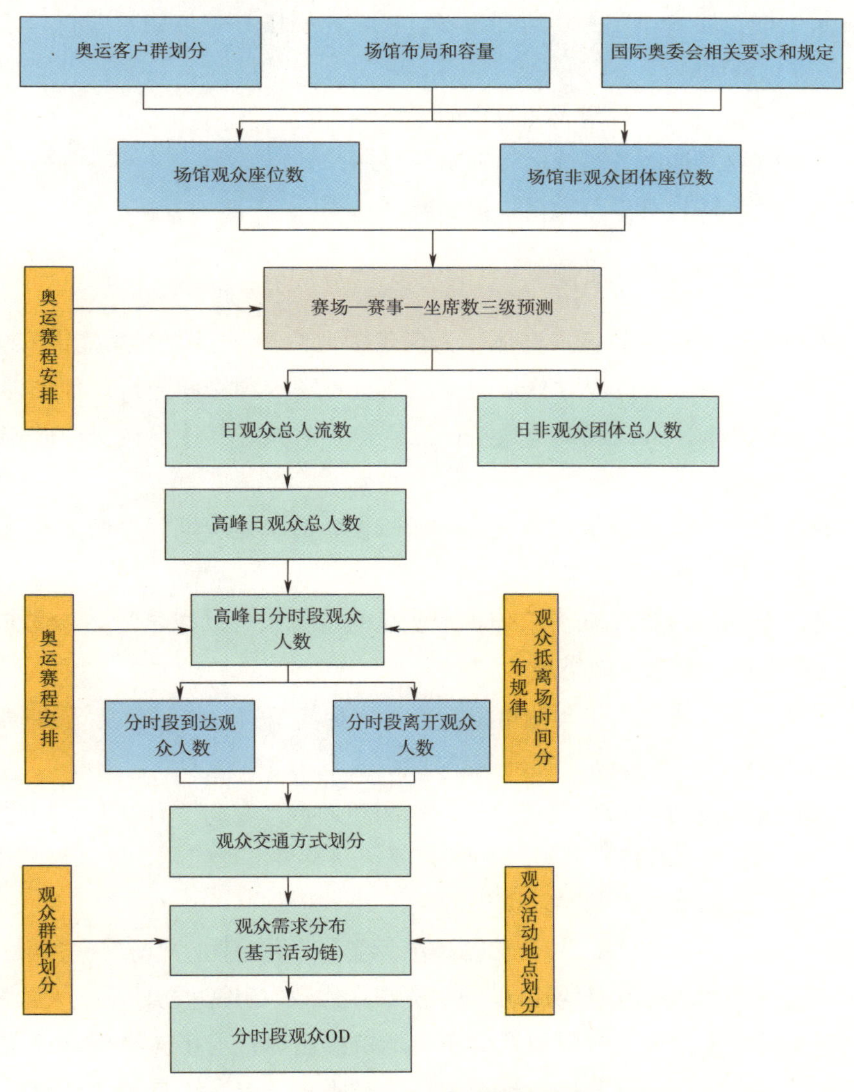

图2–16 奥运运行模型预测框架图

抵离时间分布曲线进行了假设，进一步得到日分时段观众抵离场人数；依据赛时公共交通运营方案等，进行交通方式预测；最后采用基于活动地点链的分析方法进行观众需求分布预测。

奥运会交通需求的影响因素包括：

① 奥运会组成团队交通需求及数量；

② 住宿位置；

③ 竞赛场馆位置；

④ 关键非竞赛场馆位置：包括机场、国际广播中心、主新闻中心、奥运村、国际奥委会下榻酒店；

⑤ 训练场馆，竞赛时刻表和赛事频率；

⑥ 训练及竞赛期间各系统运行的重要日期；

⑦ 文化及非体育赛事与场馆位置和时刻表等。

2.3.2 奥运场馆观众预测

观众是奥运会最大的客户群体。为确保为北京奥运会的观众提供安全、准点、畅通、便利的交通服务，应对奥运观众交通进行需求预测和分析，预先详细了解奥运观众交通的需求，掌握观众交通特征和规律，对做好其他奥运交通的相关工作至关重要。

① 掌握奥运期间的最大观众交通需求规模，对奥运会期间总的配车数量及招募驾驶员志愿者都具有指导意义。

② 通过分析各场馆观众需求随赛程变化的趋势，可以指导公交专线车辆配车和调度，以便于提前采取有效措施。

③ 对奥运观众进行需求预测可以为奥运比赛场馆周边临时公交场站（交通设施）规模的确定提供依据，以便于提前安排建设。

④ 通过对观众进出场交替规律进行预测和分析，有利于有针对性地优化交通组织方案，对于需要引起特别关注的场馆，应做到及早发现问题，并采取相关措施。

2.3.2.1 奥运观众交通需求模型框架

以各场馆（群）为对象，结合比赛的单元竞赛日程，建立“场馆—赛事—坐席数”模型，如图2–17所示。首先对场馆单场比赛观众人数、场馆（群）日观众人数进行预测，再对场馆（群）比赛日分时段观众分布、场馆群比赛日退场高峰小时观众人数进行预测，最后进行观众公交分担量预测、场馆群所需公交专线车辆数预测以及观众空间分布预测等。

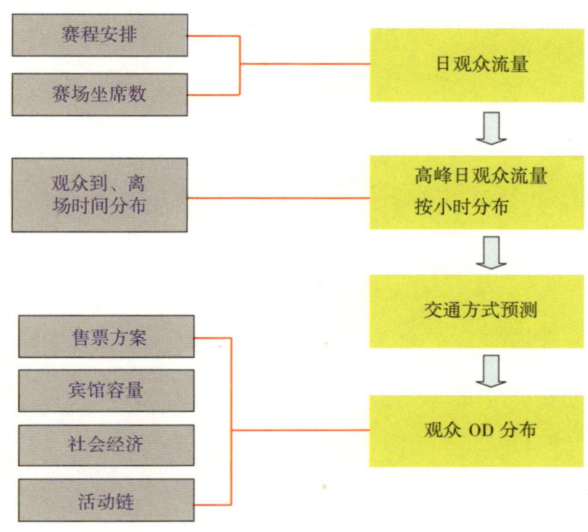

图2-17　奥运观众需求模型框架图

每届奥运会都有其自身的特点。北京奥运交通需求预测工作需要借鉴往届奥运会的经验，同时又不能照搬国外的经验数据，应充分考虑中国的国情和实际，对相关预测参数进行调整和修正。本着“以交通调查为基础，合理假设为前提，滚动更新为手段，结果合理为目的”的原则，北京奥运观众交通需求预测采用如下的技术路线：

基础前提及假设—奥运观众交通需求预测—相关大型赛事调查，提取相关参数—预测结果修正—奥运会期间跟踪调查—预测结果与实际调查结果的对比分析。

2.3.2.2　场馆观众规模预测

奥运观众交通需求预测不同于常规交通预测，需主要考虑由于赛事而诱增的交通需求。

对单个场馆、单场比赛的观众人数进行预测，是整个观众需求预测工作的基础。场馆观众人数预测以独立的比赛或竞赛单元为预测单位，场馆观众人数由场馆观众坐席数和上座率决定，是二者的乘积。

综合考虑上座率及中途退场等因素，可得到比赛结束退场人数，计算公式如下：

$$Q_a=Q_{max}\cdot k_0 \tag{2-5}$$

$$Q_d=Q_{max}\cdot k_0\cdot(1-k_d) \tag{2-6}$$

式中：Q_a——入场观众人数（单场）；

Q_d——比赛结束后退场观众人数（单场）；

Q_{max}——场馆观众坐席数；

k_0——上座率；

k_d——中途退场比例。

场馆观众座席由场馆容量、制证人员预留坐席、安保预留坐席、应急预留坐席决定。

$$Q_{max}=C_{票}+C_{应急}=C_0-C_{制证}-C_{安保} \tag{2-7}$$

式中：$C_{票}$——单场可售票；

$C_{应急}$——应急预留坐席；

C_0——为场馆容量；

$C_{制证}$——制证人员预留坐席；

$C_{安保}$——安保预留坐席。

影响上座率 k_0 的因素主要有：

① 比赛项目本身对观众的吸引程度；

② 是否有中国队参加；

③ 比赛性质（决赛 / 半决赛 / 预赛）。

2.3.2.3　场馆群赛时日观众人流量预测

场馆群日观众人数由场馆单场比赛观众人数和比赛日比赛单元数决定。

$$Q_{day}=Q_a \cdot n_i \tag{2-8}$$

式中：Q_{day}——场馆群日观众人数；

n_i——场馆群第 i 比赛日比赛单元数。

2.3.2.4　场馆群比赛日分时段观众人流量预测

分时段观众人数预测的主要工作是根据观众到达、离开场馆的时间规律，将观看比赛的观众人数在不同时间段内进行分配，从而掌握观众在各个时间段内的流量。

$$Q=\sum_{i=1}^{m}(Q_i \cdot k_{it}) \tag{2-9}$$

式中：Q_t——场馆群某时段的观众人数；

m——场馆群该比赛日总比赛单元数；

Q_i——场馆群该比赛日第 i 比赛单元单场比赛观众人数；

k_{it}——场馆群该比赛日第 i 比赛单元 t 时段观众入（退）场比例。

2.3.2.5　场馆群赛时高峰小时观众人流量预测

分时段观众流量中，以最大的流量作为高峰小时观众流量。

$$Q_{dh\,max}=\max\left(Q_{dh1},\ \cdots,\ Q_{dhi},\ \cdots Q_{dh16}\right) \tag{2-10}$$

式中：$Q_{dh\,max}$——场馆群比赛日最大退场高峰小时观众人数；

Q_{dhi}——场馆群第 i 比赛日退场高峰小时观众人数，$1 \leqslant i \leqslant 16$。

2.3.2.6　场馆群赛时公交专线观众分担量预测

对于各个场馆群，赛时公交专线对观众的分担数量，可按式（2-11）预测。

$$A_z = \begin{cases} Q_{dh\,max} \times (1 - P_o) - \min(S_p \cdot P_s, x \cdot c) - B_p \cdot P_b & (A_z > 0) \\ 0 & (A_z \leqslant 0) \end{cases} \tag{2-11}$$

式中：A_z——公交专线分担量；

P_o——其他方式分担比例；

S_o——地铁运力；

P_s——地铁运力分担比例；

x——地铁出入口人行带宽倍数；

C——地道每条人行带最大通行能力，取 1400 人 /h，人行带宽 0.9m；

B_p——常规公交运力；

P_b——常规公交运力分担比例。

2.3.3　交通方式预测

奥运赛时的出行方式与日常的出行方式不尽相同，观看比赛的出行者选择的出行方式差别更大，因此不能按常规的方式划分比例预测奥运赛时的出行比例。利用交通方式划分率模型进行观众公交分担量的预测。交通方式划分率是在测试赛和“中超联赛”调查的交通方式比例基础上，借鉴往届奥运会的经验，并考虑了北京市交通及奥运比赛场馆的实际情况选取的（具体的预测过程见 4.3.3）。

2.3.4　分布预测

在进行观众出行分布预测时，采用以吸引量为约束的单约束重力模型法，运用该模型进行分布预测的前提是要进行发生量和吸引量的预测。这里提到的发生量和吸引量都是针对观众观看奥运比赛出行而言的，不包括其他目的的出行。

按照重力模型法，这类出行的发生量和吸引量之间相互平衡。而对于奥运会交通出行来说，观众以奥运场馆为出行目的地，场馆需求量即为奥运交通吸引量。由于吸引量相对容易把握，这里以吸引量（即场馆的需求量）作为发生量和吸引量平衡的条件。本节主要介绍发生量的预测方法及交通分布的预测方法。

2.3.4.1 发生量的预测方法

（1）观众聚类分析。在奥运运行模型中，观众 OD 分布是其研究的重点。由于奥运交通需求的情况比较复杂，不同类别的观众在不同的时间段内，交通需求发生的规律有所不同，所以需要对交通需求产生的源头进行细致的分析。首先，根据观众出行特征规律，将观众划分为 6 类：

① 北京本地观众；

② 国内观众（非北京）居住在宾馆；

③ 国内观众（非北京）居住在朋友家；

④ 国内一日往返观众；

⑤ 国外观众居住在宾馆；

⑥ 国外观众居住在朋友家。

（2）观众出行空间来源分析。根据活动链到达目的地的可能性和不同群体观众的时空分布差异性，将观众出行的空间来源定义为 6 类地点：

① 家（H）；

② 宾馆（T）；

③ 工作地（W）；

④ 赛场（V）；

⑤ 特殊吸引点（车站、机场等，S）；

⑥ 主要旅游景点（O）。

上述地点划分主要考虑了北京本地观众从家和工作单位前往比赛场馆；外地观众来京观看比赛，主要居住在宾馆，也可能住在亲友家里；北京周边观众可能一天往返，也就是来自于火车站或飞机场；此外，会有部分观众连续观看比赛，从一个比赛场馆赶赴另一个比赛场馆观看接下来的比赛，这类出行空间的来源即为比赛场馆。

（3）赛事出行活动链。在不同时间段内，观众在各类空间来源所占的比重会有所不同。借鉴悉尼奥运会的经验，对于上午的比赛，观众将主要从家和宾馆出发；而对于中午的比赛，除了部分观众从家和宾馆于出发外，还有部分观众从工作单位前往比赛场馆观看比赛；对于晚上的赛事，从单位出发的观众的比例数可能会有所增加。图 2–18 表现了不同空间来源的观众在不同的时间段内活动链的情况。根据不同时段的活动链，采用单约束重力模型，主要以不同区域的经济水平、人口数据以及景点吸引强度等为依据，获得观众 OD 矩阵。

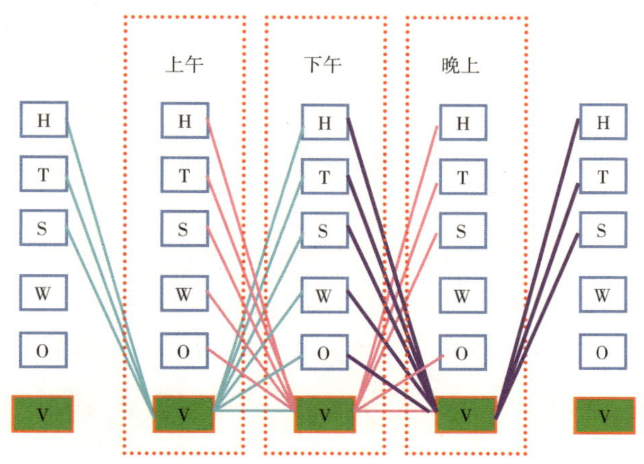

图2-18　各时间段观众出行活动链

根据不同类型人员在不同时间内的出行特征，预测首先按照出行时间将需求按照不同类型进行比例划分，然后对各种类别采用相应的程序进行计算。

对于观众来源比例划分的基本假设：大部分观众会从宾馆、居民家和单位前往比赛场馆，也有少部分观众来源于其他场馆，来源于其他场馆的观众所占的比例（$a\%$）不会很大；观众的来源主要为国内观众、外地观众、本地观众；外地观众大部分住在宾馆，还有部分住在亲友家；而本地观众从家里出发的比例（$b\%$）视比赛时间而定，对于上午的比赛，观众基本从家里出发；对于中午的比赛，由于部分观众从单位出发，所以，从家里出发的观众的比例有所降低；而晚上从单位出发的观众的比例会有所提高，如图 2－19 所示。

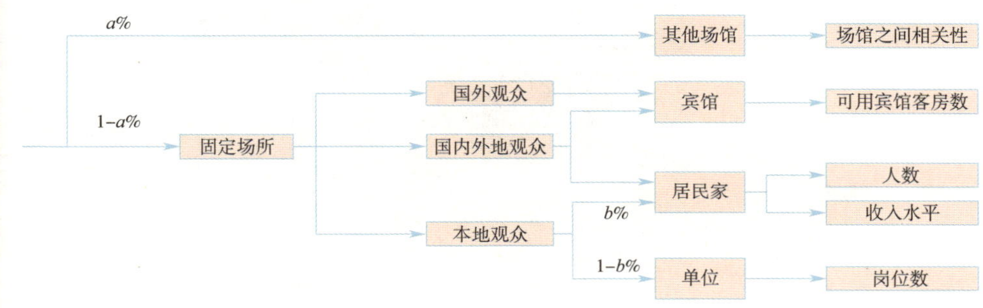

图2-19　观众来源示意图

2.3.4.2　发生量的计算模型

对于从居民家、宾馆、单位和其他场馆出发的观众，分别运用相应的发生量计算模型。

需要说明的是，由于在进行 OD 分布预测时将采用以吸引量为约束的单约束重力模型法，对所得到的发生量的数量不要求非常准确，只要能反映出交通小区的产生强度就可以了，所以这里的“发生量”也并非实际意义上的发生量，而是反映产生强度的一个指标。

（1）居民家发生量模型。居民家发生量模型以小区的人口数作为发生量计算的主要依据，并考虑收入水平、男女比例、人口结构等的影响。

$$O_{\mathrm{i}}^{居民家} = \alpha_{\mathrm{i}} \cdot \eta_{\mathrm{i}收入水平} \cdot \eta_{\mathrm{i}男女比例} \cdot \eta_{\mathrm{i}年龄结构} \quad (2\text{-}12)$$

式中：$O_{\mathrm{i}}^{居民家}$——第 i 小区的以居民家为出行源头的发生量指标；

α_{i}——第 i 小区的人口，北京市人口密度分布如图 2－20 所示；

$\eta_{\mathrm{i}收入水平}$——第 i 小区的收入水平修正系数；

$\eta_{\mathrm{i}男女比例}$——第 i 小区的男女比例修正系数；

$\eta_{\mathrm{i}年龄结构}$——第 i 小区的年龄结构修正系数。

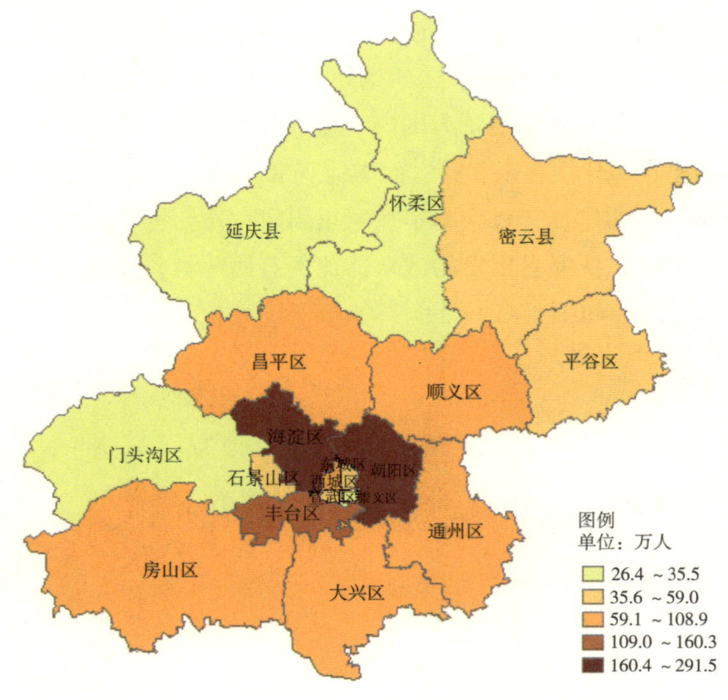

图2-20　北京市人口分布图

$\eta_{i收入水平}$的取值可按式（2–13）计算：

$$\eta_{i收入水平}=1+s\cdot\left(s_i/s_{ave}-1\right) \qquad (2\text{–}13)$$

式中：$\eta_{i收入水平}$——第 i 小区的收入水平修正系数；

s——收入影响系数；

s_i——第 i 小区的人均收入；

s_{ave}——全市的人均收入，如图 2 –21 所示。

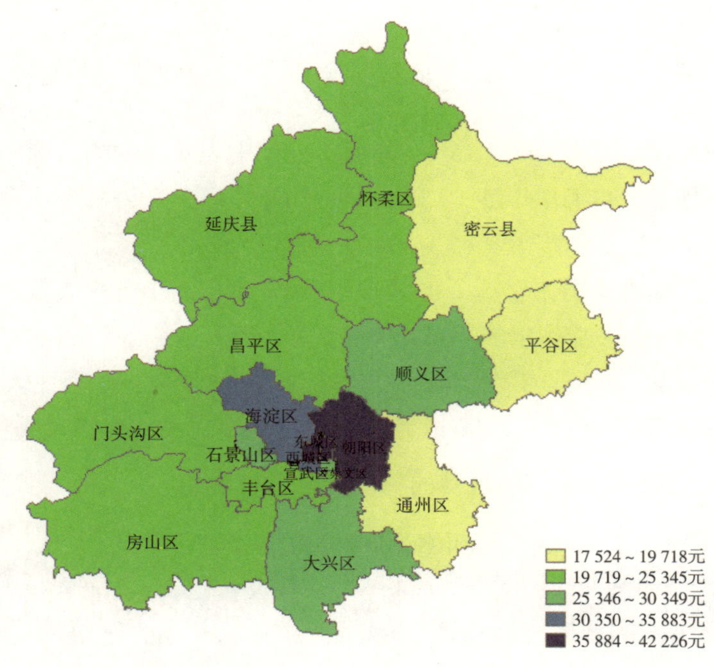

图2–21　北京市个人年收入水平分布图

s 的取值可以通过调查数据进行标定，在未获取调查数据的情况下，假设 s=0.1。

$\eta_{i男女比例}$的取值可按式（2–14）计算：

$$\eta_{i男女比例}=\left(\frac{A_{male}\alpha_{male-i}+A_{female}\alpha_{female-i}}{\alpha_{male-i}+\alpha_{female-i}}\right)\Bigg/\left(\frac{A_{male}\alpha_{male}+A_{female}\alpha_{female}}{\alpha_{male}+\alpha_{female}}\right) \qquad (2\text{–}14)$$

式中：A_{male}——每一万个男性公民中观众的比例；

A_{female}——每一万个女性公民中观众的比例；

α_{male}——北京市男性公民人数；

α_{female}——北京市女性公民人数；

α_{male-i}——第 i 小区男性公民人数；

$\alpha_{female-i}$——第 i 小区女性公民人数。

公式中未知量为 A_{male} 和 A_{female}，可以通过调查得到。在没有取得调查结果的情况下，假设 $A_{female}/A_{male}=3/7$。

$\eta_{i年龄结构}$的取值可按式（2–15）计算：

$$\eta_{i年龄结构}=\left(\frac{B_w\alpha_{w-i}+B_{nonw-i}\alpha_{nonw-i}}{\alpha_{w-i}+\alpha_{nonw-i}}\right)\Big/\left(\frac{B_w\alpha_w+B_{nonw}\alpha_{nonw}}{\alpha_w+\alpha_{nonw}}\right) \qquad (2\text{–}15)$$

式中：B_w——每万个工作年龄（15 ~ 64 岁）公民中观众产生的比例，

B_{nonw}——每万个非工作年龄（15 岁以下及 64 岁以上）公民中观众产生的比例；

α_w——北京市工作年龄（15 ~ 64 岁）公民人数；

α_{nonw}——北京市非工作年龄（15 岁以下及 64 岁以上）公民人数；

α_{w-i}——第 i 小区工作年龄（15 ~ 64 岁）公民人数；

α_{nonw-i}——为第 i 小区非工作年龄（15 岁以下及 64 岁以上）公民人数。

公式中未知量 B_w 和 B_{nonw}，可以通过调查得到。在没有取得调查结果的情况下，假设 $B_w/B_{nonw}=9/1$。北京市各区县的特征指标见表 2–4。

表2–4　北京市各区县特征指标（2005年数据）

行政区	区号	人口总数（万人）	男女性别比	15 ~ 64岁比例	人均收入（元）
全市		1538.0	102.6	0.790	10968.06
西城	01	68.9	94.1	0.765	36477.15
东城	02	59.0	98.9	0.776	31035.99
崇文	03	35.5	100.6	0.772	9671.254
宣武	04	50.0	100.0	0.791	15591.18
海淀	05	269.0	99.2	0.801	13656.01
朝阳	06	291.5	109.9	0.799	12665.46
丰台	07	160.3	100.8	0.788	7079.158
石景山	08	57.4	100.8	0.794	9264.542

行政区	区号	人口总数（万人）	男女性别比	15～64岁比例	人均收入（元）
昌平	09	108.9	101.0	0.803	5844.373
顺义	10	74.1	101.4	0.793	8274.627
通州	11	84.9	107.4	0.802	3688.016
大兴	12	76.4	107.0	0.799	6464.221
房山	13	84.1	102.8	0.792	3506.207
门头沟	14	26.4	102.2	0.762	5187.617
延庆	15	27.2	100.0	0.761	3370.143
怀柔	16	33.4	98.8	0.755	5073.323
密云	17	48.9	100.5	0.761	3535.148
平谷	18	44.1	101.0	0.751	3153.72

（2）宾馆饭店发生量模型。宾馆饭店发生量模型以小区的宾馆可用客房数作为发生量计算的主要依据。北京市各区县宾馆可用客房数见表 2-5 和图 2-22。

$$O_i^{宾馆}=b_i \tag{2-16}$$

式中：$O_i^{宾馆}$——第 i 小区的以宾馆饭店为出行源头的发生量指标；

b_i——第 i 小区的可用客房数，可按式（2-17）计算：

$$b_i=b_i^0-b^{签约} \tag{2-17}$$

b_i^0——第 i 小区的客房数；

$b_i^{签约}$——第 i 小区奥组委签约客房数。

表2-5　北京市各区县宾馆可用客房数统计*（2006年数据）

行政区	区号	宾馆可用客房间数	行政区	区号	宾馆可用客房数
西城	01	10225	顺义	10	4079
东城	02	9341	通州	11	2508
崇文	03	4434	大兴	12	2956
宣武	04	8232	房山	13	5797

行政区	区号	宾馆可用客房间数	行政区	区号	宾馆可用客房数
海淀	05	18822	门头沟	14	3085
朝阳	06	21406	延庆	15	3383
丰台	07	7838	怀柔	16	9086
石景山	08	1268	密云	17	4677
昌平	09	10305	平谷	18	3752

注：*宾馆可用客房数为各小区宾馆客房总数减去奥组委签约客房数量。

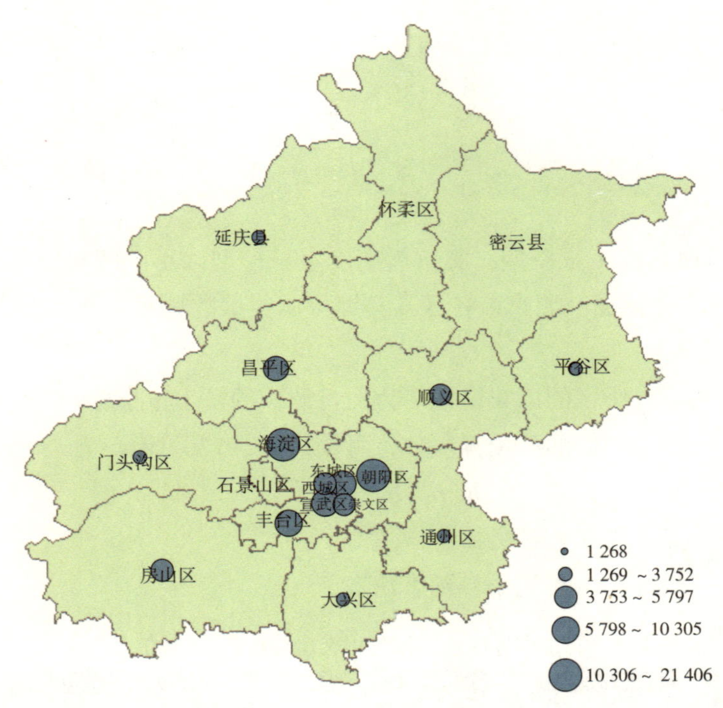

图2-22 宾馆可用客房数分布图

（3）岗位数发生量模型。岗位数发生量模型以小区的工作岗位数作为发生量计算的主要依据，北京市各区县就业岗位数见表 2-6。

$$O_i^{单位}=C_i \qquad (2\text{-}18)$$

式中：$O_i^{单位}$——第 i 小区的以工作单位为出行源头的发生量指标；

C_i——第 i 小区的工作岗位数。

表2-6 北京市各区县就业岗位数（2005年数据）

行政区	区号	岗位数	行政区	区号	岗位数
西城	01	835530	顺义	10	366679
东城	02	624110	通州	11	322536
崇文	03	166698	大兴	12	426370
宣武	04	382702	房山	13	301173
海淀	05	1676122	门头沟	14	105076
朝阳	06	1677578	延庆	15	77120
丰台	07	772962	怀柔	16	139621
石景山	08	248028	密云	17	158269
昌平	09	364586	平谷	18	75814

（4）场馆间发生量模型。场馆间发生量模型以预测时段其他场馆观众人数作为发生量计算的主要依据。

$$O_i^{其他场馆}=d_i \qquad (2\text{-}19)$$

式中：$O_i^{其他场馆}$——第 i 小区的以奥运比赛场馆为出行源头的发生量指标；

d_i——第 i 小区在预测时段观众的人数。

3）观众分布预测

观众出行空间分布预测是公交客流分配的基础，也可作为全市公交运力调配及公交线网规划的参考。

为了给后续工作奠定基础，本阶段进行两个层次的预测：16 天观众总量的分布预测和关键比赛日高峰小时观众出行空间分布预测。前者是为了解观众出行空间分布的总体情况及客流的主要流向，为奥运公交专线线网规划提供参考；而后者是为了进行公交客流分配，以及为后期的评价做准备工作。

按照观众源头的不同，应分别进行分布预测，然后将需求进行叠加。

$$T_{ij}=T_{ij}^{居民家}+T_{ij}^{宾馆}+T_{ij}^{单位}+T_{ij}^{其他场馆} \qquad (2\text{-}20)$$

式中： T_{ij}——从 i 小区到 j 小区的观众出行量；

$T_{ij}^{居民家}$——以家为出行起点这一类的观众出行量（从 i 小区到 j 小区）；

$T_{ij}^{宾馆}$——以宾馆为出行起点这一类的观众出行量（从 i 小区到 j 小区）；

$T_{ij}^{单位}$——以单位为出行起点这一类的观众出行量（从 i 小区到 j 小区）；

$T_{ij}^{其他场馆}$——以其他场馆为出行起点一类的观众出行量（从 i 小区到 j 小区）。

分布预测采用以吸引量为约束条件的单约束重力模型法。

$$T_{ij}=kO_iD_jf(w_{ij}) \tag{2-21}$$

其中：

$$f_{ij}=a \cdot w_{ij}^{b} \cdot e^{(-cw_{ij})} \tag{2-22}$$

参数取值：a=1，b=1.5，c=0.3。

通过对测试赛和“中超联赛”的调查可知，不同比赛项目对观众的吸引程度不同，热门比赛的吸引范围大，冷门比赛的吸引范围小如图 2-23 ~图 2-25 所示。

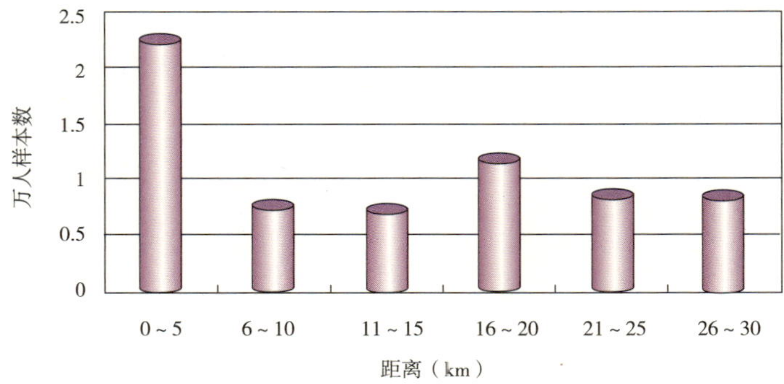

图2-23　丰台体育场“中超联赛”出行距离与万人样本数的关系图

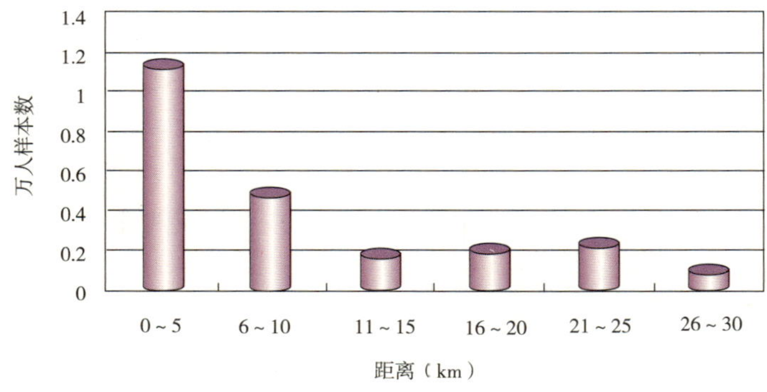

图2-24　朝阳公园沙滩排球出行距离与万人样本数的关系图

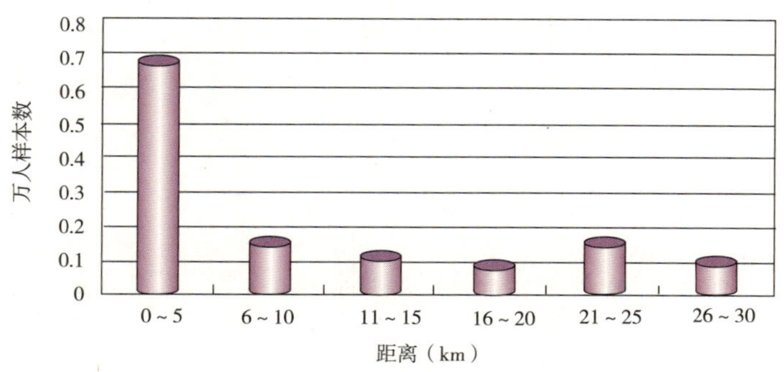

图2-25　五棵松棒球比赛出行距离与万人样本数的关系图

2.4　车辆及场站需求预测

2.4.1　奥运公交专线车辆预测

奥运公交专线所需的车辆数 i 为：

$$i=\frac{A_z}{P_e\cdot O_{ob}} \tag{2-23}$$

式中：i——场馆群理论所需奥运公交专线车辆数；

P_e——奥运公交专线标车定员；

O_{ab}——奥运公交专线满载率。

场馆群实际所需奥运公交专线车辆数 j 的计算公式为：

$$j=\begin{cases}n, T/t<1 \text{ 且 } T/t_s<1\\ n\cdot T/t, T/t\geqslant 1 \text{ 且 } T/t_s\geqslant 1\\ A_z/(P_e\cdot O_{ob}), T/t_s\geqslant 1\end{cases} \tag{2-24}$$

$$t=\begin{cases}t_{os}+t_w+t_{dx}+t_{dj}+t_{ds}+t_f+t_{ox}+t_{oj}, \text{载客回程}\\ t_{os}+t_w+t_{dx}+t_{dj}+t_f+t_{oj}, \text{空载回程}\end{cases} \tag{2-25}$$

式中：t_s——该场馆设定的观众疏散时间；

t——车辆发车时间间隔；

n——同一车辆编组包含的车辆数；

T——公交专线车辆一次往返于观众疏散地与所到达交通枢纽之间的总时间；

t_{os}——公交专线在观众疏散地上客所需时间；

t_w——车辆从观众疏散地到达交通枢纽所需时间；（包括中途上下客及突发事件等时间）；

t_{dx}——车辆在交通枢纽下客所需时间；

t_{dj}——车辆在交通枢纽的发车时间间隔；

t_f——车辆从交通枢纽到达观众疏散地的时间包括中途上下客及突发事件等时间；

t_{ds}——车辆从交通枢纽上客所需的时间；

t_{ox}——车辆在观众疏散地下客所需时间；

t_{oj}——车辆在观众疏散地发车时间间隔。

当 $T/t_s>1$ 时，不考虑车辆返回再次运送观众的情况，在此前提下，场馆理论上所需奥运公交专线车辆数与实际所需车辆数相等。

2.4.2 奥运公交专线场站面积预测

根据公交专线分担量，对于有公交专线需求的场馆，需要考虑公交专线场站面积问题，由于各场馆的实际情况各异，因此需要根据其各自场馆的特点进行具体分析。下面仅就公交场站面积的测算过程进行论述。根据不同比赛场馆的不同公交需求，将公交场站分为只驻车的公交场站和同时上下客的公交场站两类，其面积计算公式为：

$$S_{OBS}=\begin{cases}S_P+S_B+S_{ST}+S_R\cdots(\text{同时上下客})\\S_P+S_B\cdots(\text{单纯驻车})\end{cases} \tag{2-26}$$

式中：S_{OBS}——公交专线场站面积；

S_P——停车坪用地面积；

S_B——建筑基地用地面积；

S_{ST}——发车站台用地面积；

S_R——站台附近行车道面积。

以上涉及的各部分面积计算方法如下。

（1）停车坪用地面积 S_P。依据前面假设，公交专线的满载率为 90%，且全部采用标车（定员 70 人），则可得到公交专线单车载客量，于是有：

$$C_{OBS}=C_0\times\gamma \tag{2-27}$$

式中：C_{OBS}——专线公交单车载客量；

C_0——专线公交额定载客量；

γ——专线公交满载率。

$$A_{OBS}=P_{OBS} / C_{OBS} \quad (2-28)$$

式中：A_{OBS}——所需专线公交车辆数；

P_{OBS}——专线公交分担量。

$$S_P=A_{OBS} \times S_{P0} \quad (2-29)$$

式中：S_{P0}——单车停车面积（选定停车方式）。

根据《城市道路设计规范》（CJJ-37-90）（1991年）中关于停车坪用地面积的计算方法，选取垂直式前进停车单机车停车面积为 68.3m^2。

（2）建筑基底用地面积 S_B。根据有关部门关于奥运会临时公共交通设施需求的报告（2006年），并参考《公共场站建筑与建设用地标准研究》（2006年）将建筑基底面积的选取根据场站面积的大小分为三类，分别为一类场站（4万 m^2 以上）、二类场站（1万～4万 m^2）和三类场站（1万 m^2 以下），其对应的建筑基底面积分别为 580m^2、420m^2 和 270m^2，即

$$S_B=\begin{cases}580, \text{一类场站(4万 m}^2\text{ 以下)}\\420, \text{二类场站(1万～4万 m}^2\text{)}\\270, \text{三类场站(1万 m}^2\text{ 以下)}\end{cases} \quad (2-30)$$

（3）发车站台用地面积 S_{ST}。首先选取 Fruin 中的 E 级服务水平，即 1.08 ～ 2.17 人/m^2，本次测算中取其中间值为 1.667 人/m^2，即 0.6m^2/人。站台能滞留的人数按照最大退场高峰小时观众数的 30%来选取，于是有：

$$S_{ST}=P_N \times S_{per} \quad (2-31)$$

式中：P_N——站台滞留人数；

S_{per}——每人所需站立面积。

（4）站台附近行车道面积 S_R。在本次预测中，假设同时上下客的公交场站有三条车道，即停车车道、行车车道和超车道，每条车道按照 3.75m 宽计，每个站台平均分配车道长度为 30m，则对应站台附近总行车道面积为：

$$S_R=N_{ST} \times N_{Lan} \times L_{Lan} \times W_{Lan} \quad (2-32)$$

式中：N_{ST}——站台数；

N_{Lan}——车道数；

L_{Lan}——车道长度；

W_{Lan}——车道宽度。

对于站台数 N_{ST} 的计算可采用式（2–33）：

$$N_{ST}=P_{OBS}\ /\left(C_{OBS}\times T_{Res}\times I\right) \qquad (2\text{–}33)$$

式中：T_{Res}——疏散时间；

I——车辆车头时距。

其中，疏散时间 T_{Res} 视场馆容量及场馆地理位置而定，由于散场观众人流相对较为集中，车辆车头时距 I 选为 3min。

综上所述，将各步计算所得结果代入公交专线场站面积公式，便可得到总的场站用地面积。需要说明的是，对于单纯驻车的场站，在选择建筑基底面积时所用的场站面积为停车坪面积，而对于同时上下客的场站，在选择建筑基底面积时所用的场站面积为停车坪面积、发车站台用地面积和站台附近行车道面积之和。

3 大型赛事活动交通需求特征调查

按照国际奥委会要求和北京的奥运申办承诺，在举办奥运会、残奥会前，在赛时正式使用的各场馆都要举办体育赛事或大型活动，并对场馆设施、技术系统、计划方案、运行规范和保障能力等进行测试和检验。

随着北京奥运场馆的陆续建成，自 2006 年起，先后在建成的奥运场馆中进行了“好运北京”（Good Luck Beijing）[1] 测试赛和开闭幕式彩排等一系列大型活动。

这些大型活动，是从场馆设施、赛事安排、技术系统、交通保证、安保、市容景观、食宿以及水电气热等各方面对奥运筹办工作的“实战”检验。

“好运北京”测试赛从2006年8月至2008年6月，在奥运场馆陆续举办了44项（包括盲人门球和轮椅篮球两项残奥项目）好运北京体育赛事。根据这些赛事的主办权与承办权的不同，可以将其分为赛历赛事 [2] 和邀请赛 [3] 两类。

在这 44 项比赛中，有 16 项是赛历赛事，其中包括 2006 年的垒球世锦赛，2007 年的赛艇、沙滩排球、小轮车、场地自行车、摔跤、现代五项、铁人三项、网球和乒乓球等 9 项赛事，以及 2008 年的跳水、花样游泳、击剑、竞走、射击和马拉松 6 项赛事。

由于不同赛事活动的比赛特性不同、规模大小不同、当地观众的喜爱程度不同、

[1] 资料来源:http://baike.baidu.com/view/1117379.htmfr=ala0_1

[2] 赛历赛事，即国际单项体育联合会赛事，此类赛事由国际单项体育联合会主办，列入国际单项体育联合会正式比赛赛历，如世界杯、世锦赛、世青赛、奥运会资格赛等。此类赛事的举办必须遵循国际单项体育联合会指定的相关规则。

[3] 邀请赛，包括国内或国际邀请赛，即由好运北京体育赛事组委会主办的各类邀请赛性质的赛事，如公开赛、俱乐部赛等。虽然此类赛事仍然要接受相关国际单项体育联合会的技术监督，但与赛历赛事相比，组委会拥有更多的决定权。

媒体的追捧程度不同，以及活动场地的位置、周边的交通设施状况等因素有所差异，都将影响比赛的交通特性，呈现出不同的观众入退场规律、交通方式分担结构和对交通服务的需求特征。

为了解和掌握不同奥运比赛和大型活动的交通需求和特征，北京交通发展研究中心特别针对这些测试活动，开展了一系列的交通调查，包括足球、棒球、沙滩排球、田径、开幕式等。

交通调查的工作过程包括数据的调查、收集和调查数据的整理、统计、分析两个阶段。调查方法主要采用观测法和询问法。

观测法即调查人员到道路、车站等实地去进行现场观测、测量，并记录有关的数据。这种方法主要用于交通现状调查。询问法包括上门询问或电话询问，这是一种交通规划调查中广泛使用的调查方法，如进行起讫点调查时到居民家中进行的访问调查。

调查对象包括：比赛期间入场、退场的观众，奥林匹克大家庭成员，奥林匹克大家庭车辆，场馆周边地铁、公交站点的乘客。

调查内容主要包括：观众入场、退场时间分布调查；观众和奥林匹克大家庭成员安检时间调查；奥林匹克大家庭车辆安检时间及抵离时间分布调查；观众出行方式选择和 OD 分布调查；部分场馆周边地铁满载率调查；部分场馆周边主要公交满载率调查。

通过对这些交通特征的调查，意在掌握赛事不同交通群体的出行行为特征规律，从而为奥运赛时交通需求预测及交通组织提供技术支持。

3.1 沙滩排球交通调查

2007 年 8 月 13 日 ~ 8 月 19 日，“好运北京”国际排联女子沙滩排球（简称沙排）挑战赛在北京朝阳公园沙滩排球场举行。

为了反映不同比赛日期和时间对观众入场时间的影响，选择了 8 月 14 日和 8 月 17 日的两个比赛场次进行调查。

3.1.1 沙滩排球比赛调查一

2008 年 8 月 14 日（周二，工作日），在沙滩排球赛场分别开设南门、东 1 ~ 东 6 七个观众进场安检门。本场比赛于 18：00 开始，从赛前 2.5h 即 15:30 开始每 5min

统计一次进场人数，直至 18:30 结束。到场观赛的观众总计 1559 人，赛前入场的人数占 86.7%。进场观众中组织观众占 80%。

观众进场共设东、南两个安检口，组织观众和购票观众进场时间分布规律不同，购票观众一般集中在比赛开始前 30min 到开赛后 30min 内入场，组织观众主要于比赛开始前 1.5h 到赛前 30min 内入场。

如图 3–1 所示，整场比赛观众集中入场时间为 16:30 ～ 17:35，在 16:30 以前到达人数仅为 118 人，占总人数的 7.5%。自 17:35 起，入场观众基本为购票观众，其到达时间比较分散，一直延续到 18:30 之后，比赛开始后有 206 人进场。进场人数最大值出现在 17:20 ～ 17:25，与东、南安检口的高峰时间比较相近，从图中的变化趋势可以看出，比赛开始后仍有一定数量观众入场，且并无明显下降趋势。这主要是由于比赛在星期二举行，因此观众到达情况也受到工作日的影响。表 3–1 为观众进场小时人数统计表。

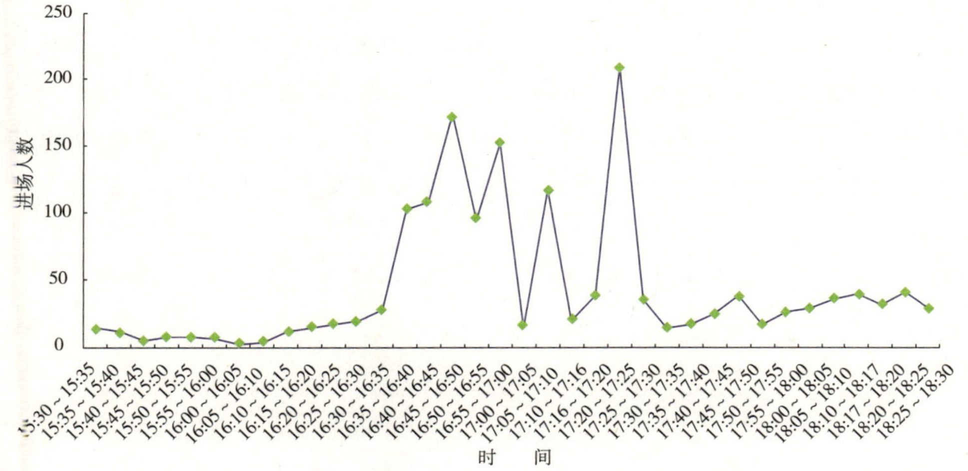

图3–1　8月14日沙滩排球进场人数时间分布图

表3–1　观众进场小时人数统计表

时　段	进场人数（人）	所占比例（%）
15:30～16:00	25	1.63
16:00～16:30	68	4.43
16:30～17:00	661	43.09
17:00～17:30	436	28.42
17:30～18:00	138	9.00
18:00～18:30	206	13.43

由图 3-2 可知，观众多集中在赛前 1.5h 进场，且赛前进场人数最多时段（半小时内）与赛后半小时进场人数的比例为 3∶1。

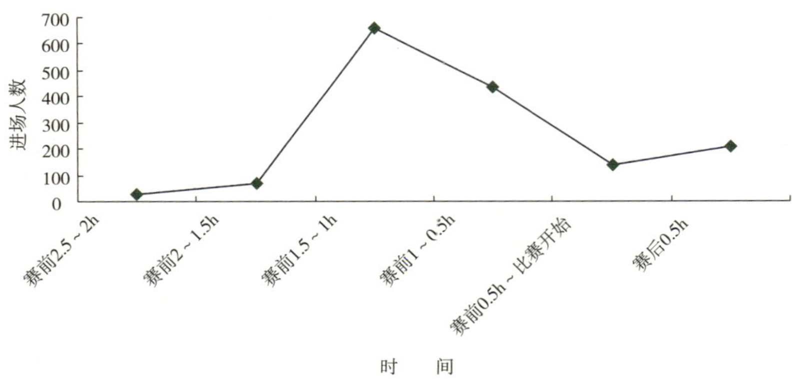

图3-2 8月14日沙排比赛相对于比赛开始时间各时段入场观众人数

3.1.2 沙滩排球比赛调查二

2007 年 8 月 17 日（周五，工作日），调查开始时间为 17:30。由于此次比赛在周末举行且为决赛，因此到场观众较 8 月 14 日要多，赛场共开设 8 个观众安检门，分别为南 1、南 2、东 1~东 6 安检门。本场比赛于 20:00 开始，到场观众共计 5455 人，购票观众约占 82%，比赛前到达人数为 3332 人，占 61.1%，比赛开始后入场的有 2123 人。

如图 3-3 所示，观众到达时间呈倒“V”字形单峰值分布，整场比赛观众集中入

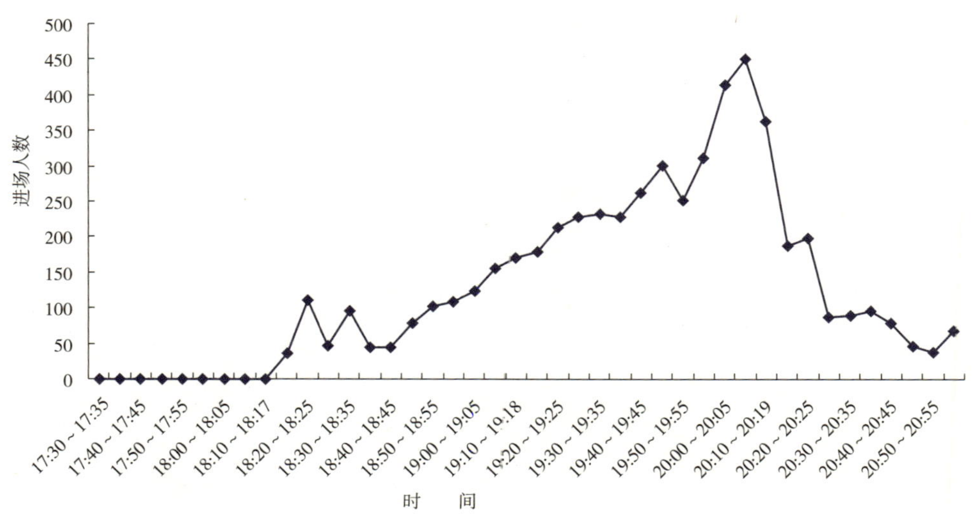

图3-3 8月17日沙排进场人数时间分布图

场时间为 18:20 ~ 20:55，在 18:20 以前无人到达，之后到达人数近似呈直线上升，中途出现小的波动，于 20:05 ~ 20:10 期间出现最高峰，在高峰出现后，进场人数逐渐下降，且无明显反弹，比赛开始后入场的观众有 2123 人，占总人数的 38.9%。由于该场比赛在周五晚上举行，因此其观赛人员较 8 月 14 日明显增加，且观众到达比较分散，购票观众增多。观众进场人数统计见表 3–2。

表3–2　观众进场小时人数统计表

时　　段	进场人数（人）	所占比例（%）
17:30～18:00	0	0.00
18:00～18:30	196	3.59
18:30～19:00	474	8.69
19:00～19:30	1073	19.67
19:30～20:00	1589	29.13
20:00～20:30	1704	31.24
20:30～21:00	419	7.68

由图 3–4 可以看出，半小时入场人数最大值出现在比赛开始后，本场比赛为 1/4 决赛，购票观众多，从赛前 2.5h 至比赛开始后 30min 内，入场观众呈递增趋势，而赛后 0.5 ~ 1h 内入场人数急剧下降。19:30 ~ 20:30 为观众集中到达时段，且东、南安检口入场高峰均为比赛开始后 10min 内。表 3–3 为各安检门的入场情况，其中南 1、南 2 安检口主要承担观众入场的安检工作，合计 2749 人，占总人数的 50.4%，在 18:20 ~ 19:55 期间，南 1、南 2 安检门处观众到达分布较均匀，入场人数最高峰在比赛开始后 10min 处出现。东 1 ~ 东 6 安检口中东 1 门通过人数最多，东 5 最少。从 18:15 开始，6 个安检门处观众到达都比较均匀，其高峰大多出现在

19:00 ~ 20:00 之间，即比赛开始之前。

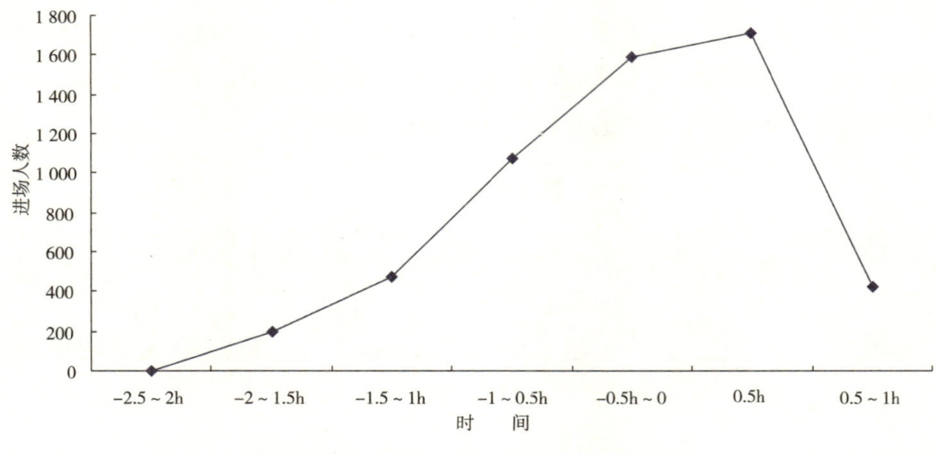

图3-4　8月17日沙排球比赛各时段入场观众人数

表3-3　8月17日沙排比赛各安检门入场情况

项　目	南1	南2	东1	东2	东3	东4	东5	东6
总人数（人）	1 636	1 113	996	559	529	452	64	106
所占比例（%）	29.9	20.5	18.3	10.2	9.7	8.3	1.2	1.9
高峰时段	20:00~20:10	20:00~20:10	19:45~19:50	19:35~19:40	19:25~19:30	19:45~19:50	19:55~20:00	19:50~19:55

3.1.3　两场比赛的对比

对比 2007 年 8 月 14 日和 8 月 17 日朝阳公园沙滩排球比赛观众入场情况，14 日共入场 1 559 名观众，17 日共计 5 455 人，且观众到达时间分布存在很大差异，14 日观众集中到达时间为赛前 1.5 ~ 0.5h，而 17 日则集中在赛前 30min 到赛后 30min 内。

相同的比赛，观众入场特征存在比较大的差异主要与比赛性质（比赛的重要程度）和比赛时间两个因素有关。在比赛性质上，14 日比赛为小组赛，17 日为 1/4 决赛，后者的重要程度和影响程度大于前者，故其观赛人数也大大超过前者。在比赛时间上，14 日为周二（工作日），且比赛开始时间是 18:00，17 日为周五（周末），比赛开始时间为 20:00，两者相比，后者时间更适合观众观看比赛，但是从观众入场时间上呈现出两个差异性特征。一是比赛开始后，17 日 20:00 后还有约 39% 的观众入场，而 14 日 18:30 比赛开始后，仅有不足 14% 的观众入场；二是 14 日的比赛观众最早提前入场的时间为 3h，长于 17 日的提前 2h，14 日的比赛提前入场的观众比例也大于 17 日，表明观众除观赛外，还有明显的参观奥运场馆的需求。这点在安排好观众交通出行服务时应引起重视。

3.2 棒球比赛交通调查

"好运北京"2007 年国际棒球邀请赛于 2007 年 8 月 18 日 ~ 8 月 23 日在五棵松棒球场举行，选取 8 月 20 日的比赛日进行调查。

棒球比赛开始时间为 19:00，选取调查时间为 16:00 ~ 20:00。此次比赛赛场设置一个安检口，共 6 个观众安检门，分别为 1 ~ 6 号。到场观众共计 2183 人，组织观众居多，比例高达 97%，赛前到达人数为 1776 人，占 81.4%。安检口各时间段入场人数分布图如图 3-5 所示。由图可见，16:50 前基本无观众到达，18:00 ~ 19:20 为观众集中入场时间，共计入场 1725 人，99% 观众入场时间在 17:20 ~ 19:40 之间。观众到达有两个高峰，其中最高峰在 18:25 ~ 18:30 之间出现，第二高峰出现在 18:40 ~ 18:45 期间，比赛开始后入场观众直线减少，到 20:00 入场基本完毕。

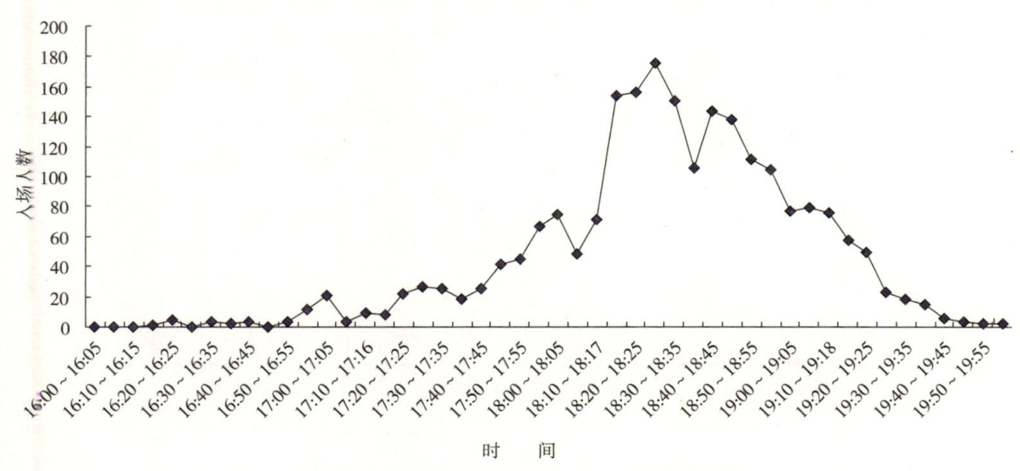

图3-5　8月20日棒球比赛安检口入场人数时间分布图

表 3-4 为分时段安检口入场人数统计表，从表中可以看出，18:00 ~ 19:00 即比

赛开始前 1h 为主要入场时段，18:30 为比赛开始时间；而 16:00 ～ 17:00 则基本无观众到达。

表3-4　赛场安检口入场小时人数统计表

时　　段	入场人数（人）	所占比例（%）
16:00～16:30	6	0.27
16:30～17:00	24	1.10
17:00～17:30	89	4.08
17:30～18:00	221	10.12
18:00～18:30	680	31.15
18:30～19:00	756	34.63
19:00～19:30	361	16.54
19:30～20:00	46	2.11

由图 3-6 可以看出，比赛开始后出现 30min 入场人数高峰值，但与赛前 30min 内入场观众数量相近。

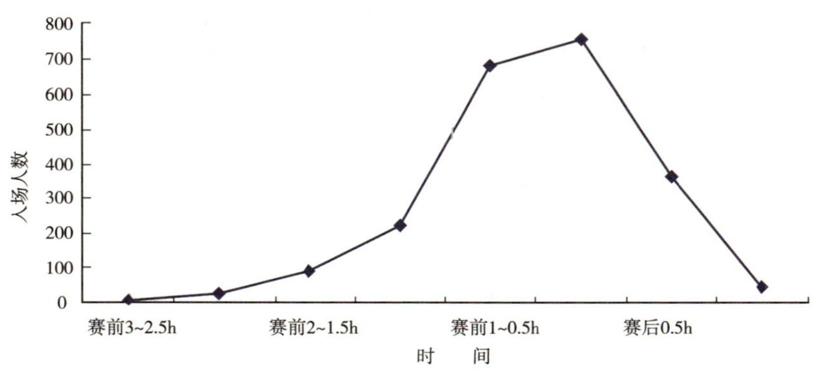

图3-6　8月20日棒球比赛相对入场观众人数

各安检门情况如表 3-5 所示，1 ～ 6 号门进入人数相对比较均匀，利用率也较高。

表3-5　8月20日棒球场各安检门入场情况

项　目	1号门	2号门	3号门	4号门	5号门	6号门
总人数（人）	418	414	350	370	341	290
所占比例（%）	19.1	18.9	16.0	16.9	15.6	13.3
高峰时段	18:40～18:45	18:20～18:25	18:30～18:35	18:20～18:25	18:45～18:50	18:25～18:30

3.3　足球比赛交通调查

沙滩排球的比赛规模相对较小，观众离场的聚集程度相对不高。为了解类似足球比赛这类观众规模大、离场聚集度高的比赛的观众交通特性，赛时观众到场、散场的时间分布规律，观众的 OD 分布及到达方式，掌握赛时体育场馆周边的交通状况，特针对 2007 年“中超联赛”后半程观众关注程度高、上座率高的一场在北京丰台体育场关键场次的比赛进行了相关交通调查。

3.3.1　调查目的

通过对观看“中超联赛”丰台体育场比赛的观众交通特征的调查，掌握观众交通特征规律，为奥运赛时观众交通需求预测及交通组织提供技术支持。

（1）通过调查获取比赛期间观众的出行行为及特征。

（2）通过本场比赛的特征，并根据奥运赛时实际情况的变化，预估赛时的交通需求特征。

3.3.2　调查对象和内容

本次调查地点为丰台体育中心，比赛项目为足球，参赛队伍是北京国安队和天津康师傅队，由于该场比赛是联赛后半程的一场关键场次比赛，故观众上座率高。

调查时间：2007 年 11 月 4 日 18:30 ～ 20:30。

调查对象包括：“中超联赛”期间入场、退场的观众时间分布；场馆出入口的交通状况；场馆周边停车场、公交站点的交通状况。

调查内容包括：观众入场、退场时间分布调查；观众出行方式选择和 OD 分布调查，包含出发地点、出发时间、出行方式、离开方式等内容；针对公交、自行车、出租汽车、私家车等的停车状况进行观察、拍照；赛时的交通管理措施。

3.3.3 观众入、退场时间分布调查及分析

调查时间：调查时间选择为 16:00 ~ 19:00 和 20:00 ~ 21:00。这两个时段分别为观众入场和退场的最主要时段。

数据观测地点：丰台体育中心开设东门和北门为观众入、退场出入口，北门宽度约为东门的两倍，是观众进入体育场和疏散的主要路径。本次调查的调查人员主要设置于丰台体育中心北侧和东侧入口的安检入口，如图 3-7 所示，对每一个安检门设置 1 位调查员进行计数。

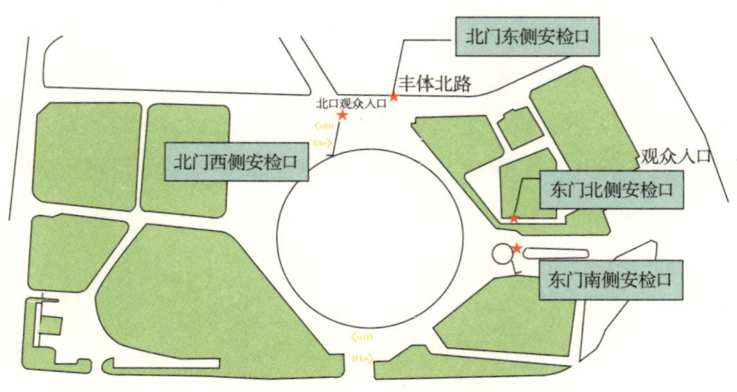

图3-7 丰体中心调查点示意图

数据观测方法：调查人员分别对场馆观众出入口进行人工计数，以获得观众到达及离开的时间分布。观众入场调查选择时间为比赛开始前 2.5h 至比赛开始后 30min，共计 3h，退场调查时间为比赛结束前 30min 至观众退场结束，对每个退场门设置 10 位调查员进行人数估计，取其均值。计数间隔为 2min。

3.3.3.1 东门观众入场时间分布

（1）东门北侧安检口。

丰体中心东门北侧安检口共入场 2209 人，平均每分钟入场 12 人。由图 3-8 可见，观众入场人数随时间总体呈抛物线分布。17:00 之前几乎无观众入场；17:48 ~ 18:24 时段，即赛前 40min 之内为观众集中入场阶段，共计 1022 人到达，占此口总入场人数的 46.3%；赛前 2.5h 观众入场比例为 85.7%；比赛开始后 30min 之内仍有观众入场，共计 316 人，所占比例为 14.3%，比赛开始之前和之后观众到达比例约为 6:1，如图 3-9 和图 3-10 所示。

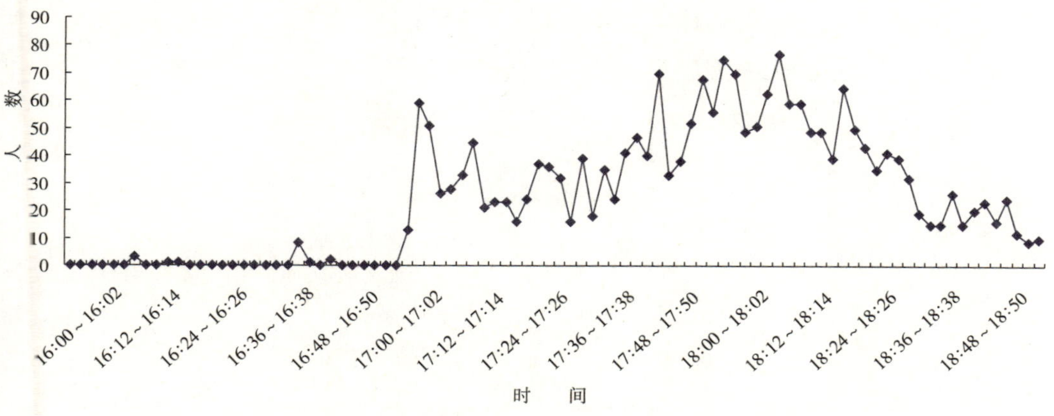

图3-8　丰体中心东门北侧安检口入场人数时间分布图

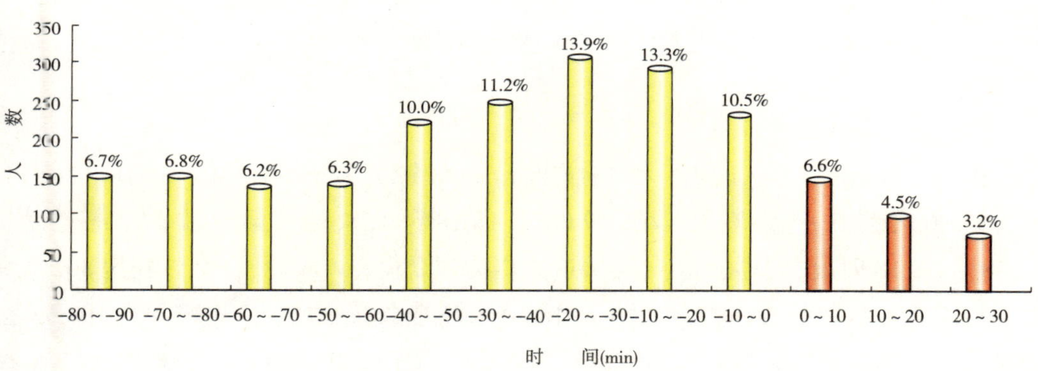

图3-9　丰体中心东门北侧安检口入场人数相对比赛时间分布图

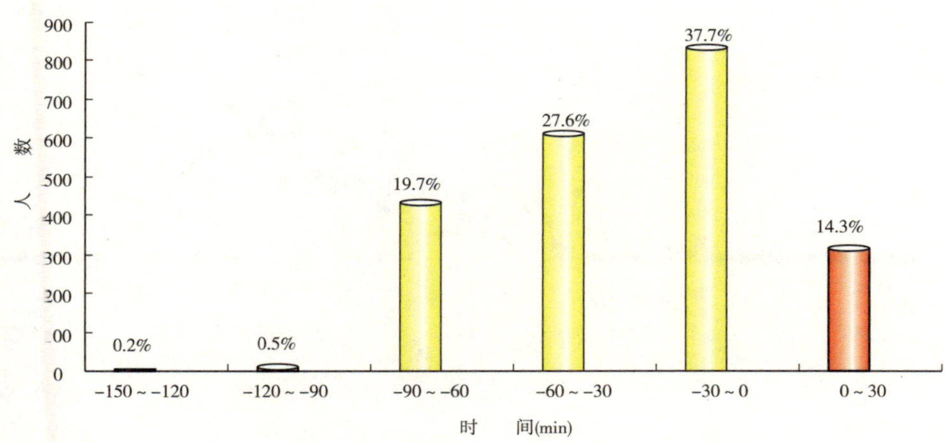

图3-10　丰体中心东门北侧安检口观众入场到达比例分布图

各安检门按从左至右的顺序编号，由图 3-11 可见，根据“方便就近”原则，左侧第一个门承担了较大人流量。

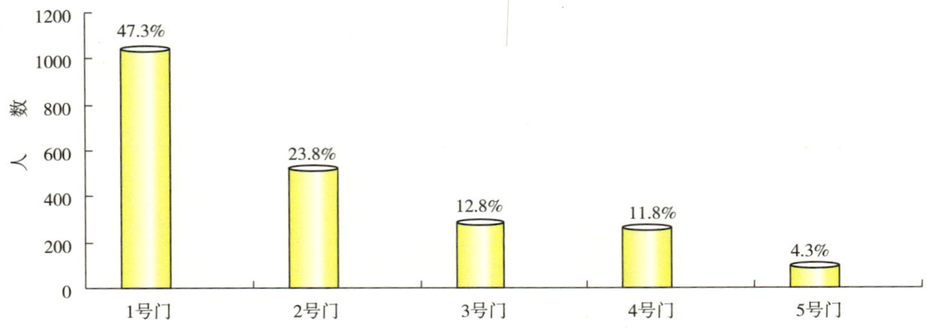

图3-11　丰体中心东门北侧安检口各安检门入场人数对比图

（2）东门南侧安检口。

由东门南侧安检口共入场 1318 人，平均每分钟入场 7 人。由图 3-12 可见，17:00 之前几乎无观众入场；17:00 ~ 18:18 观众入场人数呈波动增长趋势；17:38 ~ 18:18 时段，即赛前 10 ~ 40min 之内为观众集中入场阶段，共计到达 802 人，占此口总入场人数的 60.8%；18:18 ~ 18:40 入场观众开始减少，比赛开始 10min 之后则无人入场，比赛开始后半小时内入场观众所占比例为 4.2%，比赛开始之前和之后观众到达比例约为 24 : 1；观众入场人数随时间总体呈抛物线分布，如图 3-13 和图 3-14 所示。

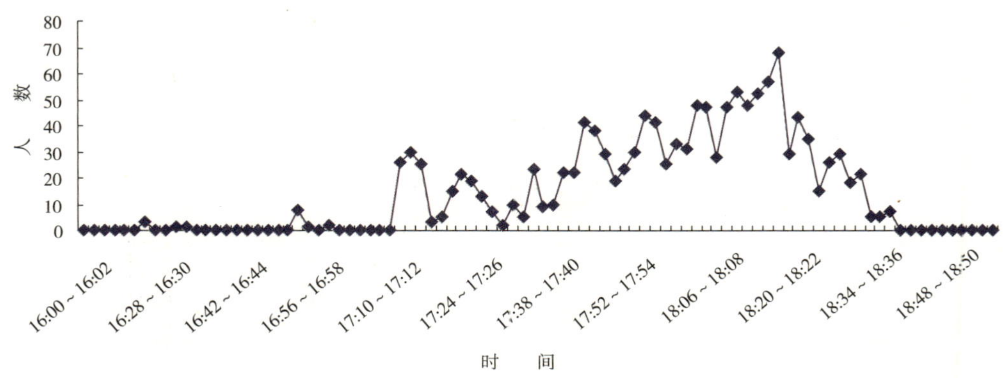

图3-12　丰体中心东门南侧安检口入场人数时间分布图

各安检门按从左至右的顺序编号，由图 3-15 可见，右侧第一个门承担较大人流量，其次是左边 2 号门，1 号门 17:44 ~ 18:22 期间关闭，入场人数较少。

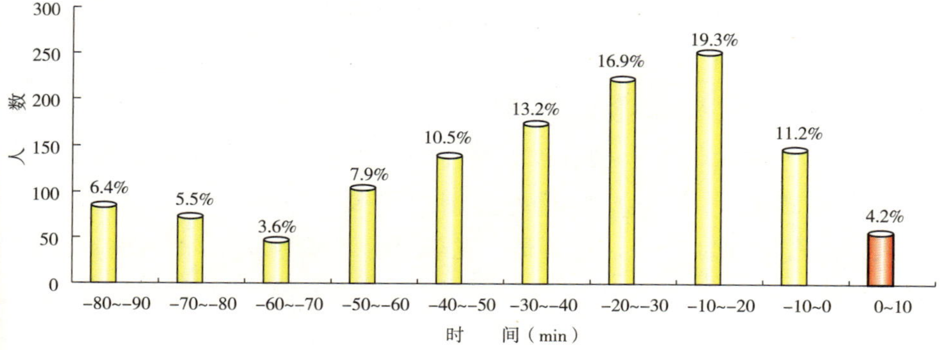

图3-13　丰体中心东门南侧安检口入场人数相对比赛开始时间分布图

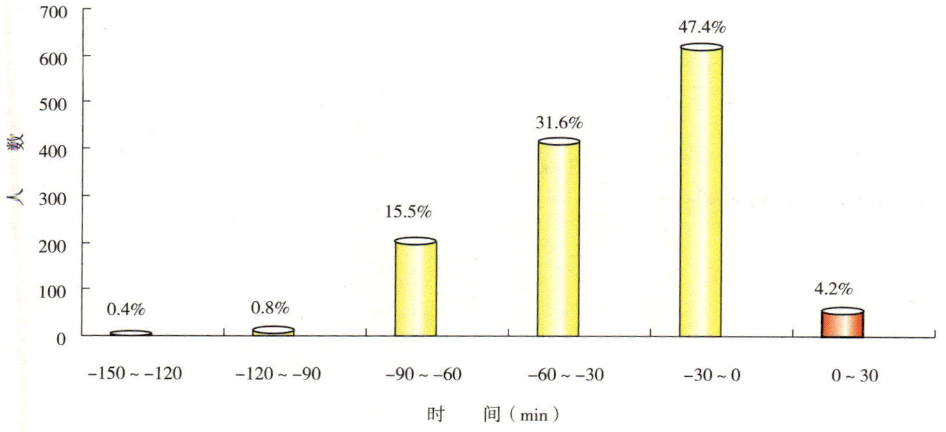

图3-14　丰体中心东门南侧安检口观众入场到达比例分布图

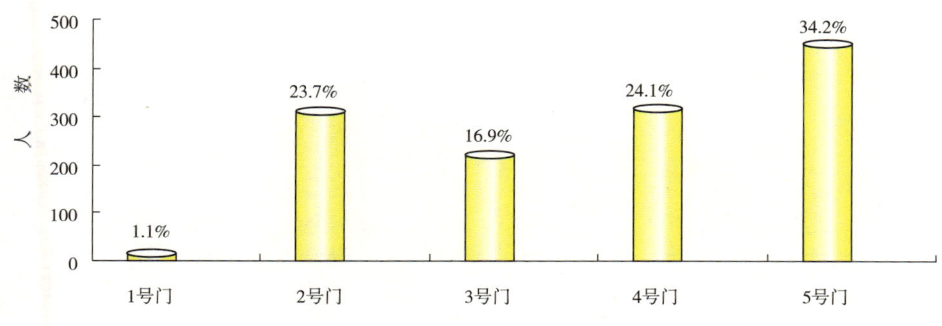

图3-15　丰体中心东门北侧安检口各安检门入场人数对比图

3.3.3.2　北门观众入场时间分布

（1）北门东侧安检口。

由北门东侧安检口共入场 2774 人，平均每分钟入场 15 人。由图 3-16 ~ 图 3-18 可见，17:00 之前几乎无观众入场，之后 2min 内入场 97 人，出现一个小高峰；17:10 ~ 18:12 观众入场人数呈波动增长趋势；17:38 ~ 18:18 时段，即赛前 10 ~ 30min 之内为观众集中入场阶段，共计到达 1118 人，占此口总入场人数的 40.6%；18:12 ~ 19:00 入场观众开始减少，比赛开始后 30min 之内仍有观众入场，共计 206 人，所占比例为 7.5%，赛前赛后观众到达比例约为 12∶1；观众入场人数随时间呈抛物线分布。

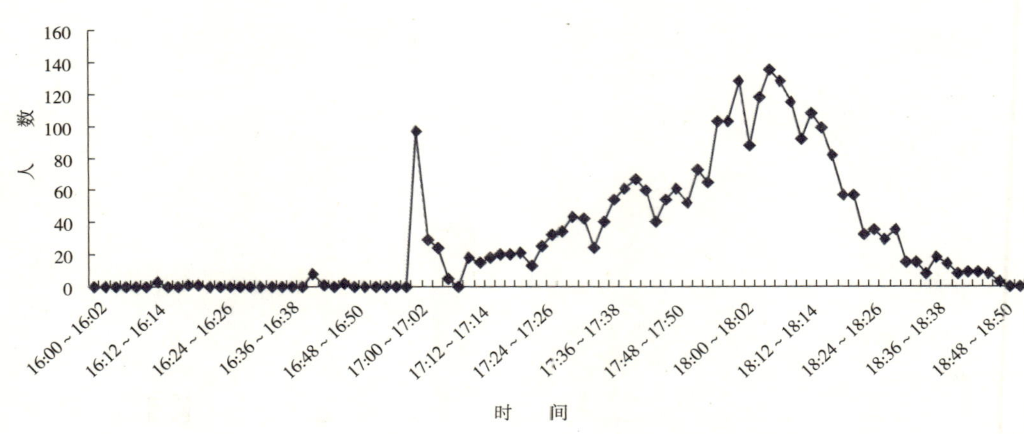

图3-16　丰体中心北门东侧安检口入场人数时间分布图

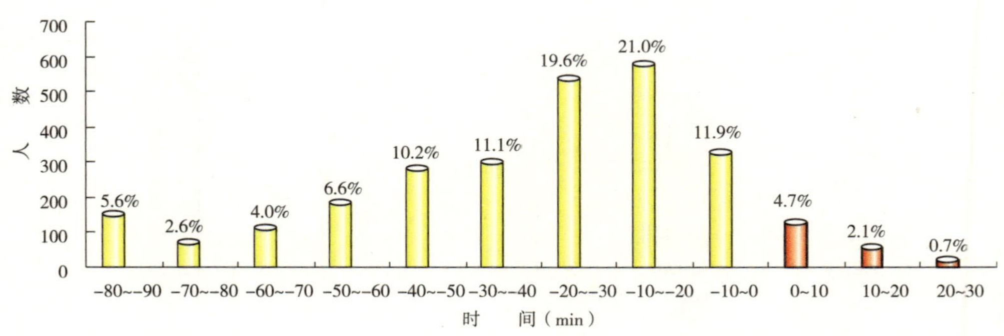

图3-17　丰体中心北门东侧安检口入场人数相对比赛开始时间分布图

各安检门按从左至右的顺序编号，由图 3-19 可见，右侧第一个门承担较大人流量，其次为左侧 2 号门，其余 3 个门入场人数相当。

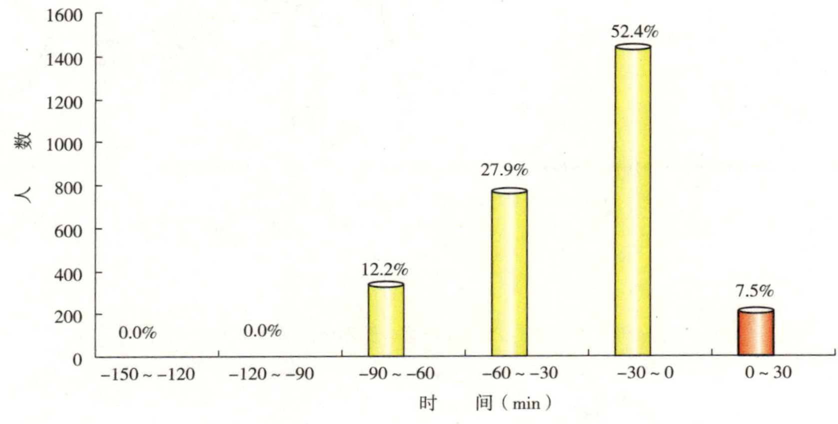

图3-18 丰体中心北门东侧安检观众入场到达比例分布图

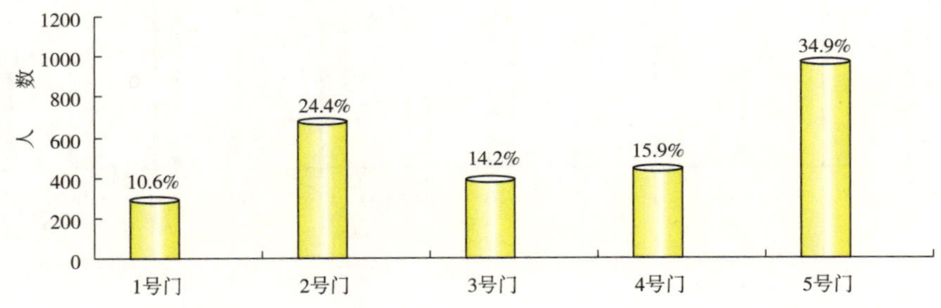

图3-19 丰体中心北门东侧安检口5个安检门入场人数对比图

（2）北门西侧安检口。

由北门西侧安检口共入场 4330 人，平均每分钟入场 24 人。由图 3-20 ~ 图 3-22 可见，17:00 之前几乎无观众入场，17:04 ~ 17:06 这 2min 内入场 151 人，瞬间人流量达到高峰；此后观众入场随时间变化波动不明显，于 18:28 ~ 18:32 又出现大量观众，4min 内共计到达 255 人；之后入场观众开始减少，比赛开始后 30min 之内仍有观众入场，共计 775 人，所占比例为 17.9%，比赛开始之前和之后观众到达比例约为 4∶1，可见此口观众迟到现象较明显；此口观众入场人数随时间分布较为均匀，无明显高峰时段，其中比赛开始前 1h 至比赛开始后 10min 之内每 10min 平均入场 400 人左右，占总人数的 70.7%。

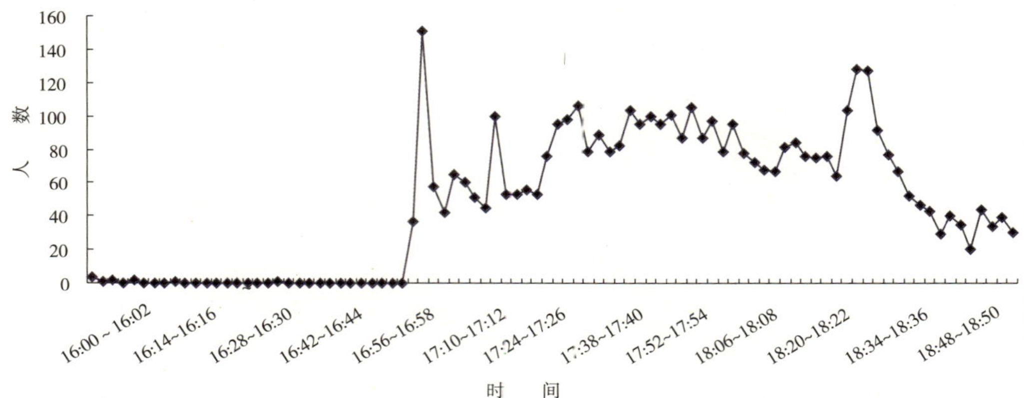

图3-20 丰体中心北门西侧安检口入场人数时间分布图

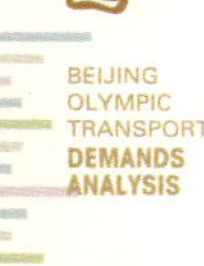

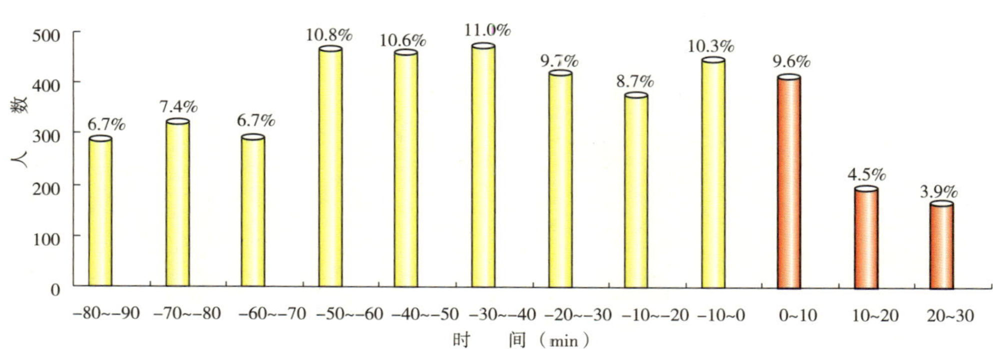

图3-21 丰体中心北门西侧安检口入场人数相对比赛开始时间分布图

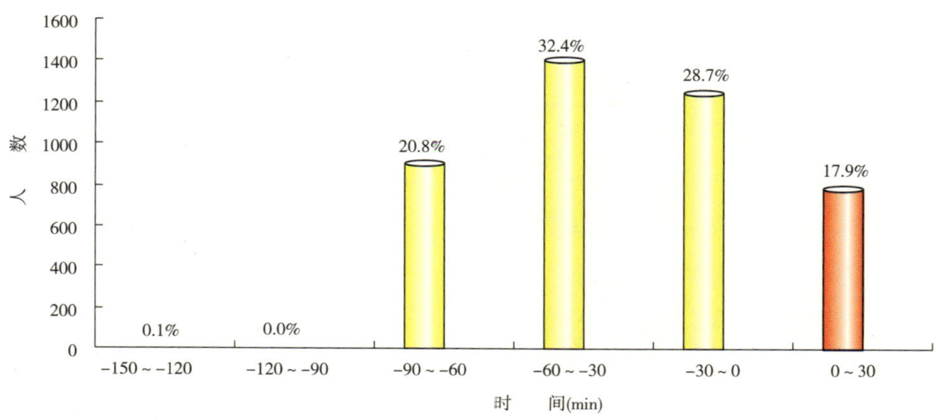

图3-22 丰体中心北门南侧安检口观众入场到达比例分布图

各安检门按从左至右的顺序编号，由图 3-23 可见，左侧第一个门承担较大人流量，其原因可能是此安检口仅此一个带包观众专用通道；5 号门从 17:38 至调查结束一直关闭，利用率最低；4 号门在 17:56 ~ 18:30 期间关闭，利用率较低；不带包观众选择 3 号门入场的较多。

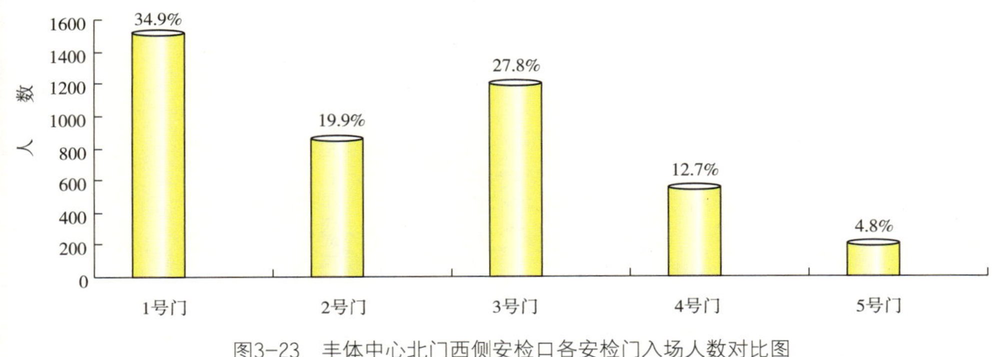

图3-23　丰体中心北门西侧安检口各安检门入场人数对比图

3.3.3.3　观众总入场时间分布

根据调查统计，此场比赛由东门共入场的有 3 527 人，由北门入场的有 7 104 人，共计 10 631 人，而由于北门大小约是东门的两倍，因此两门承担的人流量基本均匀，且两门观众入场人数随时间的变化规律相近，均呈抛物线趋势，集中入场时间均在赛前 10 ~ 30min 之内（图 3-24）。

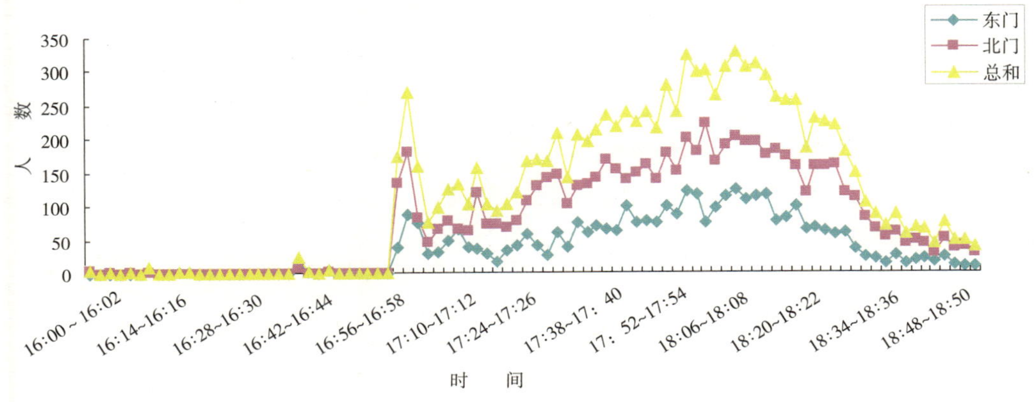

图3-24　丰体中心总入场人数时间分布图

3.3.3.4　观众退场时间分布

退场过程中，所有安检口全部撤除，观众从东、北两门退场。由图 3-25 可见，比赛结束时间为 20:30，部分观众提前退场；北门承担了主要退场工作，其高峰出现在 20:22 ~ 22:34 时段，12min 内共通过 9267 人，占北门总退场人数的 87.2%；东门没有明显的退场高峰，20:26 ~ 22:36 为其主要退场时段，期间每 2min 退场 300 人以上，10min 内共通过 1494 人，占东门总退场人数的 76.6%。

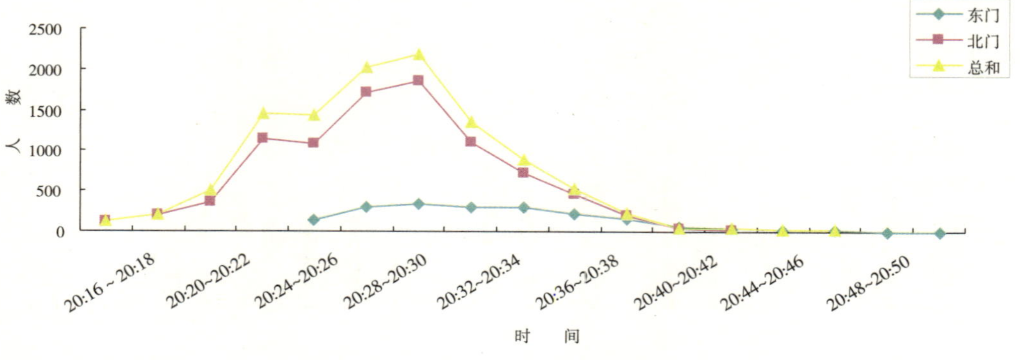

图3-25 丰体中心总退场人数时间分布图

通过对丰台体育中心 2007 年 11 月 4 日的“中超联赛”进行观众入、退场时间分布调查数据得知：

（1）观众入场高峰大多出现在比赛开始前 10 ~ 50min。

（2）观众于比赛结束后 10min 之内基本退场结束。

（3）在分析过程中，除了给出各安检口进退场人数时间分布情况外，还对各口安检门利用率进行对比，此结论可作为灵活开放或关闭某些安检门的依据。

（4）从各时间分布图中可以看出，在允许观众进行安检入场之后的 1h 内基本上只有极少量甚至没有观众到达，从比赛开始前一个半小时开始有观众入场。

（5）在对各安检口通过人数进行统计的过程中发现，一些安检门的利用效率较低，各安检门承担人流量不均，造成部分安检门排队现象的产生，因此有必要在观众进退场过程中进行引导，以提高安检设施的利用效率。

3.3.4 主要交通特征

3.3.4.1 观众入场、退场时间分布

（1）从各时间分布图中可以看出，在允许观众进行安检入场之后的 1h 基本上只有极少量甚至没有观众到达，从比赛开始前 1.5h 开始有观众入场。

（2）观众入场高峰大多出现在比赛开始前 10 ~ 50min。

（3）观众于比赛结束后 10min 之内基本退场结束。

（4）在对各安检口通过人数进行统计的过程中发现，各安检门的利用率存在较

大差异，一些安检门的利用效率较低，各安检门承担人流量不均，造成部分安检门排队现象的产生，因此有必要灵活开放或关闭部分安检门，并在观众进退场过程中进行引导，以提高安检效率和安检设施的利用率。

3.3.4.2　观众出行方式选择和 OD 分布

（1）男性观众比例明显高于女性观众，年龄主要分布于 20 ~ 30 岁之间。

（2）观众起始点基本分布于竞赛场馆所在的行政区或邻近区域，城八区的发生交通量远远大于远郊区县，可见，出行距离对于观众选择比赛起到决定性作用。

（3）观众出发时间主要集中在赛前 30 ~ 90min，与之对应的行程时间也基本处于此时段，表明观众对于路程消耗时间的把握较为准确。

（4）在五种交通方式中，公交居主导地位，其次是步行和私家车，自行车使用最少。

3.3.4.3　场馆周边交通状况

（1）场馆周边公交系统工作正常，各条公交线路并没有跟平时的发车间隔有明显的不同，也没有根据比赛时间调整发车间隔或提前囤积车辆。由于观众入场时间较分散，因此没有给公交系统带来明显的压力，但客流量在比赛前 30min 明显增加，下车人数较多；在散场阶段，客流高度集中，给附近的部分公交线路带来明显的交通压力，上车客流很大，造成局部的公交拥挤状况，但持续一段时间后，客流量逐渐降低并恢复到正常状态。

（2）场馆周边的停车场空间有限，停车需求很大，因此造成大部分车辆停在路段上，造成局部的交通拥堵状况，给周边交通带来较大的压力，但在比赛结束后不久，车流便快速地消散，因此，拥堵情况并不严重。

3.4　国家体育场田径测试赛

3.4.1　调查背景

2008 年 5 月 22 日 ~ 25 日举行的全国田径锦标赛暨“好运北京”2008 中国田径公开赛中，按照奥运会赛时的标准，国家体育场将全面对运动员、媒体和观众开放。这场比赛具有两个焦点，其一是万众瞩目的“鸟巢”终于掀开了“她”神秘的面纱，广大市民也可以借这个机会前往奥林匹克公园在奥运会前一睹“鸟巢”的全貌；其二，也是最令人激动的，首次踏进鸟巢的刘翔将以东道主的身份，参加“好运北京”

奥运田径测试赛，在北京迎接众多国际一流田径高手的到来[1]，相信观看这精彩的一刻时令人激动心情丝毫不会逊于北京奥运会开幕式的那一刻，绝对是不容错过的精彩瞬间。

国家体育场田径公开赛是奥运会正式比赛之前为数不多的测试赛之一，虽然观众规模和组织形式、周边公共交通设施的运转情况与赛时有所不同，但仍不失为正式比赛之前一次难得的检验公共交通设施能力、发现潜在问题的测试机会。

此次测试赛的安保和出入口管理方案与奥运会赛时有很大区别。由于国家体育场田径测试赛是以国家体育场团队为主体进行的单独场馆的测试赛，所以安保封闭线的范围较综合测试赛时范围要小，具体范围如图 3-26 所示。

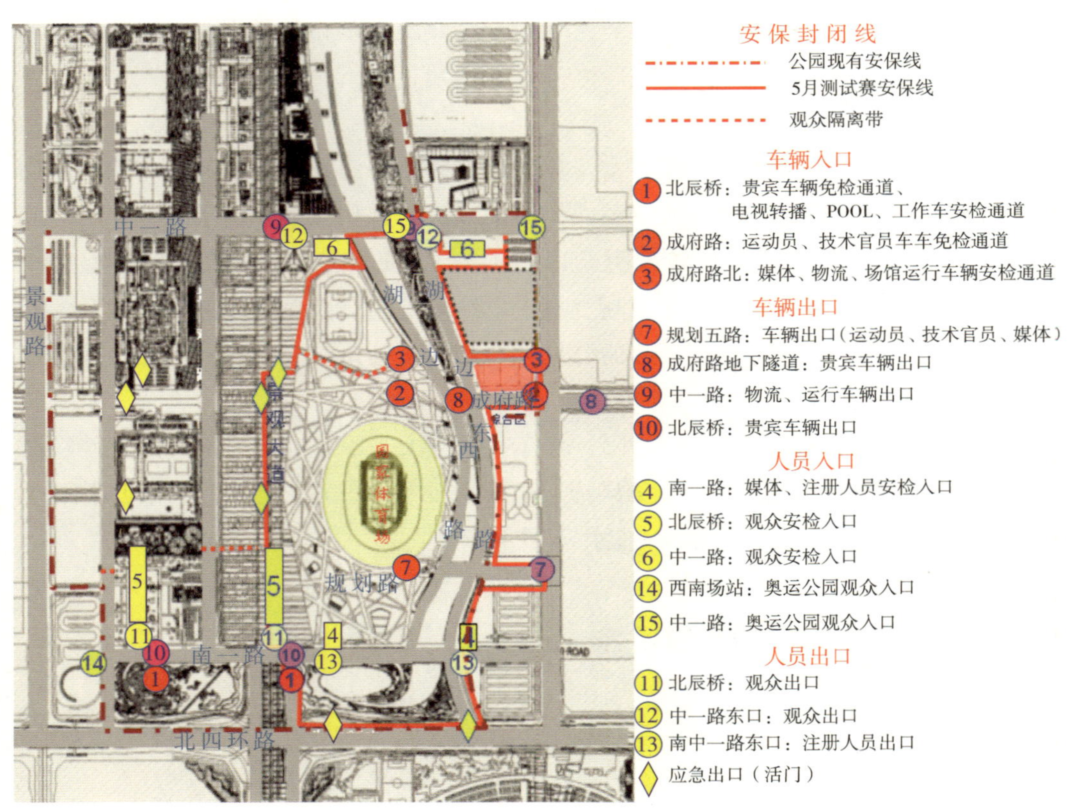

图3-26　测试赛安保和出入口位置示意图

观众仅有两个安检入口：景观大道安检口（24 机 48 门）和中一路安检口（12 机 24 门）。为了配合国家体育场测试赛，加强奥运公园区域的管理，奥林匹克公园

[1] http://sports.sohu.com/20080522/n257019651.shtml

公共区管委会在原安保区西南场站和中一路路口分别设置了两个岗哨，均有武警站岗。仅持票观众和持证人员可以通过西南场站的岗哨。

周边交通管制不严格。对机动车和出租汽车进入奥运公园周边区域不设限制，东部场站的北地块作为私家车停车场，周边道路路侧均可临时停放车辆。

公交设施尚未完到位。仅有西部场站完全投入使用，既可屯车又可在场站内上下客，而东部场站的南地块作为公交屯车使用，在大屯路的路侧上下客。开辟了 3 条公交专线，利用西部场站屯车及上下客，东部场站用来屯车，在大屯路路侧可上下客。

3.4.2 调查目的、时间和内容

（1）调查目的。此次调查将针对观众的流量、流向，抵离时间规律，安检口的安检能力，观众的疏散时间，人流集中瓶颈路段的人流状况和设施能力，以及观众对交通标识满意度等项目进行调查，以全面了解与人流交通组织有关的各项参数，优化、完善奥运会赛时交通运行方案。

（2）调查时间。考虑 5 月 24 日 19:00 ~ 23:22 的竞赛阶段包括刘翔的 110m 栏决赛（21:55），而且又是周六，观众人数会比较多，所以选择该竞赛阶段进行调查。

观测时段包括整个入场、散场过程。观测时间：入场，16:00 ~ 20:00；散场，21:00 ~ 24:00。

（3）调查内容。

① 关于观众总量及空间分布调查：调查内容包括观众总量，入场时东、西安检口入场观众的比例，退场时各个出口疏散观众的比例。

② 关于交通方式的调查：周边机动车停车调查、公交专线调查、常规公交调查、出租汽车调查，以及交通方式的问卷调查。

③ 关于观众抵离时间的调查：分区域和圈层进行抵离时间调查，包括奥运公园外围出入口抵离时间调查、观众安检口入场时间规律调查、国家体育场出口散场时间规律调查、奥运公园出口散场时间规律调查。

④ 关于安检能力的调查：景观大道安检口安检能力调查、中一路安检口安检能力调查。

⑤ 关于疏散速度和时间的调查。

⑥ 关于人流密集点的调查：湖边西路、国家体育场东北方向楼梯的调查，国家体育场东侧平台的调查。

3.4.3 观众总量及空间分布调查

2008 年 5 月 24 日，国家体育场田径测试赛共接待观众 38355 人。

安检口入场观众流线如图 3-27 所示。从景观大道安检口（24 机 48 门）和中一路安检口（12 机 24 门）进入安保圈的人数分别为 22800 人和 15555 人，占总人数的比例分别为 59% 和 41%。景观大道安检口平均每个安检门通过的观众人数为 475 人，中一路为 648 人，中一路安检口的负荷度比景观大道安检口的负荷度高 36%，见表 3-6。

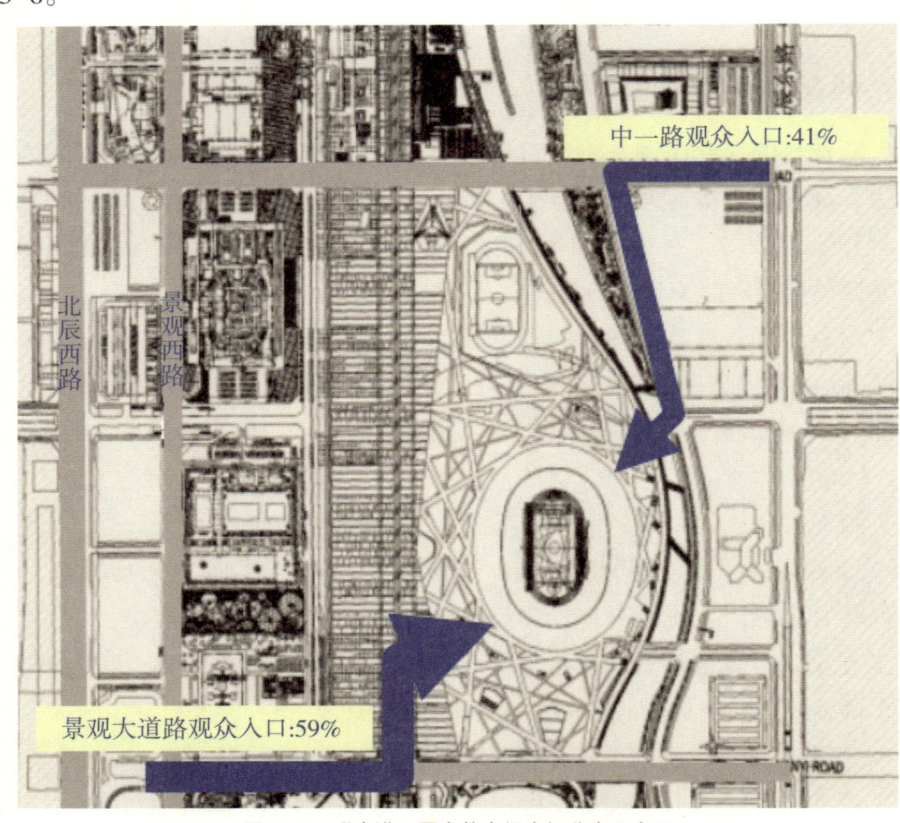

图3-27 观众进入国家体育场空间分布示意图

表3-6 安检口入场情况统计表

安检口	人数（人）	安检门数量	平均每个安检门通过观众人数（人）
景观大道安检口	22800	48	475
中一路安检口	15555	24	648

注：安检入场数据由奥林匹克公园公共区管委会提供。

退场观众主要从南一路、湖边东路离开奥运公园，也有部分观众从规划五路和南一路车辆、注册人员出入口离开。各个方向退场观众的比例如图 3-28 所示。

由于缺少事前宣传和引导，5 月 22 日有大量从国家体育场东部退场的观众从成府路车辆出口离开奥运公园，而不是按预定的路线经湖边东路—中一路离开。场馆团队在第二天（5 月 23 日）和第三天（5 月 24 日）增派了大量志愿者和工作人员，以加强该处的引导。

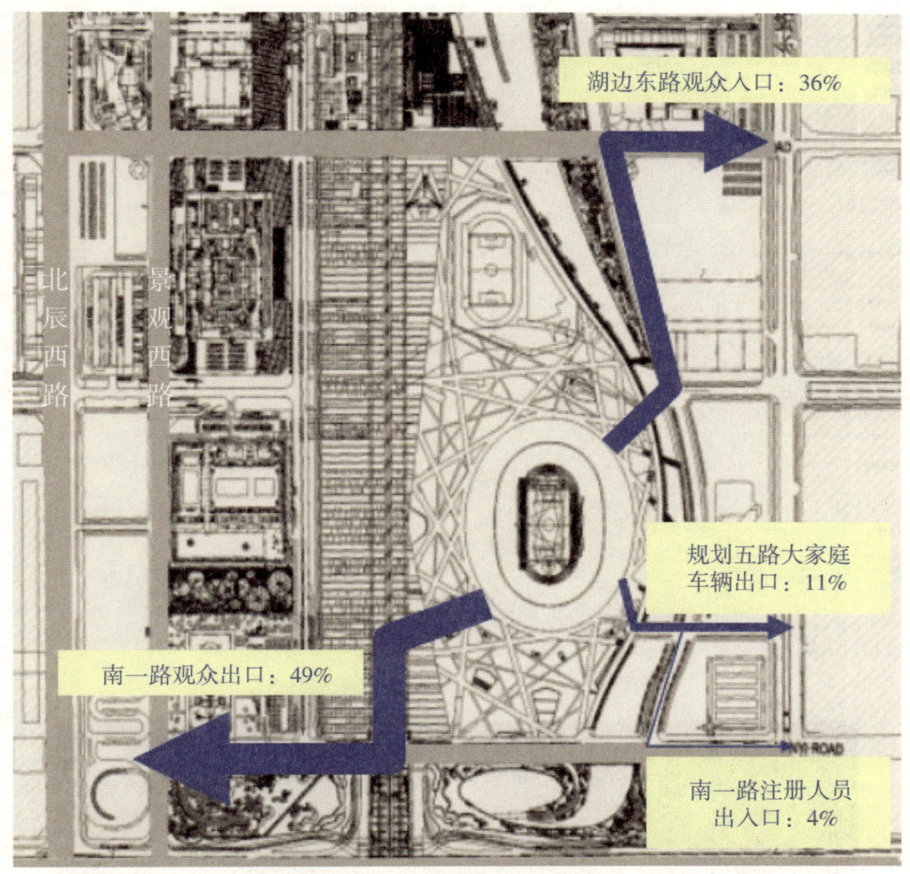

图3-28　观众离开国家体育场空间分布示意图

3.4.4　交通方式调查

5 月 24 日测试赛期间，针对私家车、公交、出租汽车等交通方式，对观众离开奥运场馆时所采取的交通方式作了全面调查，以把握观众选择交通方式的规律，合理地调配各种交通方式的运力，从而更加快捷、有效地疏散人流。

3.4.4.1　小汽车停车

5 月 24 日测试赛期间，除了调查了在东部公交场站设置的小汽车停车场的停车情况，还调查了场馆周边“非”字形路段上的停车情况，包括北辰东路、北辰西路、大屯路、慧忠北路、慧忠路、南沙滩路、安翔北路等路段，并与平日停车情况作了对比分析。调查点分布图见图 3–29，停车情况和调查结果见图 3–30 和表 3–7。

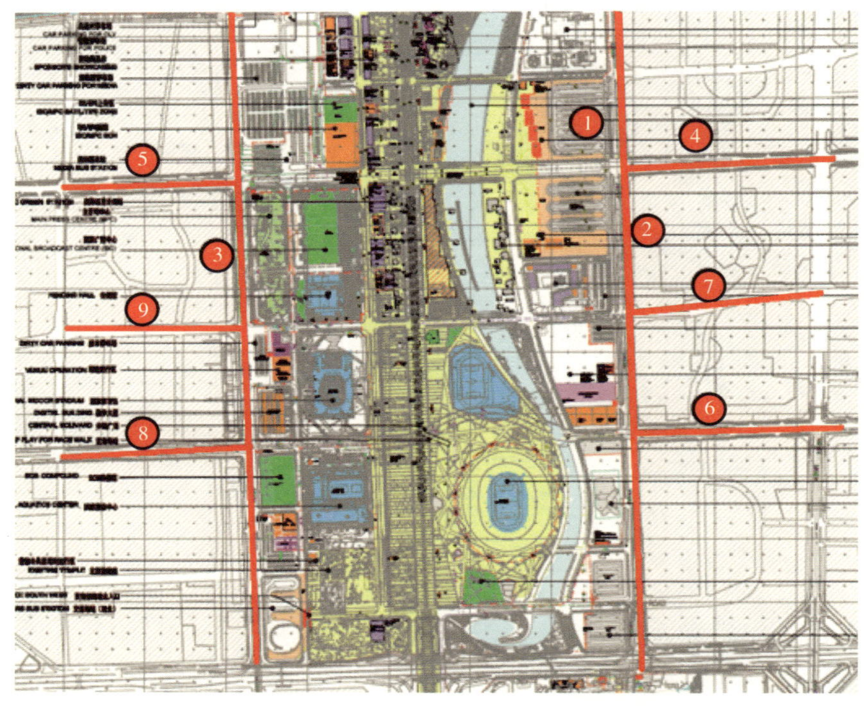

图3–29　小汽车停车情况调查点分布图

图3–30　场馆周边小汽车停车情况

表3-7　停车场及场馆周边小汽车数量调查（辆）

停车地点	5月24日停车数量	平日停车数量	观看比赛观众停车数量
东部停车场	990	0	990
北辰东路	1186	135	1051
北辰西路	817	47	770
大屯路东	419	152	267
慧忠北路	390	82	308
慧忠路	420	41	379
大屯路西	439	119	320
南沙滩路	415	62	353
安翔北路	427	168	259
其他路段	260	58	202
合　　计	5763	864	4899

通过在东部小汽车停车场做的抽样调查可知，小汽车载客率为 2.67。由此测算测试赛期间乘坐小汽车的观众人数约为 13080 人，占观众人数的 34.1%。

3.4.4.2　公交调查

公交调查，即对四条公交专线、一条常规公交摆车线路及场馆周边的四个常规公交站点进行了调查，调查点如图 3-31 所示。

（1）公交专线。5 月 24 日测试赛，启用了东、西两个公交场站，设置了三条公交专线：

① 东部场站—地铁大屯东，地铁大屯东—东部场站；

② 西部场站—新街口，新街口—西部场站；

③ 东部场站—西部场站，西部场站—东部场站。

临时加开了专线：地铁大屯东站—西部场站。

公交专线发送观众人数随时间的变化规律见图 3-32。

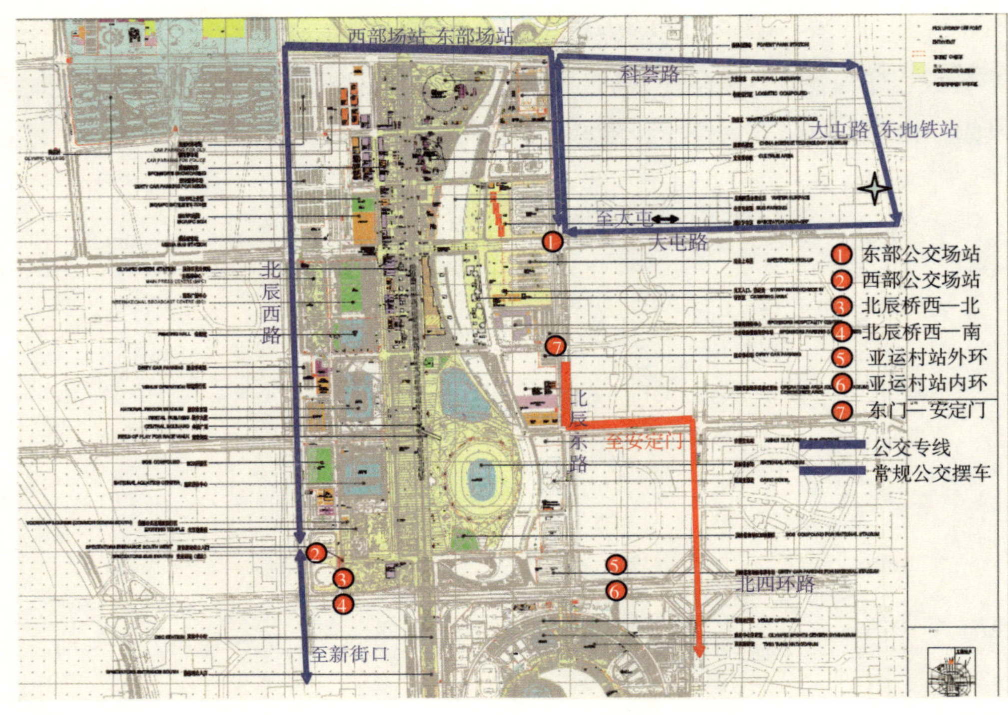

图3-31　公交调查点示意图

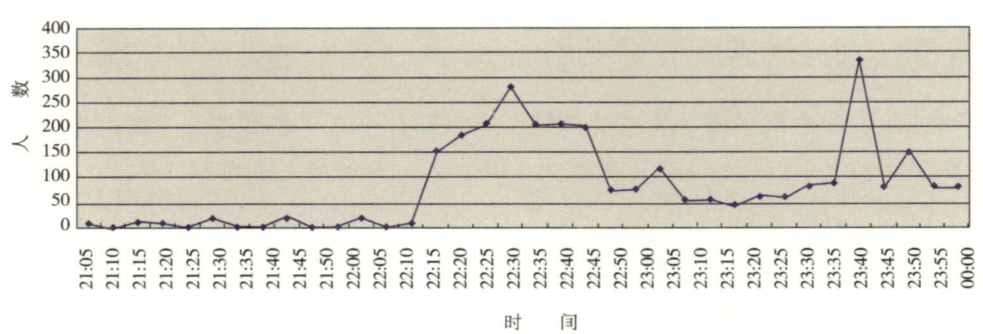

图3-32　公交专线发送观众人数随时间变化趋势图

根据调查统计结果，从 21:00 ~ 24:00，所有公交专线总计发送观众人数约为 2988 人，其中东部场站发车 24 车次（不含到西部场站），发送观众 550 人，西部场站发车 38 车次（不含到东部场站），发送观众 2438 人。从图 3-32 中可以看出，两次发送观众人数的高峰分别出现在刘翔 110m 栏决赛结束（21:55）和全部比赛结束（23:22）时，符合经验判断。

此外，考虑到东部安检口安检能力小，运行团队通过调整公交专线的运行，积极引导观众到西部安检口。采取的措施主要有。

① 在东部场站进行宣传，引导观众乘坐东部场站—西部场站的公交专线，从16:00 ~ 20:00，该线路共发车 29 次。

② 从 18:00 ~ 20:00,在地铁大屯站临时增开地铁大屯站—西部场站的公交线路，共计发车 22 次。

（2）常规公交。对于常规公交分别调查了 21:00 ~ 24:00 之间,北辰桥西双方向、亚运村站内外环四个公交站点及常规公交摆车线路（东门—安定门）的发送人数（假设所有上车的乘客均为观看比赛的观众），如表 3-8 所示。

表3-8　常规公交站点发送观众人数统计表

时　段	人数（人）					
	北辰桥西—南	北辰桥西—北	亚运村站外环	亚运村站内环	东门—安定门	合　计
21:00~21:15	48	251	8	0	0	306
21:15~21:30	111	171	11	26	0	318
21:30~21:45	44	132	24	29	0	228
21:45~22:00	96	99	8	26	0	228
22:00~22:15	263	216	41	66	0	585
22:15~22:30	284	707	137	146	389	1661
22:30~22:45	386	446	75	117	207	1230
22:45~23:00	260	323	0	95	111	788
23:00~23:15	90	236	0	21	78	425
23:15~23:30	65	150	0	2	80	296
23:30~22:45	41	176	0	0	75	291
23:45~24:00	140	222	0	12	173	546
合　计	1824	3126	302	537	1112	6900

调查范围内的常规公交共发送观众 6900 人，加上选择公交专线的观众 2988 人，总计选择公交的观众为 9888 人。此外，除了所选择调查的常规公交站点，场馆东门方向还有公交站点。根据流量统计，东部往东方向的人流量约为 5000 人，按照 40% 的人乘坐公共交通计算，约有 2000 人。因此，初步估算选择常规公交的人数为 8900 人，占观众总人数的 23.2%。

选择公共交通的总人数为 11888 人，占观众总人数的 31%。

3.4.4.3　出租汽车调查

对于出租汽车，调查了 21:00 ~ 24:00 奥运场馆周边，包括东门，亚运村南、北方向，安翔北路，西门，北辰桥西的南门方向上的出租汽车情况，调查点分布如图 3-33 所示，共计约 1500 辆车，载客人数约为 4229 人。此外，由于比赛结束后人流密集，打车比较困难，因此有一部分观众步行很远才打到出租汽车，乘出租汽车的观众总数约为 4729 人，占观众人数的 12.3%。

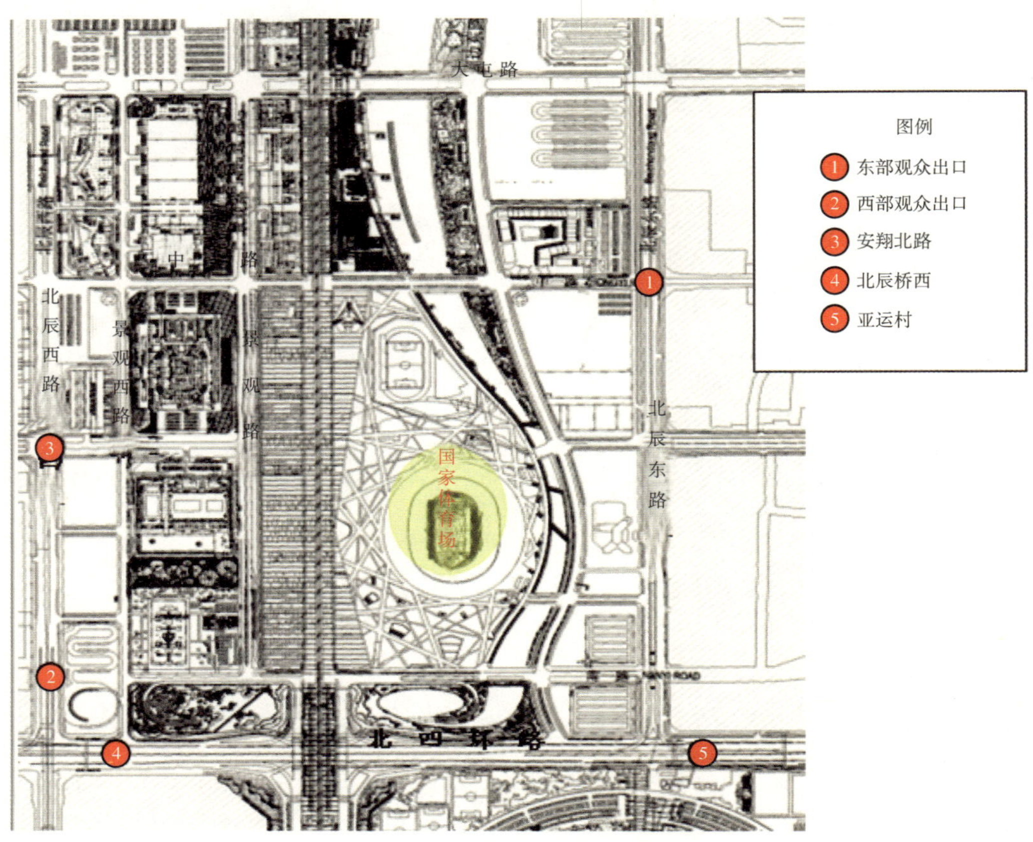

图3-33　出租汽车调查点分布图

3.4.4.4　包车调查

根据在东部停车场及场馆周边的调查，5 月 24 日 21:00 ~ 24:00 乘包车离开的观众约为 2545 人，其中中客车 80 辆、大客车 26 辆，包车观众人数占观众总人数的 6.5%。

3.4.4.5　地铁大屯站调查

大屯站是距离国家体育场较近的一个地铁站，分别对平日及 5 月 24 日测试赛当天的乘客量作了调查统计。大屯站共有 4 个地铁出口，分别为 A1，A2，B1，B2。由于工程原因 A2 出口在两次调查中均未开通。见图 3-34。

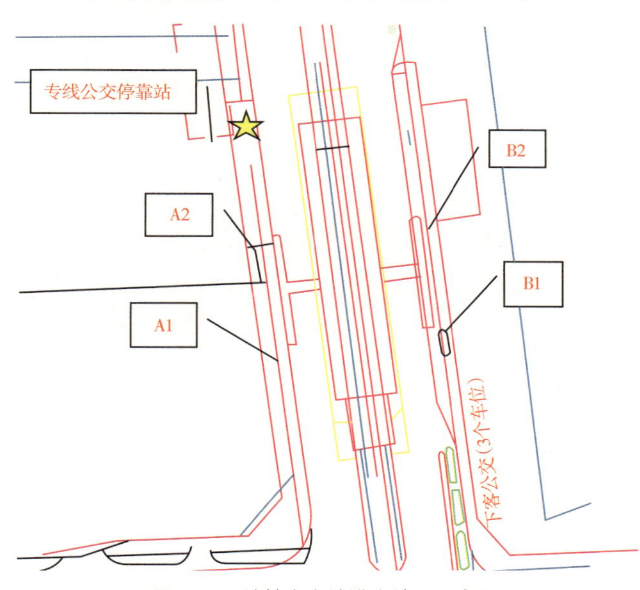

图3-34　地铁大屯站进出站口示意图

5 月 24 日，针对地铁大屯站采取的临时管制措施包括：

① A1 口自 21:30 起，只出不进；

② B1 口自 21:30 起，完全关闭；

③ B2 口自 21:30 起，只进不出。

对平日及 5 月 24 日的人流量的统计如图 3-35 和图 3-36 所示。

根据调查，5 月 24 日当日 18:00 ~ 24:00，地铁大屯站累计进站人数为 11568 人次，出站人数为 9616 人次，分别高于平日周末 48.42% 和 20.2%。从图 3-35、图 3-36 中也可以看出，在测试赛当日，18:00 ~ 21:00 期间，大屯站出站人数明显高于往日，累计多 826 人；在 21:00 ~ 24:00，大屯站进站人数也明显高于往日，累计多 1307 人，34% 的观众选择乘坐公交专线在地铁大屯东站换乘地铁的路线。

从调查来看，地铁在测试赛当日延长发车时间后，基本能满足乘客的需求。不过，由于 5 月 24 日 21:00 后，在地铁车站进行了临时出入口交通管制，关闭了观众进站最为方便的 A1 口，使得观众在地面绕行过街后才能进入地铁车站，给观众带来了不便，这些细节问题应该在奥运会期间得到解决，使得交通组织更人性化。

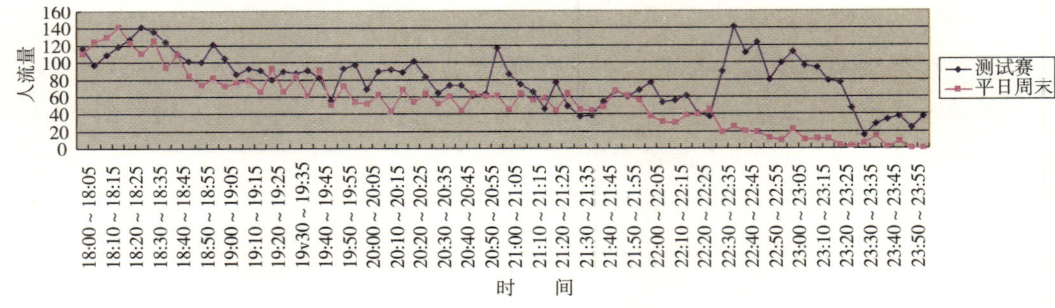

图3-35　测试赛与平日周末大屯站乘客进入量对比图

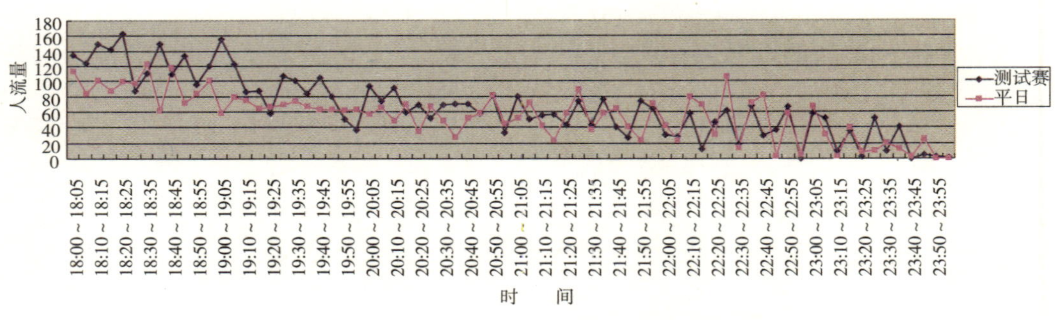

图3-36　测试赛与平日周末大屯站乘客离开量对比图

3.4.4.6　问卷调查

针对观众离开奥运场馆所采用的交通方式，收集了 1326 份有效问卷，对问卷进行总结如表 3-9 所示。

表3-9　问卷调查中观众所采用的交通方式统计表

交通方式	人数（人）	比例（%）
小汽车	524	39.52
公交专线	80	6.03
常规公交	205	15.46
出租汽车	300	22.62
包车	20	1.51
步行及其他	197	14.86
合计	1326	100.00

3.4.4.7　主要结论

结合问卷调查及实际数据调查的结果，得出各种交通方式的比例如表 3–10 和图 3–37 所示，小汽车的比例最高，为 34.10%；其次是常规公交，为 23.20%；公交专线不足 10%，仅为 7.79%。

表3–10　各种交通方式调查统计结果

交通方式	人数（人）	比例（%）
小汽车	13080	34.10
公交专线	2988	7.79
常规公交	8900	23.20
出租汽车	4729	12.33
包车	2545	6.64
步行及其他	6113	15.94
合计	38355	100

从调查结果及观众问卷结果来看，测试赛期间观众出行方式有以下几个特征。

（1）无论是从问卷调查，还是从实际调查统计结果来看，小汽车所占出行比例都是最高的，而小汽车停车位相当有限，仅在东部公交场站预留了一个小汽车停车场，远远不能满足小汽车泊车的需求。这就造成了场馆周边道路人车混行严重、赛事交通组织困难、小汽车大量占道等问题。因此，建议在奥运会期间，引导小汽车远端停车后再前去观看比赛，同时加大公交专线及常规公交的发车频率，把更多的观众吸引到公交系统中来。

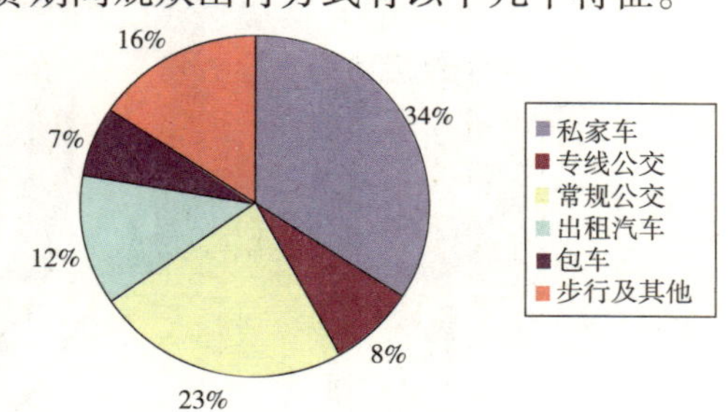

图3–37　各种交通方式所占比例图

（2）从调查结果及问卷调查结果来看，公交专线在各种交通方式选择中，均没有达到规划的预期效果。究其原因可能是由于以下两个：一是宣传力度不够，许多观众不知道公交专线的具体位置和发车线路等，建议在奥运会期间，通过广播、电视、报纸等各种媒体，加强对公交专线的宣传，强化绿色出行的理念；二是本次测试赛公交专线覆盖范围有限，也是造成公交专线被冷落的一个重要原因，建议在奥运会期间，扩大公交专线覆盖范围，提高公交专线的可达性，从而使更多的观众选择公交专线。

（3）观众选择出租汽车的出行意愿比较强，被调查者中有 22.6% 的人希望选择出租汽车这种交通方式，按照赛时高峰小时 5.8 万人入场的规模，平均每车搭乘乘客 1.26 人测算，若满足所有观众的意愿，将有 10400 辆出租汽车进入奥运公园区域，这将给周边的交通带来极大的压力。而且，由于赛时对小汽车的限制，原来打算开车的观众可能转向乘坐出租汽车，如果对出租汽车不加以限制，则奥运公园周边道路将不堪重负。建议通过宣传倡导公交出行，提高公交的吸引力。

3.4.5 观众抵离时间规律调查

为了考察观众抵离时间的规律，在奥运公园及周边区域共选择了 16 处调查点。

（1）奥运公园区域的抵离时间调查：奥运公园外围的 5 个调查点。

（2）安检口处观众入场时间调查：奥运公园中一路安检口、景观大道安检口。

（3）国家体育场散场时间调查：抽取 5 个体育场疏散门。

（4）奥运公园散场时间调查：奥运公园的 4 个出口。

具体的调查地点如图 3-38 所示。

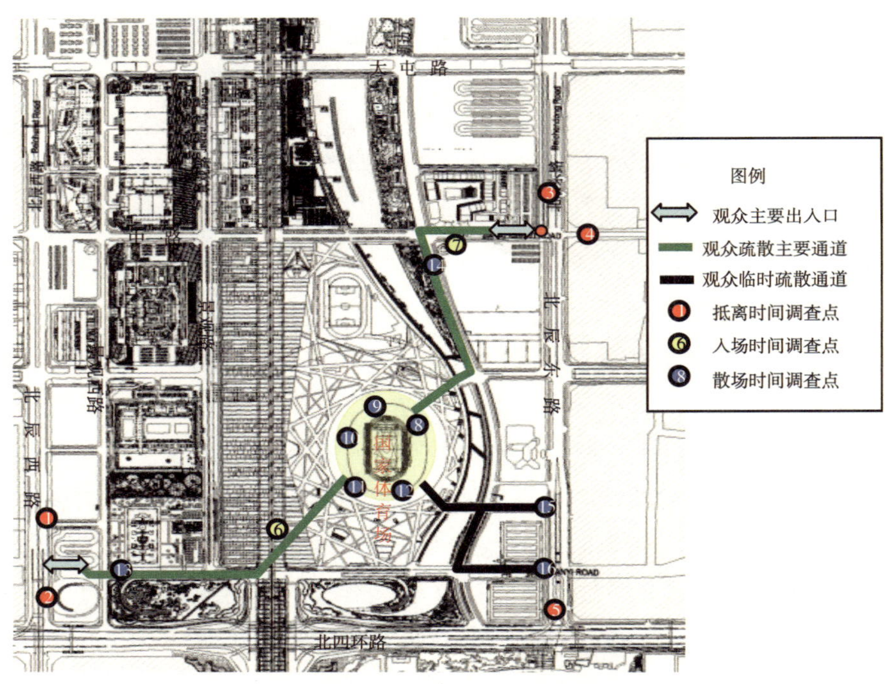

图3-38 抵离时间调查点位置示意图

3.4.5.1　外围调查点抵离时间调查

选择外围调查点进行调查的主要目的是获取观众到达和离开奥运公园区域的时间特征。所有外围调查点（调查点 1 ~ 5）以 5min 为时间间隔的流量变化曲线如图 3-39 所示。

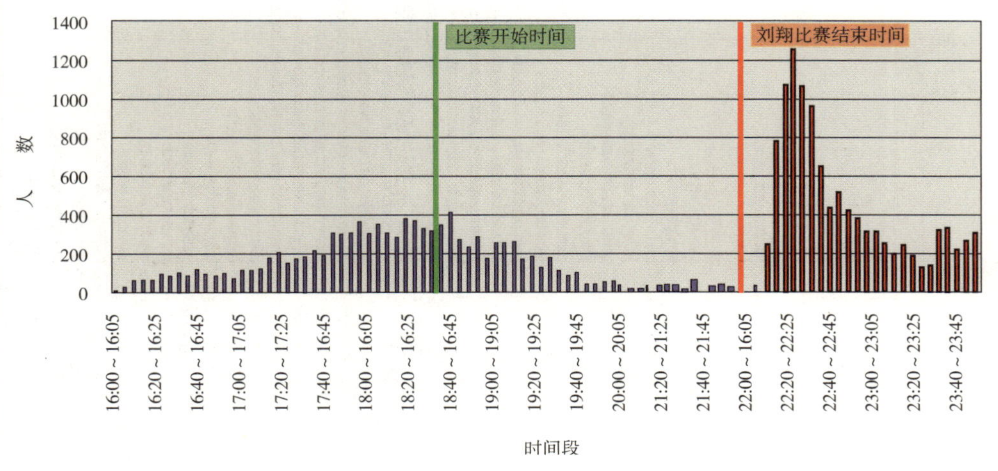

图3-39　观众抵离时间分布曲线

从图 3-39 中可以看出：

（1）观众到达时间分散且变化比较平缓。从 16:30 开始到达观众人数逐渐增加，到 20:10 左右基本结束，持续时间约为 3h40min（占到达人数的 95%）。

（2）比赛开始（19:00）之前到达奥运公园的人数占总人数的 65%，之后到达奥运公园的人数占总人数的 35%。

（3）高峰小时（18:10 ~ 19:10）入场人数占总人数的 45%，高峰半小时（18:40 ~ 19:10）入场人数占总人数的 25%。

（4）散场时间集中。从 22:00 左右起（110m 栏比赛结束之后），观众开始陆续离开奥运公园，24:00 后结束，持续时间为 2h 多。

（5）全场比赛结束（23:22）之前离开奥运公园的观众人数占总人数的 83%，之后离开的人数占总人数的 17%。

（6）高峰小时（22:05 ~ 23:05）离开人数占总人数的 68%，高峰半小时（22:05 ~ 22:35）离开人数占总人数的 46%。

3.4.5.2　安检口入场时间规律调查

在景观大道安检口选择 1 个安检机（两个安检门），中一路安检口选择两个安检机（4 个安检门）进行调查，记录每 5min 的入场人数，绘制安检口处入场曲线，如图 3-40 所示。

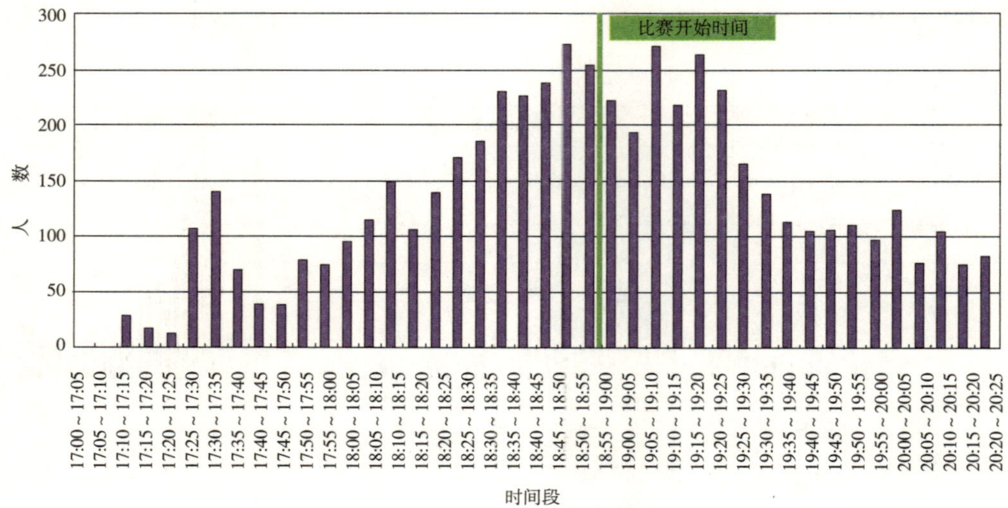

图3-40　观众进入安检口的入场时间曲线

注：该数据由奥林匹克公园公共区管委会提供。

从图 3-40 中可以看出：

（1）在安检口处调查的入场时间规律与奥运公园外围路段调查的规律基本吻合，观众入场时间比较分散、变化平缓。

（2）相对于外围调查点的观众到达时间，观众安检口的入场时间要迟一些。这是因为安检口从 17:15 才开始对观众开放，而观众从外围调查点走到安检口需要一些时间。

（3）比赛开始之前进入安检口的人数占观众总人数的 51%，之后进入安检口的人数占 49%。

（4）高峰小时（18:30 ~ 19:30）入场人数占总人数的 51%，高峰半小时（18:45 ~ 19:15）入场人数占总人数的 26%。

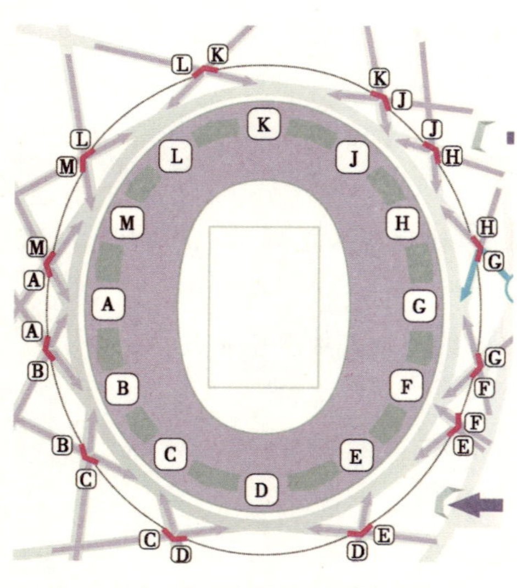

图3-41　国家体育场出入口分布示意图

3.4.5.3　体育场出口散场时间规律调查

在国家体育场周边的疏散门（图 3-41）

中，等间距地选择 5 个疏散门进行抽样调查。被选疏散门的位置如表 3-11 所示。

表3-11 散场门编号表

编　　号	疏散门位置	编　　号	疏散门位置
8号调查点	H区疏散门	11号调查点	C区疏散门
9号调查点	M区疏散门	12号调查点	E区疏散门
10号调查点	A区疏散门		

将 5 个疏散门的人流量按 5min 进行汇总，绘制散场人流量曲线，如图 3-42 所示。

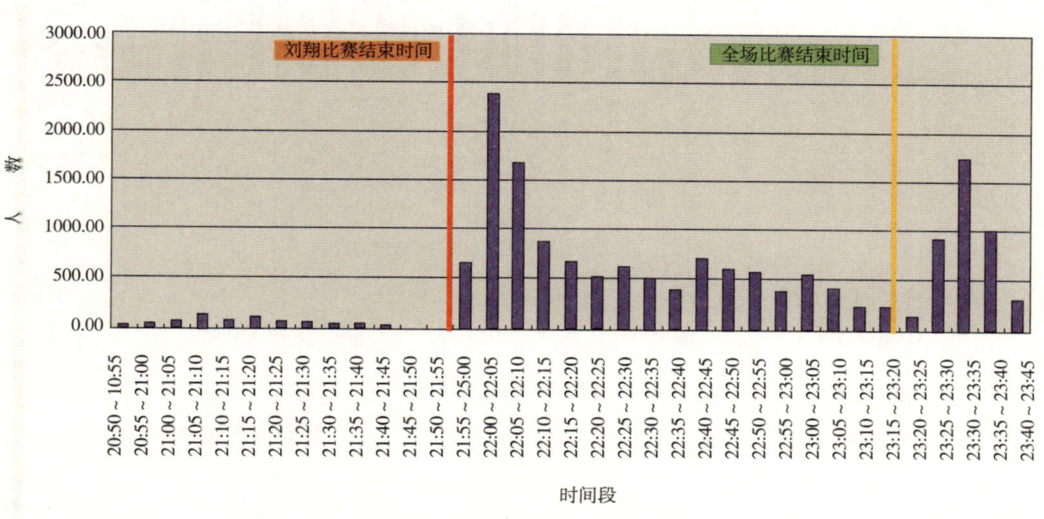

图3-42　观众离开国家体育的时间分布曲线图

从图 3-42 可以看出：

（1）体育场出口的散场特征与外围调查点的疏散特征有些相似，都是在 110 米栏比赛结束后出现高峰，全场比赛结束后出现小高峰。散场持续时间为 2h。

（2）全场比赛结束之前离场的人数占观众总人数的 76%，之后离场的人数占 24%。

（3）高峰小时（21:50 ~ 22:50）退场人数占总人数的 61%，高峰半小时（21:55 ~ 22:25）退场人数占总人数的 40%，刘翔比赛结束后的高峰 15min（22:00 ~ 22:15）退场人数占总人数的 29%，全场比赛结束后的高峰 15min 退场人数占总人数的 22%。退场高峰，尤其是 15min 退场高峰人流量非常集中。

3.4.5.4　奥运公园出口散场时间规律调查

分别在湖边东路、规划五路和南一路设置调查点，将各个调查点的流量以 5min 为单位汇总，绘制奥运公园出口疏散时间曲线，如图 3-43 所示。

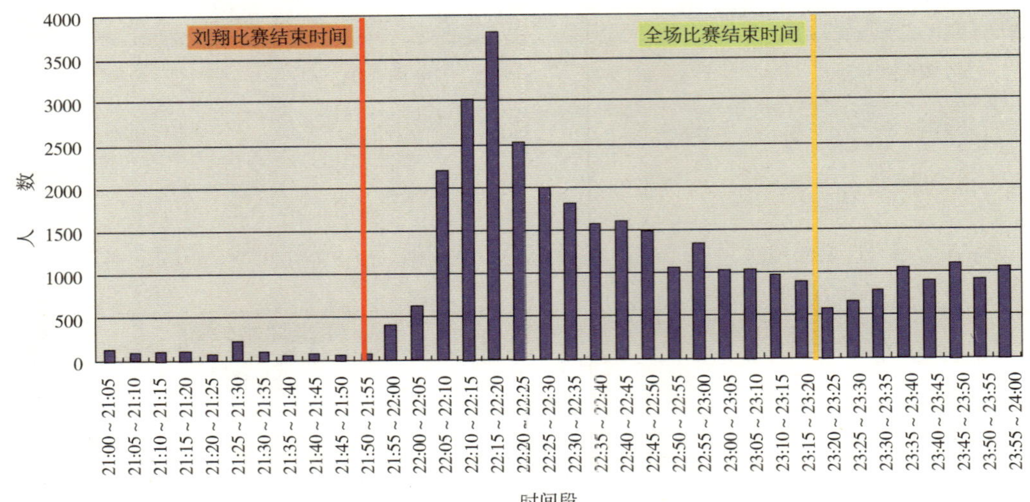

图3-43　观众离开奥运公园的时间分布曲线

从上图 3-43 可以看出：

（1）奥运公园出口的散场特征与体育场疏散口的疏散特征相似，在 110 米栏比赛结束后出现高峰，全场比赛结束后出现小高峰。

（2）高峰小时（22:05 ~ 23:05）退场人数占总人数的 65%，高峰半小时（22:05 ~ 22:35）退场人数占总人数的 43%，高峰 15min（22:10 ~ 22:25）退场观众人数占总人数的 26%。

3.4.5.5　主要结论

通过对外围调查点、安检入口、国家体育场出口和奥运公园出口进行调查所得数据的综合分析发现，国家体育场田径测试赛的观众抵离时间规律有其自身的特点，未必与奥运会赛时的规律一致，这主要是由于观众对观看比赛的理解不同，行为特征有差异，很多观众前来国家体育场都是为了一睹刘翔的风采，或是为了体验“鸟巢”这个场馆的感觉，而并非为了观看田径比赛。正是由于这种差异，观众抵离的时间规律体现了以下特征。

（1）观众到达时间分散，变化比较平缓，持续时间较长。整个入场过程持续 3.5h 左右。入场高峰在比赛开始前 30min（18:30）到来，持续时间大约为 1h，在比赛开始 30min（19:30）后，入场人数才开始逐渐减少，高峰时段入场人数占到总人数的

50%左右。

观众并不急于在 19:00 之前入场，一方面由于晚些入场不影响他们观看刘翔的比赛（在 21:45 ~ 21:55 才进行），另一方面是当时奥运公园内不提供食品，很多观众都在奥运公园外用餐后才进入体育场。

（2）观众散场时间集中。在刘翔的 110 米栏比赛结束后和全场比赛结束后出现两个高峰，其他时间观众陆续散场。相比于 5 月 22 日和 5 月 23 日的 110 米栏预赛和半决赛来说，观众散场时间不那么集中，主要是因为 5 月 24 日的决赛后有颁奖仪式，部分观众希望看过颁奖仪式再离开体育场。颁奖仪式被安排在了全场比赛结束之后，这使得很多观众虽然未在刘翔比赛结束后马上离场，也没有等到 23:00 以后，而是在这两段时间之间陆续退场了。

（3）奥运会赛时的观众散场时间规律可能与测试赛不同，很多非常精彩的比赛被安排在竞赛单元的最后，散场时间可能变得非常集中，如果同等人数在 30min 内从体育场疏散出来，瞬时人流量将是测试赛瞬时人流量的两倍。如果观众人数达到 7 万，人流量将在此基础上再翻一番。在一些人流集中的路段将面临比测试赛大得多的压力，赛时是否会出现人流极度拥挤的状况，需要深入分析。

3.4.6 安检能力调查

为了核算安检口的安检能力，对景观大道安检口和中一路安检口分别进行了调查，调查时间为 5 月 24 日 17:00 ~ 20:00，调查员记录了连续进入安检口的队列人数及时间，以此测算平均安检时间，如图 3-44 所示。

图3-44　中一路安检口观众安检排队情况

当处于繁忙的时间段时，安检口的安检能力更接近于其实际能力，选择18:30 ~ 19:30 进行统计，结果如表 3-12 和表 3-13 所示。

表3-12　安检时间调查表（单位：s）

安检时间	景观大道	中一路	平　均
带包观众平均安检时间	15.3	16.0	15.7
不带包观众平均安检时间	14.2	15.1	14.9
平均安检时间	14.6	15.8	15.3

表3-13　安检能力表（单位：人/门 · 小时）

安检能力	景观大道	中一路	平　均
安检能力（带包）	235	225	229
安检能力（不带包）	254	238	242
平均安检能力	247	228	235

通过表 3-12 和表 3-13 可见，带包和不带包观众的安检能力分别为每小时 229 人和 242 人，平均安检能力为每个安检门每小时 235 人。按照此能力，根据安检门设置方案，奥运公园中心区共有 204 个安检门（西南场站 32 门、东部场站 80 门、东南安检口 20 门、熊猫环岛西 4 门、熊猫环岛东 36 门、南安检口 32 门），可提供 4.79 万人 / 小时的安检能力。按照事前的预测，赛时入场高峰人数将近 5.8 万人，现有的安检方案无法满足赛时需求，需要采取相应措施，以提高安检能力。

3.4.7　观众疏散速度及疏散时间调查

观众疏散时间取决于以下三部分时间：观众从坐席疏散到体育场（馆）外的时间，从体育场（馆）步行至公交场站的时间，在公交场站候车的时间。

由于此次测试赛的观众规模、行进路线、公交组织，甚至观众行为都与奥运会不同，所以无法通过此次调查完全模拟奥运会时的疏散时间。应重点针对步行速度进行调查，以推断奥运会可能的疏散时间。

调查员沿不同路线反复跟随观众进行速度测试，观测结果如表 3-14 所示。

表3-14　疏散步行速度调查表

编　号	速度值（m/s）	编　号	速度值（m/s）
1	1.09	7	1.11
2	0.86	8	0.94
3	1.12	最小值	0.86
4	1.02	最大值	1.12
5	1.05	平均值	1.00
6	0.96		

东部场站：按照测试赛时测得的速度计算，从国家体育场到东部场站需要步行 1200m，需要 18 ~ 23min，平均值为 20min。观众从坐席疏散到体育场外的时间按照 20 ~ 30min 计算，公交场站候车时间按照 5 ~ 25min 计算，预计从东部安检口疏散的观众可在 53 ~ 78min 完成疏散。

西部场站：按照测试赛时测得的速度计算，从最远的疏散口到西部场站需要步行 970m，需要 14 ~ 19min，平均值为 16min。观众从坐席疏散到体育场外的时间按照 20 ~ 30min 计算，公交场站候车时间按照 5 ~ 25min 计算，预计从东部安检口疏散的观众可在 44 ~ 74min 完成疏散。

南部场站：按照测试赛时测得的速度计算，从最远的疏散口到南部场站需要步行 2400m，需要 36 ~ 47min，平均值为 40min。

东部公交场站距离最远，公交疏散能力最大，相对疏散时间最长。观众从坐席疏散到体育场外的时间按照 20 ~ 30min 计算，公交场站候车时间按照 5 ~ 25min 计算，预计从东部安检口疏散的观众可在 72 ~ 102min 完成疏散。若要完成在 90min 内疏散观众的任务，需要提高公交发车频率，减少观众在公交站台的候车时间，或调整南部场站的公交接驳方案，减少观众步行距离。

3.4.8　人流密集路段的调查

对国家体育场退场时人流密集的路段（湖边西路、体育场东北侧的楼梯）进行了调查，以了解瓶颈点的人流量和服务水平，分析赛时可能遇到的压力。

3.4.8.1　湖边西路

由于临时跨河桥没有开放，从体育场东侧退场的观众大部分经过湖边西路[1]向北走，过桥后再延着湖边东路向北走。湖边西路集中了大部分从体育场东侧退场的人流，如图 3–45 所示。

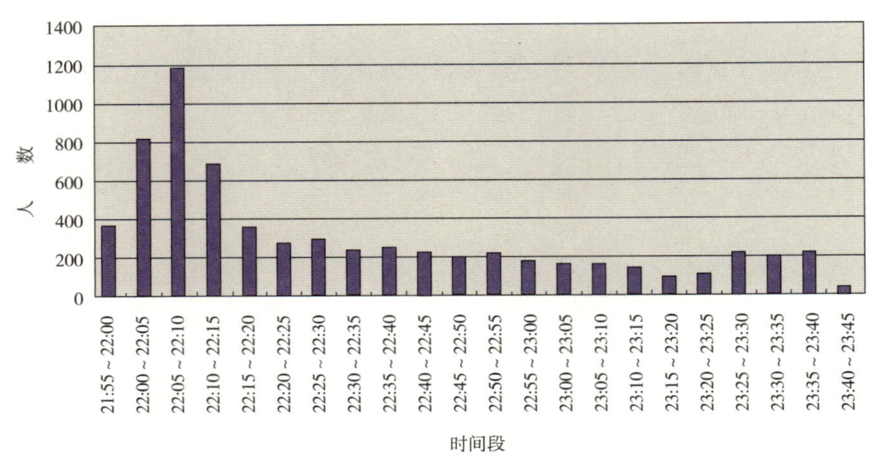

图3–45　湖边西路散场人流量示意图

以高峰 15min 的人流量测算高峰小时人流率为 10712 人 /h，湖边西路宽度为 15m，单位宽度的人流率为 714 人 /（h · m），服务水平达到 A 级。如果奥运会赛时仍按现有的疏散方向，流量可能比测试赛翻 4 倍，则需要通行 2857 人 /（h · m），服务水平达到 D 级。

3.4.8.2　体育场东北方向的楼梯

通过 2008 年 5 月 22 日、23 日的预调查了解到体育场东北侧楼梯是所有楼梯中最繁忙的一个，对 2008 年 5 月 24 日的调查应重点分析该楼梯的人流状况。

以高峰 15min 的人流量测算高峰小时人流率为 6044 人 /h，楼梯宽度为 8.4m，单位宽度人流率为 720 人 /（h · m）。如果奥运会赛时仍按现有的疏散方向，则需要通行 2880 人 /（h · m）。通过在西直门地铁站入口的调查，楼梯的通行能力可以达到 3000 人 /（h · m）以上，因此，此楼梯处应该不会出现通行能力瓶颈，如图 3–46 所示。

3.4.8.3　体育场东侧的平台

国家体育场东侧的平台并未遭受到事先预想的很大压力。这主要是因为观众总

[1] 指位于国家体育场东侧沿河流西侧S曲线形道路。

量不大，湖边西路和楼梯的能力均满足需求，没有形成观众滞留和排队。

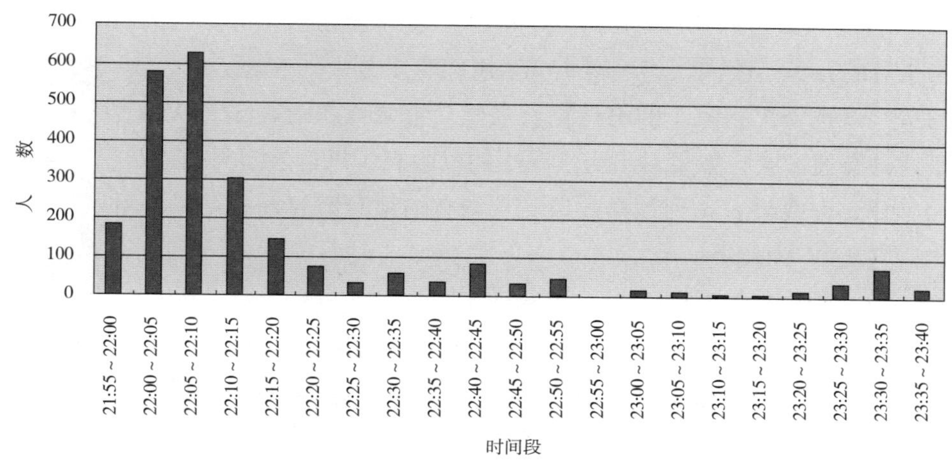

图3-46　国家体育场东北方向楼梯散场人流量示意图

在散场人流最为密集的时间段，平台人流密度可达到 0.42 人 /m^2，平均每人占用平台面积 2.4m^2，服务水平达到 C 级。绝大多数时间服务水平都处于 A 级[1]。如果奥运会赛时仍按现有的疏散方向，则人均占用平台面积为 0.6 m^2，服务水平将达到 E 级。

3.4.9　主要交通特征

3.4.9.1　观众总人数和空间分布

（1）总人数：5 月 24 日晚的国家体育场田径公开赛观众人数为 38355 人。

（2）入场空间分布：从景观大道安检口和中一路安检口进入安保圈的人数分别为 22800 人和 15555 人，占总人数的比例分别为 59% 和 41%。

（3）退场空间分布：从西南场站、中一路、规划五路、南一路离开的观众分别占总人数比例的 49%，36%，12%，4%。

（4）安检口利用效率：景观大道安检口利用效率低于中一路安检口，平均每个安检口通过的观众人数为 475 人，比中一路的 648 人低 27%。

3.4.9.2　观众交通方式

（1）观众选择的交通方式中，小汽车的出行比例最高，占到 34.1%；其次是常规公交，占到 23.2%；出租汽车占到 12.3%；公交专线仅占到 7.8%；包车占 6.6%；步行及其他占 15.9%。

1　行人服务水平详见：Fruin JJ. Designing for pedestrians: a Level-of-Service[A]. Highway Research Board. Highway 355[C], 1971: 1－15

（2）小汽车出行比例过高。测试赛期间小汽车出行比例高达 34%，周边停车 4900 辆，占用大量道路资源，人车混行严重。如果奥运会期间仍有大量观众选择私人交通工具前往奥运公园，将给赛事交通组织带来极大的麻烦。

（3）观众选择出租汽车的出行意愿强烈。被调查者中有 22.6% 的人希望选择出租汽车这种交通方式，如果对出租汽车不加以限制，奥运公园周边道路将不堪重负。

（4）公交专线没有达到预期效果。从调查结果及问卷调查结果来看，公交专线仅占出行方式的 7.8%。

3.4.9.3　观众抵离时间

（1）观众到达时间分散且变化比较平缓。从 16:30 开始，观众逐渐到达，到 20:10 左右基本结束，持续时间约为 3h40min（占到达人数的 95%）。

（2）比赛开始（19:00）之前到达奥运公园的人数占总人数的 65%，之后到达奥运公园的人数占总人数的 35%。

（3）高峰小时（18:10 ~ 19:10）入场人数占总人数的 45%，高峰半小时（18:40 ~ 19:10）入场人数占总人数的 25%。

（4）散场时间集中。从 22:00 左右（110 米栏比赛结束之后）起，观众开始陆续离开奥运公园，24:00 后结束，持续时间为 2h 多。

（5）全场比赛结束（23:22）之前离开奥运公园的观众人数占总人数的 83%，之后离开的人数占总人数的 17%。

（6）高峰小时（22:05 ~ 23:05）离开人数占总人数的 68%，高峰半小时（22:05 ~ 22:35）离开人数占总人数的 46%。

3.4.9.4　安检时间和安检能力

（1）带包观众、不带包观众的平均安检时间分别为 15.7s，14.9s，平均安检时间为 15.3s。

（2）安检能力为 229 ~ 242 人 /（门 · h），平均能力为 235 人 /h。

3.4.9.5　疏散时间

步行速度为 0.86 ~ 1.12m/s。以此测算：

① 西南场站疏散时间为 44 ~ 74min；

② 东部场站疏散时间为 53 ~ 78min；

③ 南部场站疏散时间为 72 ~ 102min。

3.4.9.6　人流密集点的人流量

（1）湖边西路以高峰 15min 的人流量测算高峰小时人流率为 10712 人 /h，服务水平达到在 A 级。预计赛时服务水平可达到 D 级。

（2）在测试赛最繁忙的楼梯（国家体育场东北方向楼梯），以高峰 15min 的人流量测算高峰小时人流率为 6044 人 /h，即使奥运会赛时流量在此基础上翻 4 倍，其能力也应该能满足需求。

（3）平台在绝大多数时间的服务水平都处于 A 级。预计赛时部分区域可达到 E 级服务水平。

3.5 奥运会开闭幕式彩排相关交通调查

2008 年 8 月 2 日 20:00，国家体育场举行了第二次奥运会开幕式彩排，节目结束之后进行了烟花表演，吸引了大量前来围观的观众。本节在现场调查的基础上，对观众抵离奥运公园的时间特征、空间分布、交通方式以及在彩排期间采取的应急保障措施进行了评估，为奥运会开幕式积累了经验。

3.5.1 观众抵离奥运公园的时间特征

3.5.1.1 入场

选取三个安检口，分别统计了每 15min 到达的观众数，如图 3-47 所示，观众到达的高峰期出现在垫场演出开始之前的 1h，即 17:00 左右。到垫场演出正式开始时，82% 的观众都已经到达。

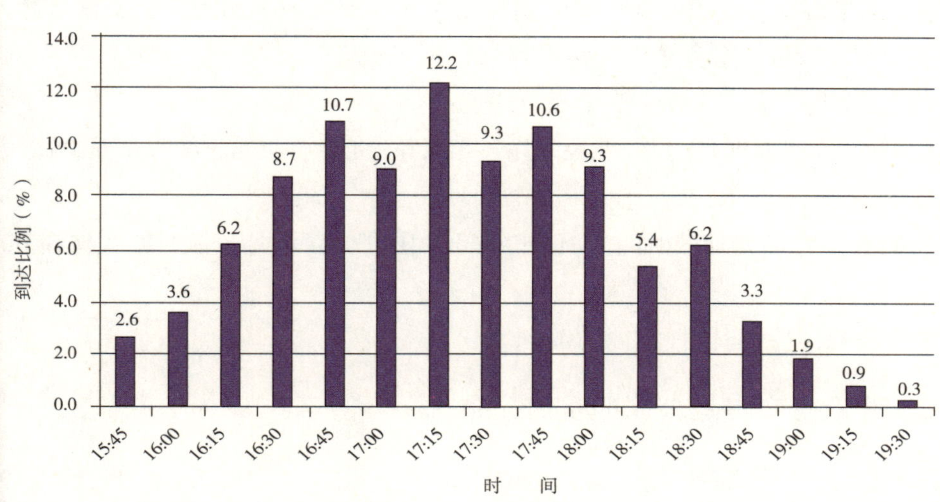

图3-47　三个安检口合计观众到达比例分布图（每15min）

3.5.1.2 退场

从观众退场线路的几个关键地点来描述观众散场的规律。

（1）观众离开国家体育场。

21:07，运动员入场仪式开始，开始有少量观众退场。22:03，开幕式结束，观众开始集中退场。22:11，经过 8min 的集中退场，大部分观众离开国家体育场，人流密度明显降低。22:26，观众疏散完毕。总共用时 79min。

（2）观众散场抵达下沉广场（进入地铁 8 号线）。

21:26，第一批观众到达下沉广场。22:17，观众集中到达。22:20 ~ 22:32，客流达到高峰期；22:30，下沉广场的梯道上出现人流拥挤现象，行进十分缓慢，排队较长，开始采取限流措施；22:32，停止人员进入。22:35，约 3m 宽的通道开始放行。22:38，取消人流限制措施，到达观众已明显减少。22:50，散场基本结束。总共用时 84min。

（3）北辰东路东侧过街天桥与亚运村站南北双向。

人流（观众与游客）集中疏散时间为 10:10 ~ 11:00，总人数约为 12000 人（西向东）。高峰期间，每分钟人流量为 300 人，其中直行的有 150 人，过桥的有 150 人。北四环主路车辆一直较多，车行缓慢。东向西方向，因亚运村站公交甩站，人流直接走向东侧的安慧桥东站；西向东方向，亚运村站从 10:20 开始重新启用，上车人较多。

（4）北辰桥西侧公交车站及过街天桥。

10:00 开始，北辰桥西侧公交车站人员极度拥挤和混乱，使公交车无法进站，排成一串；大量观众在车道候车，导致道路瘫痪，人流疏散不出去，公交输送能力不能发挥；11:30 疏散基本完毕。总共用时 90min。

从观众散场来看，有以下三个显著特点：

① 下沉广场、北四环主路、北辰东路过街天桥、北辰桥西侧过街天桥压力比较大，故应成为重点疏导对象。

② 国家体育场内疏散时间大概为 79min，国家体育场外疏散时间大概在 90min 左右。

③ 最高峰的持续时间大约为 10min。

3.5.2 观众抵离奥运公园的空间分布

彩排期间，2 号安检口进入观众 26904 人，3 号安检口 3814 人，5 号安检口 19539 人，8 号安检口 20597 人，25 号安检口 15022 人，如图 3-48 所示。

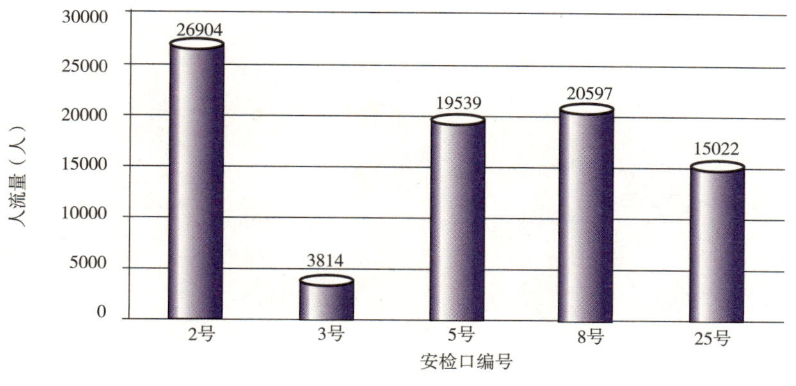

图3-48　各安检口到达人数

彩排安检不需要开包检查，因此安检速度很快，只在个别安检口存在排队现象。各安检门安检情况见表3-15。

表3-15　各安检门安检情况

安检口编号	2	3	5	8	25	合计
方　　位	北土城	南口	东南口	东北口	西南口	
安检门数（个）	40	28	20	80	32	200
能力百分比（%）	20	14	10	40	16	100
安检人数（人）	26904	3814	19539	20597	15022	85876
人数比例（%）	31	4	23	24	18	100

此次安检，表现出以下三个特点：

（1）对东北部安检口和南部安检口的安检能力利用不足，其中西南口安检人数比例和安检能力持平，东南口安检人数比例大于其安检能力。

（2）同一个安检口各个安检门之间安检能力利用相差很大，图3-49为8号安检口40个安检门的安检能力对比。

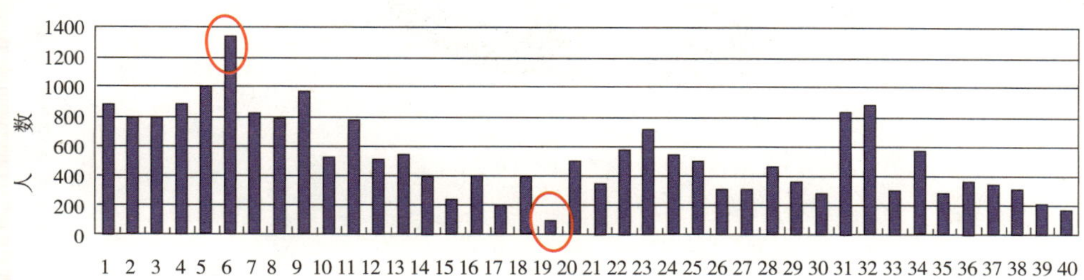

图3-49　8号安检口各个安检门之间的安检能力差异

（3）从选取的几个安检口每 10min 安检人数来看，观众入场有两个高峰，分别出现在垫场演出前 1h 和正式开幕式前 1h，见图 3–50。

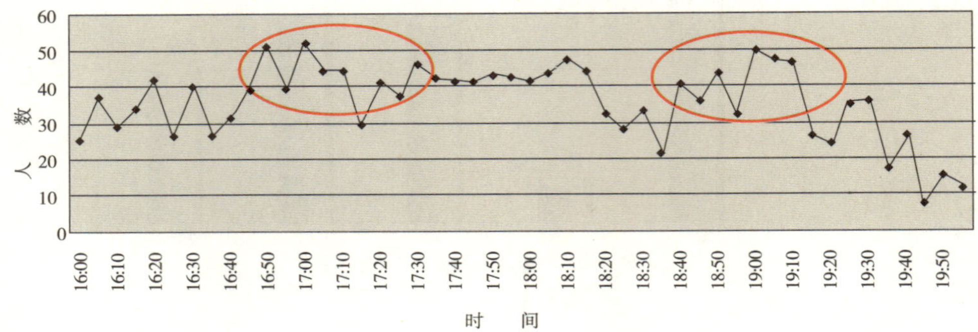

图3-50　安检门通过观众数量规律图

3.5.3　观众抵达的交通方式

对观众抵达的交通方式进行了问卷调查。调查地点选在国家体育场不同方位的入口处，调查结果表明，不同的方位与选择的交通方式有很强的相关性。

根据此次调查的结果，参加彩排的观众，选择公共交通的占 50%，另外，选择小汽车、出租汽车的所占比重也较大，两者的比例达到了 32%，直接造成国家体育场周边交通比较拥堵，这种局面在开幕式时要进行合理的控制，如图 3–51 所示。

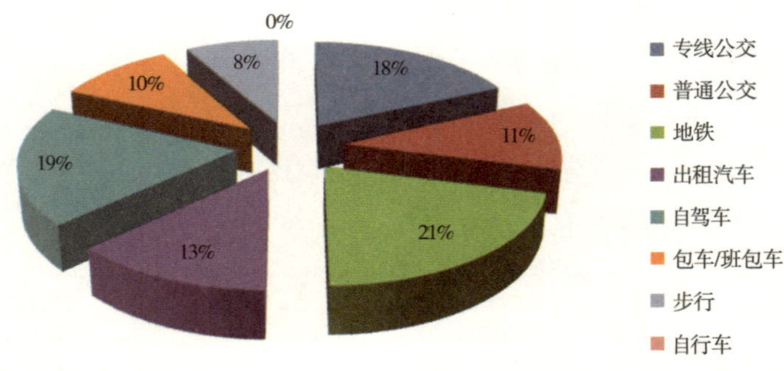

图3-51　观众抵达国家体育场时各交通方式分担比例图

4 北京奥运交通需求预测

奥运交通需求包括城市交通需求和奥运交通需求两个部分。一方面，奥运会比赛期间，将产生大量的观众需求，还将有国外游客和国内其他地区的游客来到北京，产生新的出行需求；另一方面，随着城市自身的发展，城市人口和汽车保有量也将有所增加，城市交通需求依然旺盛。

本章分别介绍了北京市城市交通需求的预测和奥运交通需求的预测结果。其中，奥运交通需求又包括奥运大家庭的交通需求预测和奥运观众及工作人员和志愿者的需求预测两个部分。

4.1 城市交通需求预测

城市交通需求即城市背景交通需求，通常在考虑城市社会经济发展、人口增长、机动车保有量增加、居民出行特征发生变化等因素的基础上进行预测。

4.1.1 城市背景交通需求

4.1.1.1 社会经济发展

2005 年，全市经济保持持续快速增长，全年地区生产总值达 6886.3 亿元，按可比价格计算，比上年增长 11.8%。按常住人口计算，人均 GDP 达到 44774 元（按年平均汇率折合 5 548 美元）。按照该发展趋势，当时预测 2008 年全年地区生产总值将达 9630 亿元，有望突破万亿元。

4.1.1.2　人口和机动车增长

2001 年北京市全市常住人口为 1367 万人，按照发展趋势预测，2008 年全市常住人口将达到 1650 万人。

2001 年北京市的机动车保有量为 170 万辆，其中私人机动车为 101 万辆。

1995 ~ 2000 年期间，机动车保有量增长势头极为迅猛，5 年间增幅高达 63.6%，其中私人小客车的增幅竟高达 90%（图 4-1），考虑到 2001 ~ 2008 年期间北京仍处于机动化快速发展期，私人汽车的保有量增速不会放缓。可能影响其增速的是交通模式选择与相应的交通政策导向。

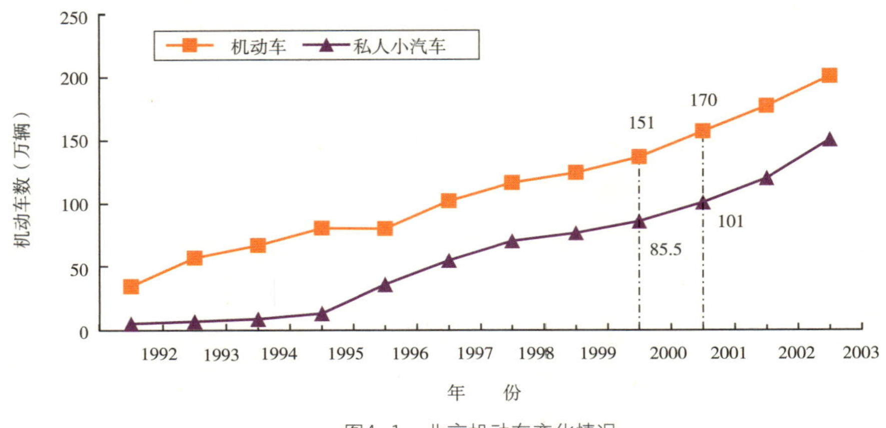

图4-1　北京机动车变化情况

因此，对奥运举办年全市机动车保有量分别采用时间序列和曲线拟合方法进行了预测分析，未来北京市机动车的增长会出现高、中、低三种发展趋势，结果如图 4-2 和表 4-1 所示。

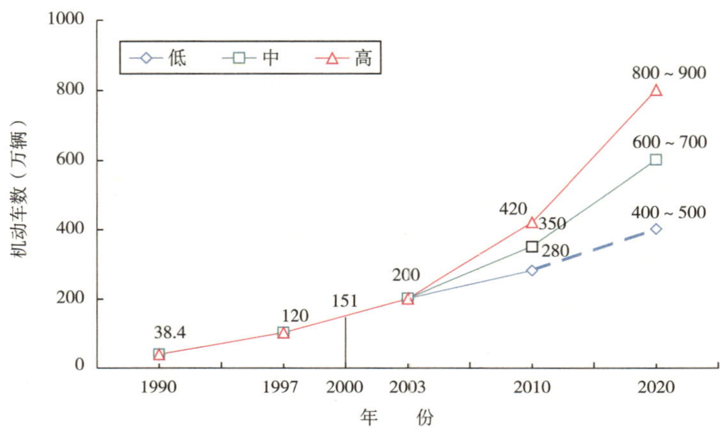

图4-2　北京机动车增长趋势分析图

表4-1　机动车保有量预测分析表

年　份	按时间序列法（万辆）	按GDP-机动车保有量弹性曲线（万辆）	按Gompertz曲线拟合（万辆）
2001（实际）	169.8	169.8	169.8
2008	295.8	304.7	325.1
2010	340	352.8	365.8

从后来的实际发展情况看，当时以 320 万 ~ 330 万辆的预测值作为规划依据，是贴近实际的。

4.1.1.3　出行总量

居民出行总量会随经济社会的发展而继续增长，在不考虑任何奥运需求管理措施的情况下，进行 2008 年背景交通需求预测，在典型工作日六环路以内居民日出行总量将达到 3171 万人次，除去步行总出行量为 2231 万人次，平均出行率为 1.85 次 / 天。与申办年（2000 年）相比，出行总量增长 12.4%，如图 4-3 所示。

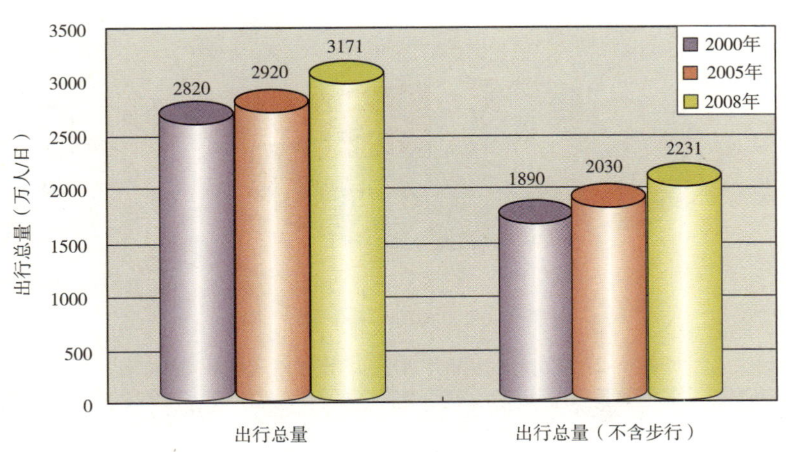

图4-3　北京市2000年、2005年出行总量调查数据及2008年出行总量预测图

4.1.1.4　出行结构特征

自 1986 年进行第一次出行调查以来，北京市的出行方式构成变化呈现了一个非常突出的趋势特征：私人机动车（主要是私人小汽车）方式急剧上升，公共交通方式在 2000 年以前一直呈下滑态势，2000 年之后略有好转，但增长势头仍明显不及私人小汽车方式，见图 4-4 ~ 图 4-6 及表 4-2。

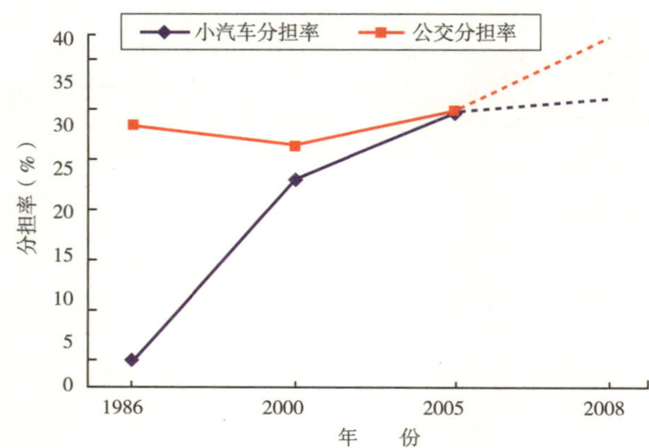

图4-4 北京市1986～2005年期间公交/小汽车出行分担率变化趋势图

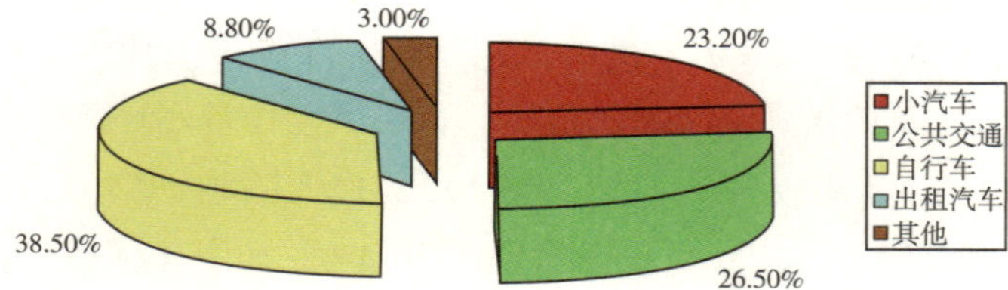

图4-5 北京市2000年出行结构图

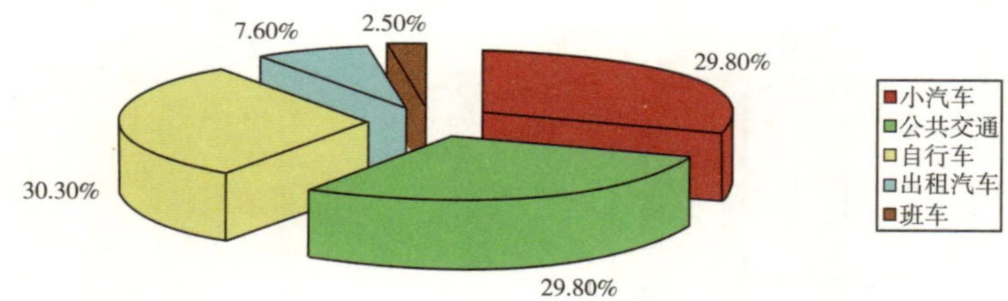

图4-6 北京市2005年出行结构图

表4-2 1986～2005年北京市出行方式构成变化

出行方式（%）	1986年	2000年	2005年
小汽车	5.04*	23.20*	29.80
公共交通（含轨道交通）	28.20	26.50	29.80
出租汽车	0.35	8.80	7.60
单位班车	—	—	2.50
自行车	62.70	38.50	30.30
其他	3.77	3.07	

注:*1986年和2000年“小汽车”出行方式统计数据中含单位班车和摩托车出行量。

虽然上述发展态势对于 2008 年预期出行结构发展目标是一项不可忽视的客观因素，但是从交通发展的总体战略需要考虑，必须在未来几年中，想方设法改变此前 10 几年来形成的“惯性”发展轨迹，有效遏制私人小汽车出行方式急剧上升的势头。

为此，在北京奥运申办成功之后，对 2001 ~ 2007 年期间北京市城市道路系统及公共客运系统几种可能的发展前景进行判断，在此基础上，再对照这一期间出行需求总量、机动车保有量的增长趋势，设定 2010 年之前四种不同的出行结构比选方案（表 4-3），进行市区交通整体运行水平的测试，并以“建设成本”、“资源消耗及环境影响”、“交通服务满足度”等作为评价指标，经定性与定量综合评价，最终确定 2008 年日常出行结构中公交出行分担率不低于 36%（赛会期间不低于 45%），2010 年全日出行中公交出行分担率不低于 40%。

表4-3　方案测试比选得出的2008年交通方式构成及其分担出行量预测

交通方式	出行分担率（%）	出行分担量（万人次）
小汽车	43～39	870～960
公共交通+班车	33～37	736.5～825.8
出租汽车	4	89.28
自行车	20	446.38
总计		2231.0

根据上述分析，2008 年北京市交通出行结构可能达到的最好水平，如图 4-7 所示。

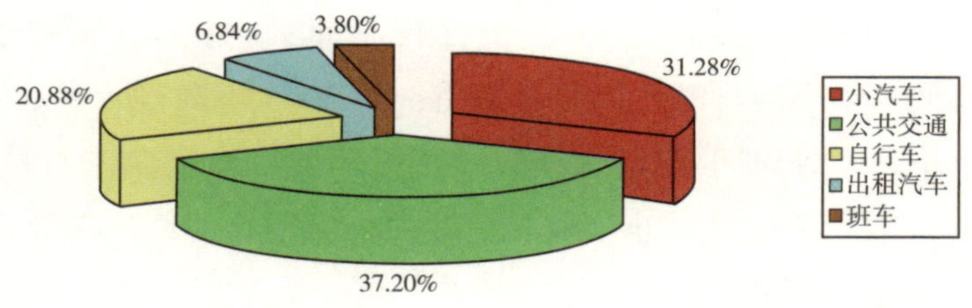

图4-7　预测北京市2008年可能的出行结构图

4.1.1.5　出行距离特征

2001 ~ 2008 年期间正是城市空间的快速调整期。2001 年之前的十几年间，北

京市区建成区面积由 380km^2 扩展到 490km^2，平均年增幅为 8 ~ 10 km^2。相应地，1986 ~ 2005 年期间北京市的日常通勤出行的平均行程由 6km 增至 9.3km。

随着北京市区建成区范围的不断扩大及郊区新城规模扩展与功能布局的进一步完善，加之城际交通的改善，市民出行活动范围将继续有大幅度扩展，预计 2008 年北京市居民平均出行距离将从 2005 年的 9.3km 可能提高到 10 ~ 11km。在此期间，各种交通方式的平均距离变化也有明显差异（表 4-4）。

表4-4 北京市2005年和2008年各种交通方式平均出行距离对比

交通方式	平均出行距离（km）		交通方式	平均出行距离（km）	
	2005年	2008年		2005年	2008年
小汽车	14.0	14~16	班车	15.2	15~17
公共交通	10.5	9~10	自行车	4.2	2~3
出租汽车	8.6	8~9	平均	9.3	10~11

显然，在 2008 年之前的 7 年筹备期内，对于出行需求总量增长的最敏感的因素是出行距离的增长导致的出行周转量的大幅增长，其增幅达到 16%，大大高出出行总量（人次 / 日）的增幅。

4.1.1.6 出行时间分布

对比 1986 年、2000 年和 2005 年三次居民出行调查结果，可以看出居民出行时间分布的变化特征。相对 1986 年第一次出行调查而言，2000 年调查结果显示早晚高峰更加明显，尤其早高峰小时比例明显偏高；而 2005 年调查结果则显示出行时间分布相对分散，早晚高峰时间延长，高峰小时系数下降，但是需求总量绝对值上升。出行时间的相对分散与不同性质企事业单位及团体上下班时间的调整以及市民的某些活动刻意避开早晚高峰出行有着一定的关系。

2005 年相比于 2000 年的出行时间分布变化趋势将有一定的延续性，也就是说，在 2001 ~ 2008 年的 7 年间，出行时间分布将整体呈现出早晚高峰时间延长、高峰小时系数下降、需求总量绝对值上升的变化趋势。考虑到 2008 年奥运会举办期间包括错时上下班等一系列交通需求管理政策的实施，将使出行量在全天的分布更加均衡，基于以上考虑，预测 2008 年出行时间分布如图 4-8 所示。

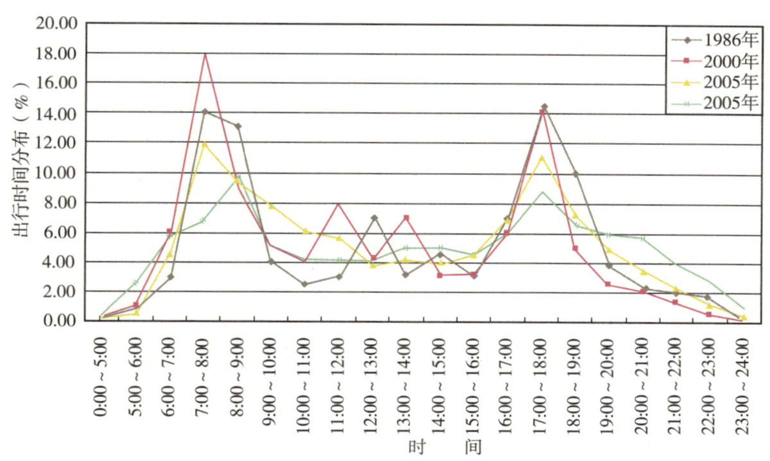

图4-8　1986年、2000年、2005年出行时间分布调查及2008年出行时间分布预测

4.1.1.7　部分出行群体特征

北京奥运会期间，由于部分群体出行特征的变化，城市出行需求总量及构成也会发生相应的变化。导致城市背景交通出行总量发生变化的因素主要有奥运会期间学生放假、来京旅游人数变化、部分市民外出旅行等。

2008 年，北京市六环路以内共有小学生 49 万，中学生 86 万，大学生 63 万。在奥运会期间，有 30 多万学生作为志愿者参与奥运会服务工作，因此，这一期间学生的出行量虽比放假前有所削减，但仍然会维持一个较高水平，只是出行目的、出行起讫点（O-D）以及出行方式会有所变化。其中一部分学生的主要出行目的由上学的通勤出行转变为奥运服务出行，出行频率与日常相比不会有大的变化。另一部分学生转为一般的娱乐出行，日出行率降低，总出行次数减少 173 万人次。

日常进京旅游人员的出行总量为 28 万人次 / 日，这在城市背景交通模型中已经体现。假设奥运会期间来京旅游人数（主要是持票观众及与奥运相关的公务活动）总量为 2001 年的 1.5 倍，其出行特征和现状旅游人员的出行特征相近，这部分新增进京人群出行 14 万人次 / 日。

北京奥运会期间，大部分建筑工地将停工，部分工人离京返乡，也有部分北京市民离京到外地休假旅游，由此将会削减部分出行。

经对各类群体出行需求变化的综合分析，北京奥运会期间城市背景出行需求有增有减，二者冲抵后，在奥运比赛出行高峰日总出行量为 2892 万人次左右，除去步行的出行量为 2065 万人次左右。

4.1.1.8　公共客运系统

历届奥运会的经验表明，充分利用公共交通是解决奥运会交通问题的重要途径。在申奥成功后的几年中，北京市的公共交通发展已经取得了很大成效，截至2006年年底，公共汽（电）车的运营线路达到620条，运营线路里程达到18500km，车辆数达到19240辆；轨道交通线路4条，轨道交通车辆达到967辆；快速公交（BRT）线路1条，线长16.5km；城市交通年客运量达到55.3亿人次。

2008年奥运会开幕之前，城市公共交通基础设施还将有进一步的发展，其中轨道交通运营线路将增加到7条，BRT线路将增加到3条。此外，从2006年5月开始，北京市将进一步加大优先发展公共交通的力度。这些都将为奥运会的交通保障奠定良好的基础。

公共交通承担年客运量及各种方式比重：2001年全市全年共运送乘客44.7亿人次。其中，轨道交通完成客运量4.4亿人次；公共汽（电）车运送乘客40.3亿人次；在公共交通系统中，各种交通方式承担客运量的比例——轨道交通为9.8%，公共汽（电）车为90.2%。奥运筹备期间，当时预测2008年公共客运系统年客运量为58 ~ 60亿人次左右，其中，轨道交通分担客运量11亿~ 12亿人次左右，公共汽（电）车运送乘客47亿~ 48亿人次左右。2003 ~ 2008年公共客运系统客运量实际构成如表4-5所示。

表4-5　北京市公共交通年客运量变化（亿人次）

项　目	2003年	2004年	2005年	2006年	2007年	2008年
轨道交通	4.7（3.8）	6.1（5）	6.8（5.6）	7.0（5.7）	6.6	12.2
公共汽（电）车	37.1（30.4）	43.9（36）	45.0（36.9）	39.8（39.8）	42.3	47.1
合　计	41.8（34.2）	50.0（41）	51.8（42.5）	46.8（45.5）	48.9	59.3
合　计	47.8	56.9	59	54.2	55.2	66.2

注：因2006年实施市政交通一卡通、2007年实施公交低票价政策，2007年公共汽（电）车、轨道交通客运量统计口径变化，2006年以前（ ）内数据为可比修正数。

4.1.2　奥运会期间需求转移变化

4.1.2.1　奥运会期间城市客运需求变化

奥运会期间，城市客运（包括轨道交通、公共汽（电）车、出租汽车）的需求将发生很大变化。受一些因素的影响会导致客运量增加，而同时另一些因素会导致客运量减少，因此，需要综合考虑两类不同的影响因素，在常规出行需求的基础上估算客运量的变化。

本着城市客运系统可靠性的原则，充分考虑不利因素，估算需求量的变化应基于以下预测前提：

① 奥运会期间，北京市民正常工作，未考虑带薪休假政策。

② 除奥运观众以外的国外及外地进京人员规模基本不变。

③ 奥运会车辆停驶政策导致出行转移的特征与中非论坛相似。

导致公交客运量增加和减少的两类影响因素分别为：

（1）导致城市客运需求增加的因素。

① 机动车限行政策导致部分机动车拥有者放弃使用机动车，转而使用公共交通出行方式。

② 观看奥运比赛的观众使用公共交通出行方式。

③ 奥运比赛的工作人员及志愿者使用公共交通出行方式。

④ 奥林匹克大家庭成员个人旅游、购物等出行使用公共交通方式。

（2）导致城市客运需求减少的因素。

① 部分观众为了观看奥运比赛放弃日常上班、购物等出行。

② 部分工作人员为了服务奥运比赛放弃原有的工作出行。

4.1.2.2　需求变化量计算

在常规需求的基础上，分别计算需求增加部分和减少部分。

（1）导致城市客运需求增加的部分。

① 机动车限行导致公交增加的运量。机动车限行政策导致部分机动车拥有者放弃使用机动车，转而使用公共交通出行方式。借鉴“中非论坛”的经验，考虑到停驶机动车数量、六环路内车辆所占比例、车辆的出行强度、车辆承载率、公共交通比例和换乘系数等因素，估算增加的客运量为 315 万次左右。

计算参数的选取考虑到以下因素的影响：

a. 由于禁止机动车上路，部分机动车拥有者可能放弃不是很重要的出行，或择日出行，从而使得出行强度减小。

b. 由于禁止机动车上路，部分机动车拥有者选择步行、自行车、班车，或与他人合乘等方式出行，所以并非所有诱增的需求都转移到了公共交通系统。

② 观赛观众使用公交的客运量。按照高峰比赛日计算增加的客运量，计算时，考虑高峰日观赛次数、观众出行次数、公共交通比例和换乘系数等主要因素，估算观赛高峰日观众使用公交的客运量约为 135 万次。其中，观众出行次数按照赛程、

场馆容量、上座率进行计算（详见 4.3.3）。

③ 奥运工作人员及志愿者使用公交出行增加的客运量。按照观众客运量的 15% 计算，为 21 万次 / 日。

④ 奥运大家庭成员乘坐公交旅游、购物增加的出行量。考虑奥运大家庭成员人数、人均日出行次数、公共交通比例和换乘系数等因素，估算奥运大家庭成员乘坐公交旅游、购物增加的出行量为 8 万次 / 日。

（2）导致城市客运需求减少的因素。由于奥运会的召开，部分人员的出行需求发生了转移，为了避免在计算过程中重复计算，应将以下两部分客运量在总需求中减掉。

① 部分观众为了观看奥运比赛放弃日常上班、购物等出行。考虑日观众人数、北京本地观众比例、放弃原来出行目的的观众所占比例、公交出行强度和换乘系数，估算减少的出行量约为 12 万次 / 日。

② 奥运工作人员为了服务奥运比赛放弃原有的工作出行。同理，估算奥运工作人员为了服务奥运比赛放弃原有的工作出行，减少的出行量约为 4 万次 / 日。

综合增加和减少两种因素作用，估算奥运赛时高峰日公交客运量需要增加 465 万人次 / 日。

4.1.2.3 各种公共客运方式转移客运量估算

根据上述估算结果，由轨道交通、公共汽（电）车、出租汽车共同构成的城市客运服务系统在奥运会期间将承担新增需求量 465 万人次 / 日。

（1）轨道交通。城市轨道交通运能增加包括两部分：新开通线路新增运能部分和老线技术改造升级运能扩大部分。对于新增线运能增加部分，可根据已有线路的客流成长规律、市区骨干线路客流强度和开通线路里程、站点数量进行估算。2008 年奥运会前，北京市将开通 5 号线、10 号线（一期）、奥运支线（8 号线一期）和机场线。

10 号线：按照 10 号线的工可报告，初期客流可以达到 68.7 万次。10 号线一期线路长度为 25km，保守估算其客运量约为 30 万次。

5 号线：按照 5 号线的工可报告，初期客流可以达到 49.5 万次。5 号线线路长度为 27km，保守估算其客运量约为 32 万次。

奥运支线和机场线：前者线路短，赛时运营模式尚不确定；后者客流性质特殊，运能分担暂不计算入内。

对于已有的线路运能扩大部分，通过投入资金对老线进行升级改造，一方面提高轨道线路、通讯信号的技术等级，一方面增加列车数量。在挖掘既有线路在非高峰时间的运能潜力的同时，缩短高峰时间发车间隔，以提高线路运能水平。考虑到高峰时间是整个系统的瓶颈，这里以高峰时间运力增长幅度为约束条件计算整条线路能够增加的运力。

1号线：发车间隔可由3min减少到2.5min，高峰小时单方向增加4列车，六节编组，运力可提高20%。1号线平时运量在65万左右，预计运力可以提高13万左右。

2号线：发车间隔可由3.5min减少到2.5min，高峰小时单方向增加7列车，六节编组，运力可提高40%。2号线平时运量在65万左右，预计运力可以提高26万左右。

13号线：发车间隔可由4min减少到3min，高峰小时单方向增加5列车，四节编组，运力可提高33%。13号线平时运量在24万左右，预计运力可以提高8万左右。

八通线：高峰小时运力不会发生很大变化，考虑到运输矛盾的焦点在高峰时间，所以虽然平峰运力还有富余，但这里在计算时不予考虑。

合计新线增加和老线扩能两个部分，轨道交通可分担新增客运量中的110万次左右：其中地铁5号线和地铁10号线分担62万次，原有的1号线、2号线、13号线和八通线可分担47万次左右。而实际运营情况则大大超过了这一预期值(表4-6)。

表4-6 奥运前后北京轨道交通系统客运量变化

线路名称	2007年8月日均客运量（万人次）	预计2008年8月日均客运量（万人次）	预计新增客运量（万人次）	奥运会期间实际日均客运量（万人次）	备注
地铁1号线	72.8	85.8	13	99.5	
地铁2号线	73.1	99	25.9	97.5	
地铁5号线	—	32	32	57.5	2007年10月7日开通
地铁10号线（一期）	—	30	30	40	2008年7月19日开通
地铁13号线	27.5	32	4.5	45	
地铁八通线	10.9	10.9	0	19	
地铁奥运支线	—	5.0	5	5	2008年6月1日试运营
机场线	—	0.8	0.8	0.9	2008年7月运营
合　计	184.3	295.5	111.2	364.4	奥运会期间高峰日达395万人次

（2）出租汽车。

由于道路状况的改善和客运需求的增加，出租汽车承担的客运量增长主要来源于两方面因素：工作时间内因运行速度提高，运送乘客次数增加；加强车辆保养，提高车辆完好率，确保出车率在95%以上。

奥运前，全市共有出租汽车6.3万辆，日完成客运量约157万次。每车日均运送乘客20次，空驶率为46.2%。

奥运会期间，考虑早、晚高峰期间，车辆运行速度要提高20%，而空驶率降低的空间不大，平峰期间车辆运行速度提高幅度保守估计为20%，而空驶率应降低7个百分点，全天可增加客运量规模为75万人次左右。

（3）常规公交。

奥运之前的公共汽（电）车线路有620余条，公交车约有2.2万辆，运能较充足。全市客运量平均年递增率大约在10%左右，2007年日均客运量为1150万人次左右，预计通过扩大车队规模，改善运营调度，奥运会期间可新增运能280万人次/日左右。

奥运会期间，实际完成日均客运量1320万人次，高峰日则达到1500万人次。

4.2 奥运大家庭交通需求预测

4.2.1 专车客户群赛时交通需求预测

专车客户群的需求预测包含提供T1～T4服务的各类专用车、班车，注册人员的工作车、自备车等奥运车辆。

预测内容主要包括：奥林匹克公园内10个竞赛场馆车辆需求预测；奥林匹克公园内7个非竞赛场馆车辆需求预测；运动员班车/技术官员班车/媒体班车需求预测；奥林匹克公园各车辆安检口安检需求预测等。

4.2.1.1 专车客户群赛时车辆出行需求预测

（1）专车客户群竞赛日车辆需求。

对每日竞赛场馆、非竞赛场馆、班车等专车客户群车辆抵离需求预测结果进行叠加，得出奥运会期间每日分时段专车客户群车辆的总需求。

根据奥组委交通部的预测，奥运会期间进出奥林匹克公园的专车客户群车辆总车次为95.3万车次，高峰日为第7日（2008年8月15日），全天进出奥林匹克公园的专车客户群车辆总车次为6.4万车次。奥运会期间，奥运公园每日专车客户群车辆需求预测汇总见表4-7。

表4-7 奥运会期间奥运公园每日专车客户群车辆需求预测结果汇总表

比赛日	比赛日期		进入总车次	离开总车次	进出总车次
1	8月9日	星期六	27846	27846	55692
2	8月10日	星期日	31347	31347	62694
3	8月11日	星期一	29532	29532	59064
4	8月12日	星期二	30545	30545	61090
5	8月13日	星期三	29525	29525	59050
6	8月14日	星期四	29410	29410	58820
7	8月15日	星期五	32002	32002	64004
8	8月16日	星期六	31175	31175	62350
9	8月17日	星期日	30753	30753	61506
10	8月18日	星期一	30575	30575	61150
11	8月19日	星期二	30290	30290	60580
12	8月20日	星期三	28009	28009	56018
13	8月21日	星期四	29912	29912	59824
14	8月22日	星期五	30334	30334	60668
15	8月23日	星期六	28963	28963	57926
16	8月24日	星期日	26170	26170	52340
合计			476484	476484	952968

（2）专车客户群赛时高峰小时车辆需求预测。

奥运会期间，奥林匹克公园内大部分场馆每天安排两场次左右的比赛，第一场比赛集中在上午进行，第二场比赛开始时间则在15:00 ~ 20:00之间。依据赛程安排，每日入场专车客户群车辆集中在每日上午比赛开始之前的0 ~ 3h内（7:00 ~ 10:00）及第二场比赛开始之前0 ~ 3h内（16:00 ~ 19:00）。

奥运会期间，奥林匹克公园专车客户群车辆入场的下午高峰小时为第10日（2008年8月18日）17:00 ~ 18:00，入场2750车次；第4日（2008年8月12日）上午高峰小时8:00 ~ 9:00，入场2716车次。奥林匹克公园每日高峰小时进入公园的专

车客户群的车辆需求见表 4–8 及图 4–9。

表4–8　专车客户群车辆每日高峰小时进入奥运公园需求汇总表

比赛日	比赛日期		上午高峰		下午高峰	
			高峰小时车次	高峰小时	高峰小时车次	高峰小时
1	8月9日	星期六	1614	8:00～9:00	2079	17:00～18:00
2	8月10日	星期日	2687	8:00～9:00	2181	17:00～18:00
3	8月11日	星期一	2188	8:00～9:00	2182	17:00～18:00
4	8月12日	星期二	2716	8:00～9:00	2189	17:00～18:00
5	8月13日	星期三	2359	8:00～9:00	2094	17:00～18:00
6	8月14日	星期四	2312	8:00～9:00	2094	17:00～18:00
7	8月15日	星期五	2603	7:00～8:00	2730	17:00～18:00
8	8月16日	星期六	2687	7:00～8:00	2414	17:00～18:00
9	8月17日	星期日	1926	8:00～9:00	2523	17:00～18:00
10	8月18日	星期一	2429	7:00～8:00	2750	17:00～18:00
11	8月19日	星期二	2150	7:00～8:00	2350	17:00～18:00
12	8月20日	星期三	1570	8:00～9:00	2416	17:00～18:00
13	8月21日	星期四	2296	7:00～8:00	2116	17:00～18:00
14	8月22日	星期五	1784	7:00～8:00	2493	17:00～18:00
15	8月23日	星期六	1733	8:00～9:00	2002	17:00～18:00
16	8月24日	星期日	1639	6:00～7:00	1493	17:00～18:00

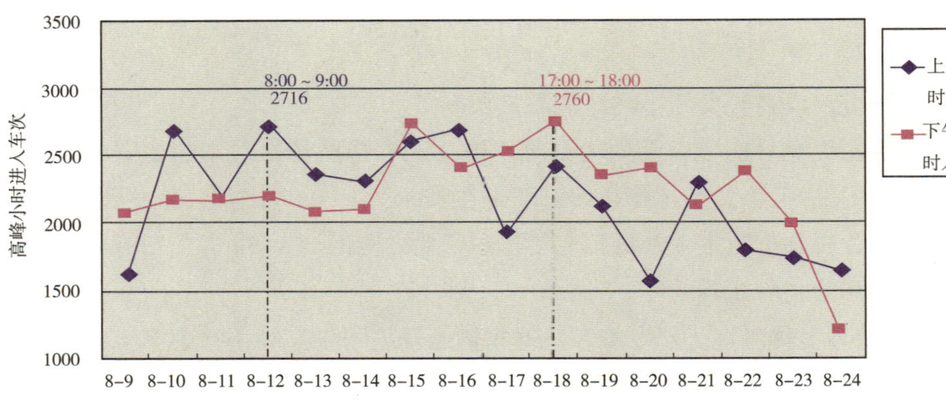

图4–9　赛时专车客户群车辆每日高峰小时入场车次

依据赛程安排，每日离场的专车客户群车辆集中在两个高峰时段：每日上午或中午比赛结束之后的3h内（12:00 ~ 19:00）和晚间场比赛结束之后3h内（20:00 ~ 24:00）。奥运会期间，奥林匹克公园专车客户群车辆离场的高峰小时为第13日（2008年8月21日）22:00 ~ 23:00，退场2822车次；以及第14日（2008年8月22日）16:00 ~ 17:00，退场2708车次。奥林匹克公园每日高峰小时离开公园的专车客户群车辆需求见表4-9及图4-10。

表4-9　专车客户群车辆每日高峰小时离开奥运公园需求汇总表

比赛日	比赛日期		下午高峰		晚间高峰	
			高峰小时车次	高峰小时	高峰小时车次	高峰小时
1	8月9日	星期六	1862	17:00~18:00	1154	22:00~23:00
2	8月10日	星期日	2213	15:00~16:00	1943	21:00~22:00
3	8月11日	星期一	2182	17:00~18:00	2003	20:00~21:00
4	8月12日	星期二	1837	18:00~19:00	1813	20:00~21:00
5	8月13日	星期三	1638	18:00~19:00	2322	22:00~23:00
6	8月14日	星期四	1966	18:00~19:00	2005	22:00~23:00
7	8月15日	星期五	2039	17:00~18:00	2015	21:00~22:00
8	8月16日	星期六	1865	17:00~18:00	2427	22:00~23:00
9	8月17日	星期日	1847	17:00~18:00	2315	22:00~23:00
10	8月18日	星期一	2044	17:00~18:00	2707	22:00~23:00
11	8月19日	星期二	2000	17:00~18:00	2477	22:00~23:00
12	8月20日	星期三	1715	16:00~17:00	2135	23:00~24:00
13	8月21日	星期四	1841	15:00~16:00	2822	22:00~23:00
14	8月22日	星期五	2708	16:00~17:00	2491	22:00~23:00
15	8月23日	星期六	2119	15:00~16:00	2328	21:00~22:00
16	8月24日	星期日	1706	18:00~19:00	1549	20:00~21:00

4.2.1.2　车辆安检口安检需求预测

预测奥运会期间每日各车辆安检口的安检需求时，为了便于需求和能力的分析和比较，将安检大车（技术官员班车）按照安检时间的比例折算成小汽车。

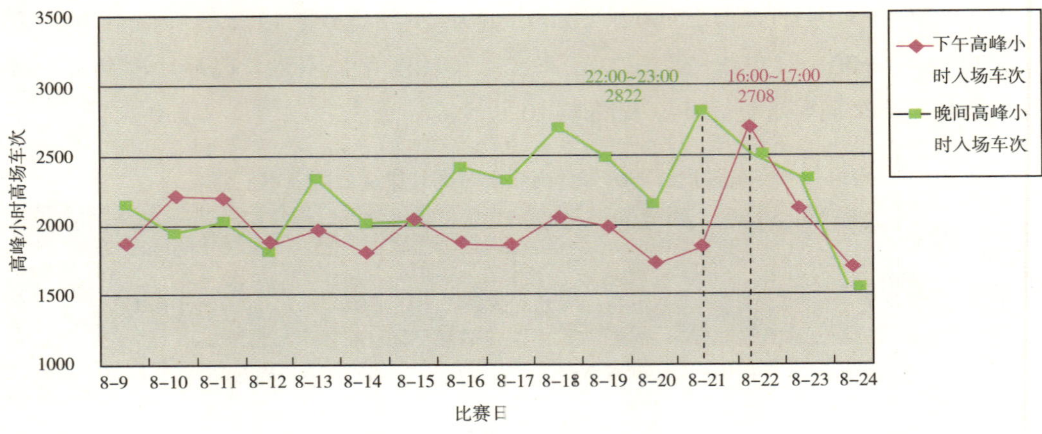

图4-10　赛时专车客户群车辆每日高峰小时离场车次

对奥运会期间16日每日奥林匹克公园内各竞赛场馆及非竞赛场馆车辆安检口，以30min为间隔，预测安检需求，见表4-10和表4-11。

表4-10　各竞赛场馆安检口高峰小时车辆安检需求

编号	安检设备	服务场馆	高峰半小时安检需求（标车）	高峰小时安检需求（标车）	高峰时段	主要安检客户群
1	4套	国家体育场（南中轴）	40	76	每场比赛赛前1.5～0h	T1/T2:60，BOB:30
2	6套	国家体育场	68	130	每场比赛赛前2.0～1.5h	NOC及场馆运行技术支持车辆：160
4	2套	北区三场馆	93	180	8月14日、8月15日 14:30～15:00	T1/T2 、BOB、NOC、临时准入、场馆运行技术支持
5	6套	北区三场馆				
8	4套	北区三场馆				
10	4套	击剑馆、国家体育馆	136	211	8月10日、12日、13日 8:30～9:00 17日16:30～17:00	T1/T2 、BOB、NOC、临时准入、场馆运行技术支持
11	4套	数字大厦、国家体育馆				
12	4套	国家游泳中心	59	118	每场比赛赛前1.5～1h	BOB工作车：30
13	6套	南区三场馆	144	211	8月10日、12日、14日、15日、18日 12:30～13:00	T1/T2、BOB、NOC、临时准入、场馆运行技术支持

表4–11　各非竞赛场馆安检口高峰小时车辆安检需求

编号	设备	服务场馆	高峰小时安检需求标车	高峰时段	高峰主要安检客户群
5	4套	奥运村西NOC	48（访客）	19:00～22:00	共65个访客小车位，3个访客大车位，高峰小时每小时周转50%
			150	19:00～22:00	共328个停车位，高峰小时每小时周转30%
7	8套	奥运村东NOC	364	19:00～22:00	共793个停车位，高峰小时每小时周转30%
[illegible]	4套	IBC/MPC	90	各日 7:30～8:30	高管和工作车共150个停车位，早高峰7:00～8:30集中到达；T1/T2访客共40个停车位，9:00～24:00每小时周转50%

4.2.2　奥运大家庭车辆选型及配置

根据北京奥运会主办城市合同附件C、《交通技术手册》（IOC）和雅典奥运会使用车辆数据，针对奥林匹克大家庭的不同服务类别和标准，对各群体配置不同的车型，根据对不同群体数量的预测，提出各类型小汽车和大客车的需求情况。

4.2.2.1　小汽车需求

（1）奥迪车辆需求。

奥迪车型将用于T1类别客人及部分国际和国内贵宾的交通服务，选用型号为A6L2.0，共需950辆，分配如表4–12所示。

表4–12　奥迪车需求表

交通服务级别	客户类别	预计车数	颜色
T1	国际奥委会主席、委员等	170	黑色
T1	国际体育单项组织主席、秘书长及其客人	60	黑色
T1	71个国家（地区）奥委会主席和秘书长（参赛运动员人数大于50）	140	黑色
T2	132个国家（地区）奥委会主席和秘书长（运动员人数小于50）	130	黑色
T1	新当选的国际奥委会运动员委员及其他国际奥委会指定人员	20	黑色
T1	国际奥委会新闻委员会	20	黑色
T1	代表团团长、副团长	260	黑色
T1	赞助商贵宾	40	黑色
T3	外国国家元首、政府首脑、王室成员及随员	70	黑色
	邀请的国际组织及其他重要客人	40	黑色
小计		950	

（2）帕萨特车辆需求。

帕萨特车辆将用于由 T3 升级为 T1 类别的各国体育部长、T1 备用车辆和带道警车（按照 T1 车辆总数的 2% 配备），选用型号为帕萨特领域 1.8T，共需 330 辆，具体分配如表 4–13 所示。

表4–13 帕萨特车需求表

交通服务级别	客户类别	预计车数	颜 色
T3	各国体育部长	150	黑色
T1	T1备用车	30	黑色
	带道警车	150	
小计		330	

（3）斯柯达明锐车辆需求。

斯柯达明锐车辆将用于 T2 和 T3 类别客人、部分国际奥委会相关组织和部分代表团的专用分配用车（T2 国际奥委会和代表团分别按照车辆总数的 3% 和 2% 配备，T3 备用车按照 T3 车辆总数的 3% 配备），选用型号为明锐 1.6。此类车型共需 1090 辆。具体分配如表 4–14 所示。

表4–14 斯柯达明锐车辆需求表

交通服务级别	客户类别	预计车数	颜 色
T2	国际奥委会医疗委员会	30	白色
T2	世界反兴奋剂组织	10	黑色
T2	国际体育单项组织技术代表	80	黑色
T2	体育仲裁法庭	10	黑色
T2	国际奥委会行政用车	10	黑色
T2	T2备用车	10	黑色
	代表团工作用车	270	黑色
	代表团备份用车	20	黑色
T3	国际奥委会、国家奥委会、相关组织、机构的官员及客人	620	黑色
T3	T3备用车	30	黑色
小计		1090	

（4）途安商务车需求。

途安商务车主要用于部分 T1 和 T2 类别交通服务，选用型号为 7 座 1.8T。人车比参照雅典奥运会人车比为 4.6∶1，取值 4∶1，共需 662 辆，具体分配如表 4–15 所示。

表4–15 途安商务车需求表

交通服务级别	客户类别	预计车数	颜色
T1	外国国家元首、政府首脑、王室成员及随员	40	黑色
T2	国际奥委会医疗委员会	2	白色
T3	国际奥委会、国家奥委会、相关组织、机构的官员及客人	280	银色
	代表团工作用车	340	银色
小计		662	

（5）伊斯坦纳旅行车需求。

伊斯坦纳车型主要用于部分 T2 类别和专用分配车辆服务，选用 9 ~ 15 座旅行车。共需 178 辆，具体分配如表 4–16 所示。

表4–16 伊斯坦纳旅行车需求表

交通服务级别	客户类别	预计车数	颜色
T2	国际体育单项联合会用车	80	银灰色
T2	国际奥委会行政用车	5	银灰色
T2	奥林匹克博物馆	5	银灰色
	国际摄影车队	6	银灰色
	国家摄影车队	2	银灰色
T3	外国国家元首、政府首脑、王室成员及随员	30	
	邀请的国际组织及其他重要客人	40	
	备用车	10	银灰色
小计		178	

（6）各车型数量需求汇总。

预计奥运会期间为奥林匹克大家庭客户服务的各类小客车共计 3210 辆，见表 4–17。

表4–17　奥林匹克大家庭客户用小轿车汇总表

车　　型	数　　量
奥迪A6L2.0	950
帕萨特领域1.8T	180
警用帕萨特领域1.8T	150
途安1.8T商务车	662
明锐1.6	1090
9～15座伊斯坦纳旅行车	178
总　　计	3210

4.2.2.2　大客车需求

奥运会期间提供交通服务的大客车（T4）预计有 1660 辆，车辆配置、类型及数量见表 4–18。

表4–18　大客车需求表

客户类别	车　　型	车　　数
运动员和随队官员用车	42～51座带行李舱	355
	33～41座	210
技术官员用车	33　～41座	150
媒体用车	33低底盘	193
	33～41座	632
观察员用车	33～41座	5
奥林匹克青年营用车	33～41座	25
奥运村内循环班车	电动汽车	20
媒体村内循环班车	电动汽车	10
奥林匹克中心区循环班车	电动汽车	20
循环班车备用车	33座低底盘	40
合　　计		1660

4.3 奥运观众交通需求预测

4.3.1 奥运观众交通需求预测特征

4.3.1.1 奥运观众交通需求预测特点

奥运观众交通需求预测的特点主要体现在超前性、阶段性、反馈修正、动态更新等方面。

（1）超前性。与所有预测工作相同,需求预测工作先于事件的实际需求发生阶段,具有超前性。

（2）阶段性。奥运交通需求预测根据不同阶段的不同目的和要求，对预测结果及精度的要求也有所不同，从申奥报告阶段的总需求数到奥运赛前交通运行组织方案制订过程中所需的分群体、分时段需求，根据相关资料的逐步完善，奥运交通需求预测工作逐步细化，并分阶段提出成果，作为相关工作的参考或依据。

（3）反馈修正。由于奥运会是首次在中国城市举办，国内以往赛事可借鉴的经验有限，同时，参考国外相关经验又不可完全照搬。初期的奥运交通需求预测是在资料匮乏的情况下，结合部分假设条件进行的预测工作；通过“好运北京”一系列大型赛事经验的积累，对预测所需的假设参数进行了反馈调整，使之更接近奥运赛时的交通需求。

（4）动态更新。不同阶段的基础条件不同，预测结果所能达到的精度也不同。随着奥运会的临近，赛事安排和参赛人员等相关基础资料的逐步明晰，根据相关资料的更新，需求预测结果也应滚动更新，达到逐步完善的目的。

4.3.1.2 奥运观众交通需求特点

对北京奥运会观众交通需求进行预测之前，需要明确观众的活动特征。观看比赛的持票观众主要有以下特征。

（1）时间分布特征。观众在比赛日持票前往竞赛场馆，一般在开赛前一两个小时到达竞赛场馆，比赛结束后离开场馆。对于有文化活动的场馆特征会有所不同，观众可能更早到场，晚一些离场。

（2）空间分布特征。观众的出行主要汇集于竞赛场馆，而其中一半左右的出行汇集于奥运公园。从观众的出行源头来看，按照住处可以分为国外及外地来京观众、本地观众、远郊和附近城市的观众。

① 国外及外地来京观众。奥运会期间，将有大量外国及国内其他省市的观众来

到北京观看奥运比赛。这部分观众主要居住在宾馆、饭店，也有部分观众住在亲友的家里。住在宾馆和饭店的这部分观众的出行需求，可以通过各个交通小区宾馆和饭店的容纳能力进行估算。

② 本地来京观众。北京市本地的观众是观看奥运会比赛的一个重要群体，而这部分观众的需求比较分散，可以通过交通小区的人口和收入水平估算各区观看比赛的观众人数。

③ 远郊和附近城市的观众。远郊和附近城市的观众可能会在比赛当天乘坐铁路、长途客车或自己驾车前来观看比赛。

4.3.1.3　残奥会观众交通需求预测的差异性

相对奥运会而言，残奥会有其自身的特点，主要体现在以下几点。

（1）残奥会开闭幕式较奥运会开闭幕式的总体规模降低，结束时间提前。

（2）竞赛场馆减少，赛事规模略有降低，晚间比赛结束时间提前。

（3）观赛观众上座率（订票率）比奥运会期间增加，观赛观众数量降低，但是受到参观观众数量的影响，奥林匹克公园总体观众数量可能提高。

（4）残奥会期间，各类残障人士运动员、官员、观众数量较大，要求服务水平更高。

（5）赛事专车交通需求和赛事公共交通需求均有所降低。

4.3.1.4　奥运观众交通需求预测的不同阶段。

奥运会不同阶段的交通需求预测的侧重点不同，其主要目的和作用有着明显的差异性。

（1）奥运临时交通设施规划阶段。

在奥运临时交通设施规划阶段，奥运交通需求预测的主要目的是为奥运临时交通设施规划提供定量依据，保障规划设施既满足奥运交通需求，又使规划规模合理，避免浪费。该阶段，既要遵循在满足需求的前提下节省投资的原则，又要根据应对突发事件制订的应急预案，为避免赛时出现场站能力不足的局面，遵循“宽打窄用”的原则。

（2）奥运公交专线规划阶段。

该阶段，奥运交通需求预测的主要目的是为奥运公交专线规划提供定量依据，一方面对奥运公交专线的线路布设提供支撑，另一方面对奥运公交专线营运车辆的配给提供参考依据。

（3）交通运行方案制订阶段。

在奥运交通运行方案制订阶段，奥运交通需求预测的主要目的是为奥运交通运行方案的制订提供定量依据，一方面向为确保奥运交通方案的有效性而进行的测试及仿真等提供基础数据，另一方面为奥运交通运行方案制订过程中车辆需求及组织流线的制订等提供参考依据。

4.3.2 需求预测基本假设

奥运会前可获得的数据只有奥运竞赛场馆的场馆容量和观众可售票数量，而奥运门票的销售率又直接影响到该奥运场馆的观众数量。往届奥运会各个比赛项目的门票销售率对北京奥运场馆观众数量的预测有一定借鉴意义，但还应针对中国的实际情况进行分析，比如该比赛项目在国内的热衷程度和普及程度、该项目中国队夺金的希望有多大以及该项目是否具有较高的观赏性等，都会对该场馆奥运门票的销售产生影响。为使预测更加合理和准确，特进行以下假设。

（1）上座率假设。

影响上座率的因素主要有：比赛是否为热点赛事以及竞赛各方的竞技水平；比赛性质，即预赛、半决赛、决赛；比赛是否有中国队参加。由于在整体观众人数中，中国观众所占比重相对较大,因此,是否有中国队的参加很大程度上影响到观众总数。

根据北京奥组委交通部提供的资料，各比赛被划分到相应等级，并根据不同等级和比赛性质给定不同上座率，等级分类情况如下：

A 级:足球、篮球、排球(不含沙滩排球)、羽毛球、乒乓球、体操、游泳、跳水、举重、射击；

B 级：田径、网球、摔跤、柔道、跆拳道、沙滩排球、花样游泳、艺术体操；

C 级：垒球、棒球、曲棍球、手球、击剑、拳击、射箭、自行车、铁人三项、现代五项、皮划艇、赛艇、蹦床、水球、小轮车。

由于有多项因素尚未确定，因此，采取如下假设：

① 半决赛与决赛时的上座率一致。

② 在半决赛与决赛中，中国队是否参加比赛对上座率影响不大。

③ 由于具体的赛程还没有确定，不明确的比赛均假设有中国队参加。

（2）其他假设。

① 所有到竞赛场馆的观众须持当天某一时段的入场券进入赛场区域。

② 观众人流量不包括非观看比赛的无票观众。

③ 常规公交按照现状公交线路及运力考虑，地铁按照奥运会前投入使用的线路计算。

④ 大多志愿者和工作人员选择的交通方式为集体包车，且早入场、晚退场，以下需求预测中不计志愿者和工作人员。

⑤ 外围各场馆观众按赛前 2h 入场考虑。

⑥ 比赛结束退场时间：远郊区县场馆按照 1h 疏散，中心城坐数大于 2 万的场馆按 1h 疏散，其他场馆按半小时疏散。

⑦ 满载率是反映公交舒适性的重要指标，公交系统过高的满载率会严重影响到公交乘坐的舒适性。因此，提供公交服务时应充分考虑到公交服务水平，并假设公交专线车均为标车，按照 90% 满载率载客，常规公交车按照 80% 满载率载客。

为更好地预计北京奥运会所售票情况，收集了悉尼和雅典奥运会的门票销售数据（表 4-19 和表 4-20）。

表4-19　悉尼奥运会场馆门票销售率

项目名称	总容量（张）	售出量（张）	销售率（%）
射箭	42803	27430	64.08
田径	1527219	1526049	99.92
羽毛球	86355	56673	65.63
棒球	279889	272720	97.44
篮球	418928	404235	96.49
沙滩排球	155579	148847	95.67
拳击	144795	111012	76.67
皮划艇/激流	45557	40578	89.07
皮划艇/静水	85298	63866	74.87
闭幕式	96862	96850	99.99
自行车-山地	39805	38844	97.59
自行车-场地	27967	27849	99.58
跳水	106416	100831	94.75
马术-盛装舞步	73409	72037	98.13
马术-场地障碍	54996	53221	96.77
马术-三日赛	187024	161282	86.24
击剑	42469	36923	86.94
足球-悉尼	345709	299923	86.76
艺术体操	158390	153967	97.21

项目名称	总容量（张）	售出量（张）	销售率（%）
体操赛台训练	92139	75954	82.43
艺术体操	23006	23006	100.00
蹦床	25307	25023	98.88
手球	199295	197964	99.33
曲棍球	534628	497433	93.04
柔道	89329	73439	82.21
现代五项	27547	26602	96.57
开幕式	92691	92677	99.98
赛艇	148611	129090	86.86
射击	37315	20739	55.58
垒球	129199	108145	83.70
游泳	197577	196461	99.44
花样游泳	65790	33631	51.12
乒乓球	88560	71258	80.46
跆拳道	40788	40745	99.89
网球	172371	172364	100.00
铁人三项	7429	7423	99.92
排球	294900	275333	93.36
水球	129215	120588	93.32
举重	59532	46300	77.77
自由式摔跤	52224	38564	73.84
古典式摔跤	51979	33022	63.53
帆船	21502	7882	36.66
悉尼总计	6500404	6006780	92.41
足球–阿德莱德	117191	101108	86.28
足球–布里斯班	234787	186526	79.44
足球–堪培拉	138204	97022	70.20
足球–墨尔本	545450	288582	52.91
其他城市总计	1035632	673238	65.01
总　　计	7536036	6680018	88.64

表4-20　雅典奥运会场馆门票销售率

项目名称	总容量（张）	售出量（张）	销售率（%）
射箭	79278	31368	39.57
田径	827369	782177	94.54
田径/马拉松	58654	41518	70.78
田径/竞走	58379	6994	11.98
羽毛球	51983	28008	53.88
棒球	176437	93857	53.20
篮球	508931	337225	66.26
沙滩排球	202605	153100	75.57
拳击	127757	55610	43.53
皮划艇/静水	64781	46209	71.33
皮划艇/激流	29906	29598	98.97
闭幕式	62902	62413	99.22
自行车－山地	29649	12862	43.38
自行车－公路	316	316	100.00
自行车－场地	30553	30067	98.41
跳水	59716	56187	94.09
马术	99076	96205	97.10
击剑	58929	36643	62.18
足球	968063	377493	38.99
艺术体操	203180	127792	62.90
艺术体操	44618	42741	95.79
蹦床	26863	22465	83.63
手球	273997	150990	55.11
曲棍球	165172	106754	64.63
柔道	82298	51807	62.95
现代五项	13757	13637	99.13
开幕式	62849	62834	99.98
赛艇	99358	62311	62.71
帆船	11612	11612	100.00
射击	19084	15382	80.60
垒球	58600	30279	51.67
游泳	113084	111170	98.31
花样游泳	21403	21190	99.00
乒乓球	70998	41092	57.88
跆拳道	51247	49815	97.21
网球	118498	96634	81.55
铁人三项	5028	4903	97.51
排球	370393	238638	64.43
水球	170462	150604	88.35
举重	86124	51228	59.48
摔跤	96779	63923	66.05

在参考雅典及悉尼奥运会的相关数据的基础上，结合所给假设预估了不同等级比赛的上座率，如表 4–21 所示。

表4–21　各类比赛的上座率

等　级	预赛/决赛	有无中国队参加	上座率(%)
A	预赛	有	90
A	预赛	无	85
A	半决/决	—	100
B	预赛	有	80
B	预赛	无	65
B	半决/决	—	85
C	预赛	有	50
C	预赛	无	30
C	半决/决	—	60

4.3.3　预测的主要内容

以各场馆(群)为对象,结合单元竞赛日程,通过建立的“场馆—赛事—坐席数—上座率”模型,对以下内容进行预测:场馆单场比赛观众人数、场馆(群)日观众人数、场馆(群)比赛日分时段观众分布、场馆群比赛日退场高峰小时观众人数、观众公交分担量、场馆群所需公交专线车辆数，以及观众空间分布等。

4.3.3.1　场馆观众容量

场馆观众人数预测以独立的比赛或竞赛单元为预测单位，对单个场馆、单场比赛的观众人数进行预测，是整个观众需求预测工作的基础。

以上述基本假设为条件，在参考雅典及悉尼奥运会的相关数据的基础上，预估了北京奥运会期间各场馆在不同赛事条件下的保留坐席数。当然，由于比赛项目的不同以及国内观众对各项目关注热度的不同，因此各竞赛场馆不同赛事的保留座位数也具有一定的差异性。

根据奥组委相关部门提供的资料，给出了所有在京竞赛场馆的观众容量，即可售观众席位数的情况，见表 4–22。

表4-22　在京竞赛场馆可售观众席位数

场馆名称	场馆容量（个）	赛　　事	观众可利用率	观众席位数（个）
国家体育场	91000	开幕式	0.75	68148
		闭幕式	0.75	68148
		田径	0.85	77405
		男子足球（决赛）	0.87	79300
国家体育馆	18000	体操	0.83	14971
		手球（决赛）	0.84	15131
国家游泳中心	17000	游泳（预赛）	0.73	12394
		游泳（决赛）	0.71	12094
		跳水	0.86	14664
		花样游泳	0.82	13994
击剑馆	6000	击剑	0.79	4740
	4400	现代五项（射击&击剑）	0.80	3538
奥林匹克公园射箭场	4510	射箭	0.79	3548
	870		0.87	753
奥林匹克公园网球中心	10000	网球（预赛）	0.72	7200
	3000		0.72	2160
	2000		0.72	1435
奥林匹克公园曲棍球场	12000	曲棍球	0.88	10583
	5000		0.86	4310
奥体中心体育场	40000	足球（预赛）	0.95	38017
		现代五项（马术&越野跑）	0.09	3538
奥体中心体育馆	5451	手球（预赛）	0.76	4155
英东游泳馆	5802	水球（预赛）	0.63	3653
		现代五项（游泳）	0.61	3538
北京射击场	5100	射击(飞碟）	0.83	4244
北京射击馆	5285	射击	0.80	4244
老山小轮车赛场	4000	小轮车	0.81	3248

场馆名称	场馆容量（个）	赛事	观众可利用率	观众席位数（个）
老山自行车馆	6000	自行车（场地）	0.76	4556
老山山地自行车场	15000	自行车（山地）	0.80	12000
城区自行车公路赛场	3000	自行车（公路）	0.05	150
丰台垒球场	9750	垒球	0.90	8802
五棵松篮球馆	18000	篮球（预赛）	0.84	15081
		篮球（决赛）	0.83	14981
五棵松棒球场	12000	棒球	0.90	10797
	3000		0.72	2149
顺义奥林匹克水上公园	24000	赛艇	0.91	21784
		皮划艇（静水）	0.91	21949
	12000	皮划艇（激流）	0.90	10829
北京航空航天大学体育馆	6000	举重	0.76	4567
北京大学体育馆	7557	乒乓球（预赛）	0.79	5984
		乒乓球（决赛）	0.77	5784
中国农业大学体育馆	8000	摔跤	0.79	6349
北京科技大学体育馆	8000	柔道（预赛）	0.78	6254
		柔道（决赛）	0.77	6164
		跆拳道	0.82	6584
北京理工大学体育馆	5000	排球	0.75	3734
首都体育馆	18000	排球	0.86	15508
北京工业大学体育馆	7500	羽毛球（预赛）	0.83	6211
		羽毛球（决赛）	0.82	6142
	5000	艺术体操	0.79	3939
工人体育场	64000	足球	0.89	57068
工人体育馆	13000	拳击	0.83	10750
朝阳公园沙滩排球场	12000	沙滩排球	0.88	10513
铁人三项赛场	10000	铁人三项	0.89	8865

4.3.3.2　场馆群赛时日观众人流量预测

依据日竞赛单元赛程，按照场馆群赛时观众人流量预测公式，预测了为期 16 天的奥运会期间所有赛场的日观众规模。奥运赛时 16 天的日观众流量如图 4–11 所示。

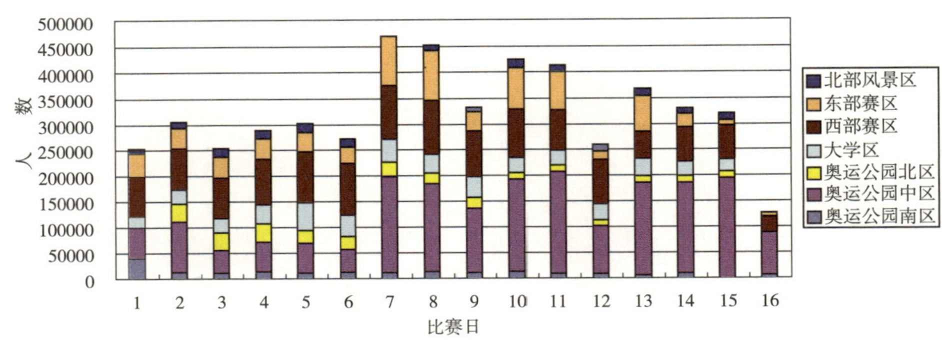

图4-11　奥运赛时16天的日观众流量

奥运赛时 16 天的日工作人员及志愿者流量如图 4–12 所示。

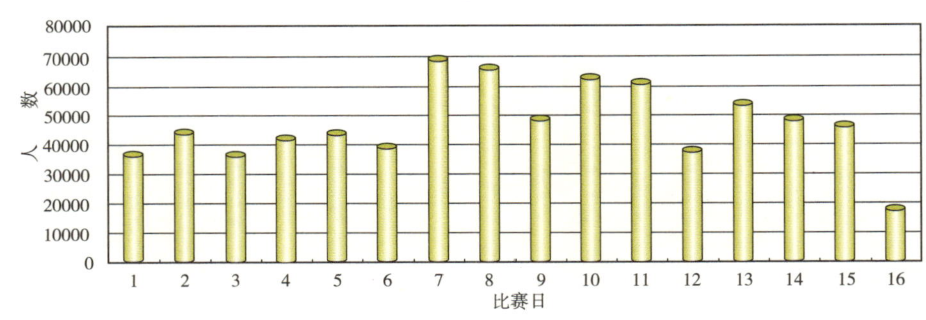

图4-12　奥运赛时16天的日工作人员及志愿者流量

在奥运赛时的 16 天中，最大需求出现在第 7 天，总需求为 54 万人，其中观众观赛需求约为 47 万人，工作人员、志愿者需求约为 7 万人，如图 4–13 所示。

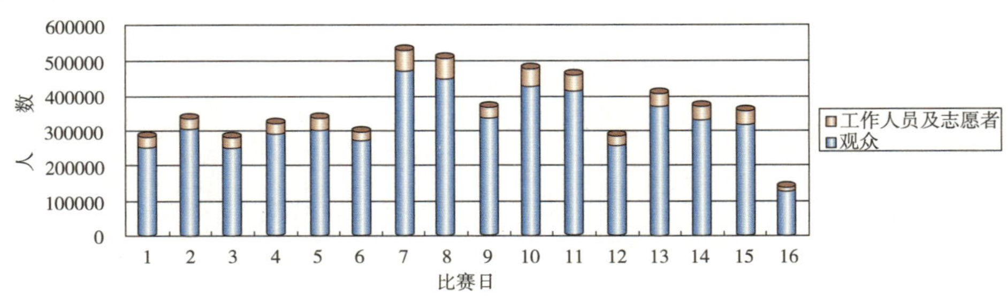

图4-13　奥运赛时16天的观众加工作人员和志愿者的总需求

由图 4-14 可以看出，奥林匹克公园 16 个比赛日中第 7 比赛日为高峰日，观众人数可达 23.64 万，第 8，10，11，13，14，15 比赛日观众量也很大，；因此对这些比赛日也应重点关注。

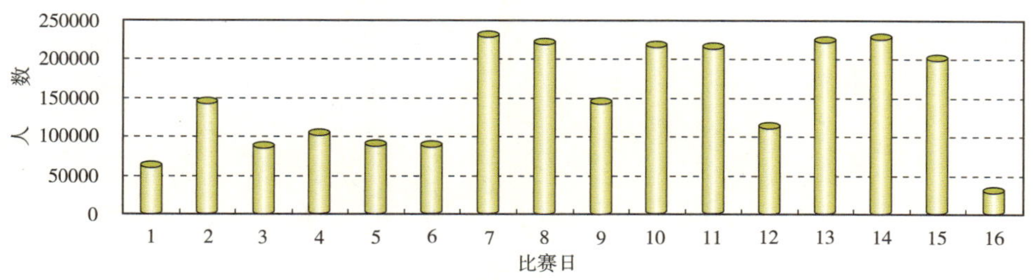

图4-14　奥林匹克公园各比赛日观众人数预测

由图 4-15 和图 4-16 可看出，北京理工大学体育馆 10 个比赛日比赛性质相同，对公交专线车辆需求稳定；而工人体育馆场馆群则由于比赛项目的不同，在 16 个比赛日中有 6 个比赛日为关键比赛日，反映了其需求的差异性。

对所有竞赛场馆群进行了预测，整体情况如表 4-23 所示。

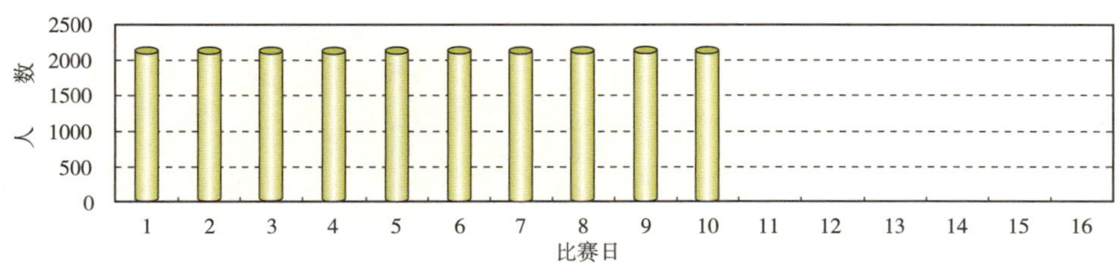

图4-15　北京理工大学体育馆各比赛日观众人数预测

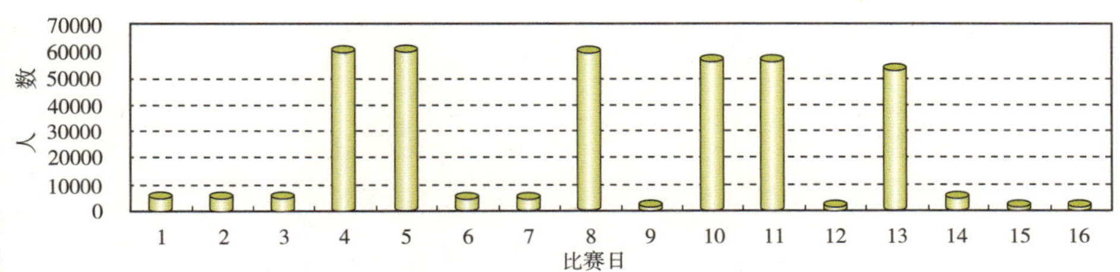

图4-16　工人体育馆场馆群各比赛日观众人数预测

表4–23　竞赛场馆群整体情况预测

场　馆	16天观众总量（万人次）	有比赛的天数（天）	比赛日日均人数（万人次）	高峰日人数（万人次）	比赛日高峰系数
奥运公园南区	17.7	16	1.1	4	3.6
奥运公园中区	195.1	16	12.2	19.7	1.6
奥运公园北区	30.7	15	2	3.6	1.8
北京大学体育馆	16.4	11	1.5	1.7	1.1
北京工业大学体育馆	12	13	0.9	1.7	1.9
北京航空大学体育馆	10.5	10	1.1	1.4	1.3
北京科技大学体育馆	11.9	11	1.1	1.1	1
北京理工大学体育馆沙滩排球场	3.4	10	0.3	0.3	1
朝阳公园沙滩排球场	19.8	14	1.4	1.8	1.3
丰台垒球场	7.7	9	0.9	1.1	1.2
工人体育场及工人体育馆	42.3	16	2.6	6.8	2.6
老山自行车场馆群	3.4	9	0.4	0.7	1.8
中国农业大学体育馆	8.6	8	1.1	1.1	1
北京射击场及北京射击馆	8.7	9	1	1.1	1.1
首都体育馆	45	16	2.8	3.1	1.1
五棵松文化体育中心	64.4	16	4	5.4	1.4
顺义奥林匹克水上公园	18.5	14	1.3	1.7	1.3
昌平铁人三项赛场	1.1	2	0.6	0.5	0.8

在所有竞赛场馆中，奥运公园中区单日最大客流将达到 12.2 万，而最小的是北京理工大学体育馆，只有 0.3 万，大于 2 万的竞赛场馆有 6 个，占 1/3。

比赛日高峰系数是高峰日人数与比赛日日均人数的比值，其反映了在有比赛的时间里需求的波动情况，系数越高说明需求波动越大；而系数越接近 1，需求越平稳。在所有竞赛场馆中，奥运公园南区比赛日高峰系数达到 3.4，需求变化最大；工人体育场及工人体育馆和老山场馆群的需求量变化也比较大。

4.3.3.3　场馆群比赛日分时段观众人数预测

对不同的竞赛单元，由于其入退场时间段不同，可能与早晚高峰或平峰相重叠，此时公交、地铁的满载率会各不相同，因此，必须根据赛程对各场馆的分时段观众分布进行预测。

由于奥运公园和其他独立的竞赛场馆的特征不同，采用的预测依据也有所不同。根据奥运会前有关测试赛的调查情况以及往届奥运会观众入场和退场的时间分布情况，得到了奥运公园赛场观众分时段入场及退场比例，表格形式见表 4–24。

表4–24　奥运公园赛场观众分时段入场及退场比例表

观众入场													
比赛开始前（h）	5～4.5	4.5～4	4～3.5	3.5～3	3～2.5	2.5～2	2～1.5	1.5～1	1～0.5	0.5～0	0～−0.5	−0.5～−1	总计
上午	%	%	%	%	%	%	%	%	%	%	%	%	100%
下午	%	%	%	%	%	%	%	%	%	%	%	%	100%
晚上	%	%	%	%	%	%	%	%	%	%	%	%	100%
观众退场													
比赛结束后（h）	−1～−0.5	−0.5～0	0～0.5	0.5～1	1～1.5	1.5～2	2～2.5	2.5～3	3～3.5	3.5～4	4～4.5	4.5～5	总计
上午	%	%	%	%	%	%	%	%	%	%	%	%	100%
下午	%	%	%	%	%	%	%	%	%	%	%	%	100%
晚上	%	%	%	%	%	%	%	%	%	%	%	%	100%

注：上午和下午以11:30划分，下午和晚上以18:00划分。具体数据限于知识产权故略。

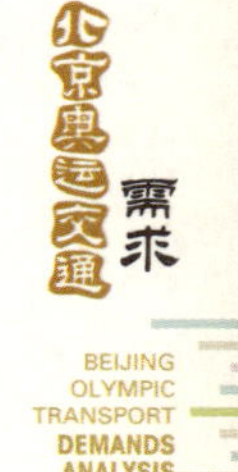

对于奥运公园，根据雅典和悉尼等往届奥运会的经验，一般情况下，在早间时段，大部分观看比赛的持票观众会提前 1 ～ 2h 到达，而后入场；赛事结束后，部分观众会在奥林匹克公园内到处看一看，进行参观拍照、餐饮、购物等，下午的时候他们才会离开奥运公园。在晚间时段，观众将在不同时段到达赛场，同样，他们会在奥

运场馆附近参观、拍照留念、用餐、购物等；并在晚场比赛开始前的 1h 入场，赛事结束后，观众将离开奥运场馆，直达公交车站。预先假定观众分时段入场及退场的流量比例，并依此进行预测。入场情况为：对于上午的比赛，观众提前 2h 陆续到达奥运公园，对于下午和晚上的比赛，观众提前 5h 陆续到达奥运公园。退场情况为：对于上午和下午的比赛，观众需要 4.5h 陆续退场完毕，而晚上的比赛只需要 1.5h 退场完毕。

对于除奥运公园之外的其他竞赛场馆，同样根据赛场观众到达和离开的时间分布进行需求预测。其他独立赛场的入退场规律与奥运公园的有所不同，入退场的时间不会拖得很长。这些场馆的入场时间分布特征也基本相同，而退场特征因场馆规模而异，大型场馆散场时间较长，小型场馆散场时间较短。

上午个别场次的比赛开赛时间较早，考虑到观众的作息习惯，不会太早到达竞赛场馆，所以对于早晨 8:00 之前的比赛，观众到场时间会比较集中。

早上 8:00 之前的比赛观众提前 1.5h 陆续入场，上午、下午和晚上的比赛都提前 2h 陆续入场。退场均在 1h 内退场完毕。

在进行志愿者和工作人员需求预测时，采用类似的预测方法，不同的是志愿者和工作人员一般比观众到场早、离场晚。根据奥组委观众服务部提供的有关情况：工作人员应在开赛前 3h 到达，志愿者应在开赛之前 2 ~ 2.5h 到达；赛后工作人员应在 2 ~ 3h 离开，志愿者应在 1 ~ 1.5h 离开。

依据上述算法，本环节对所有竞赛场馆观众、志愿者和工作人员入退场的时间分布情况进行了预测。为了把握在整个城市范围内奥运需求量的变化情况，将高峰日（第 7 日）所有场馆的需求叠加在一起进行分析，需求量按时间段的分布情况如图 4-17 ~图 4-19 所示。

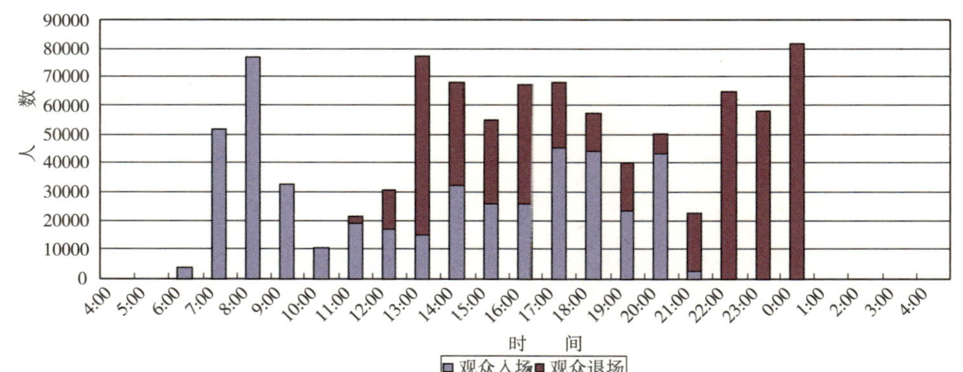

图4-17　高峰日分时段观众入退场人数

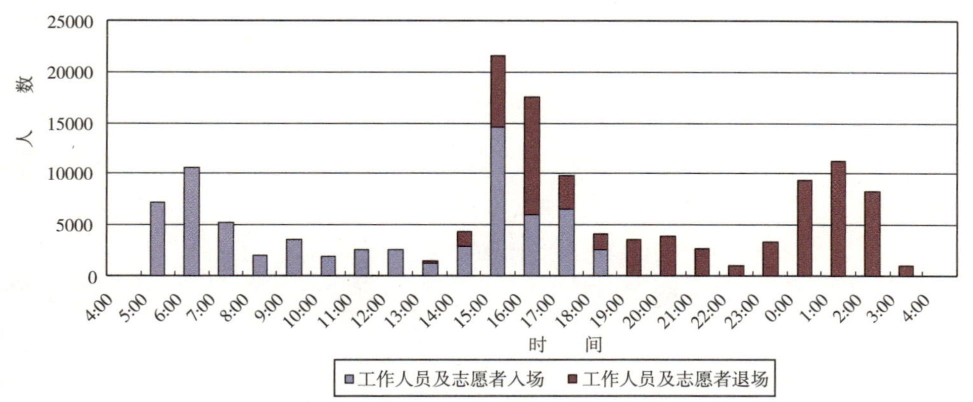

图4-18　高峰日分时段工作人员及志愿者入、退场人数

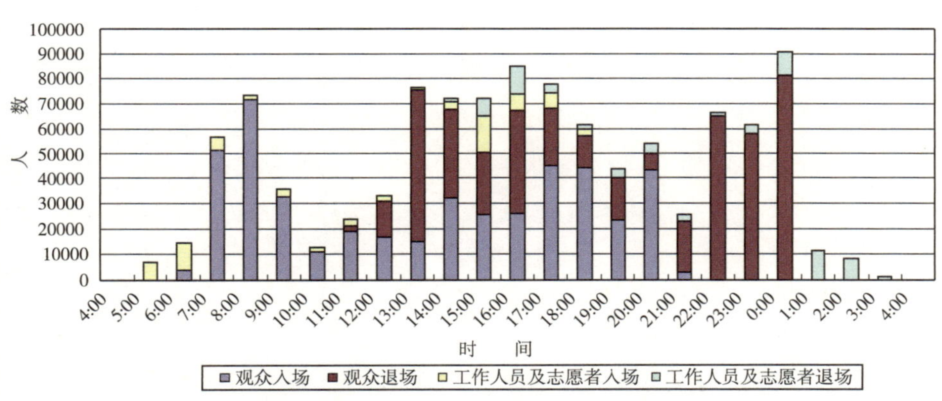

图4-19　高峰日分时段工作人员与志愿者及观众入退场人数总和

从图中可以看出，根据赛程的安排，在第 7 比赛日，除了上午 10:00 左右处于低峰外，8:00 ~ 24:00 其余的时间需求始终处于比较高的水平。观众入场高峰在早 8:00 ~ 9:00，入场人数达到 7.3 万人 /h；退场高峰在 0:00 ~ 1:00，退场人数达到 8.1 万人 /h；从下午 13:00 开始，一直持续到晚 19:00，为观众入场和退场的交叉高峰时段，尤其中午 13:00 ~ 14:00 点，出现入场和退场人数的交叉高峰，达到 7.7 万人 /h。

工作人员及志愿者的需求总量按观众需求总量的 15% 估算，入场高峰发生在早 6:00 ~ 7:00，人数为 1 万人 /h；退场高峰在凌晨 1:00 ~ 2:00，人数为 1.1 万人 /h；下午 15:00 ~ 16:00，出现入场和退场人流的交叉高峰，达到 2.1 万人 /h。

对整个 T5 群体，即观众、工作人员和志愿者进行了综合分析，入场高峰在

8:00 ~ 9:00，入场高峰人流为 7.3 万人 /h；退场高峰在凌晨 0:00 ~ 1:00，退场人流高峰为 9.1 万人 /h；从下午 13:00 开始，一直持续到晚 19:00，为人流入场和退场的交叉高峰时段，最高小时人流量达到 8.5 万人 /h 左右。

通过以上分析，确定观众高峰日第 7 日为关键比赛日，并选取以下关键时段作为分析时段：早高峰、午高峰、晚高峰，以及夜间散场高峰，见表 4-25。

表4-25　第7日高峰小时预测时段

高 峰 名 称	对应的时间段
早高峰	8:00~9:00
午高峰	13:00~14:00
晚高峰	17:00~18:00
夜间散场高峰	0:00~1:00

下面给出了几个典型场馆群观众分时段的预测结果。

由图 4-20 可以看出，工人体育馆场馆群在第 8 比赛日 17:00 ~ 18:00 有大量观众入场，恰与晚高峰相重合，给公交带来巨大压力，并且存在 21:00 观众集中散场的情况，而此时常规公交线路多数已停运，因此对公交专线车辆的调度提出了更高的要求。

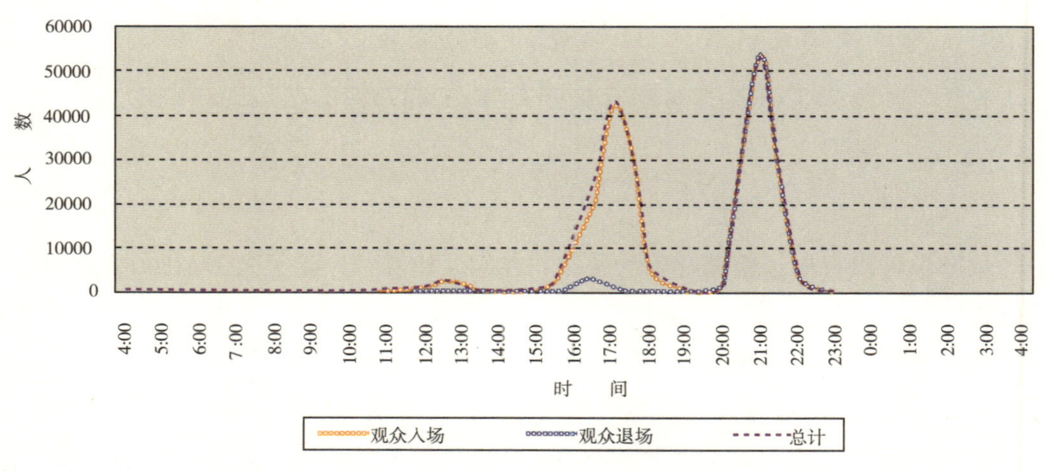

图4-20　工人体育馆场馆群第8比赛日分时段观众人数预测

由图 4-21 可以看出，五棵松文化体育中心在第 8 比赛日 12:30 ~ 15:00 以及 18:00 ~ 20:00 有大量退场观众与入场观众产生交叠，并与部分晚高峰时段相重合，给公交带来巨大压力。另外，在凌晨 0:00 出现观众集中退场现象，此时必须借助于公交专线，并配以地铁 1 号线的延时运营和公交夜班车。

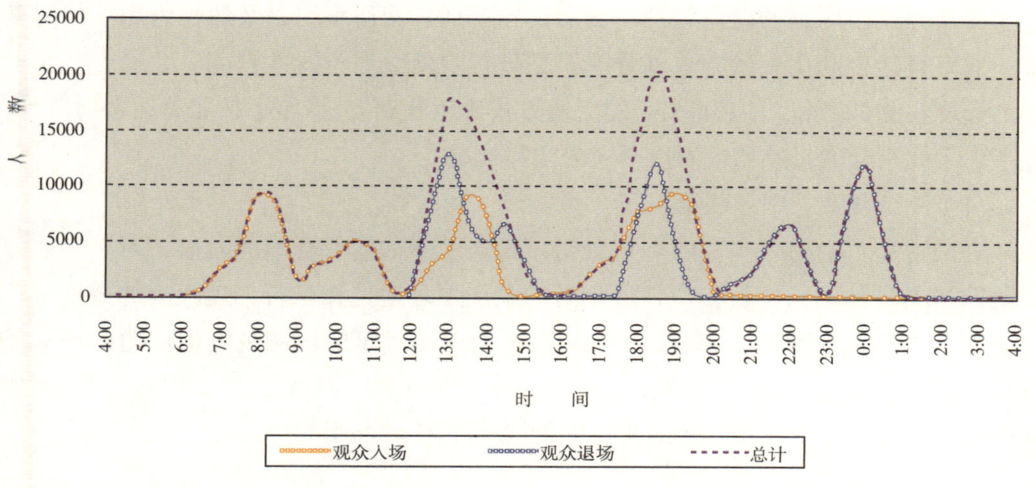

图4-21　五棵松文化体育中心第8比赛日分时段观众人数预测

4.3.3.4　场馆群比赛日退场高峰小时人数

依据观众分时段人数预测公式，可以得到观众每个时间段进退场的人数，进而判断退场高峰小时人数，这是场馆周边交通组织最为关注的数据，决定了场馆周边设施及运输能力的配备。

图 4-22 是丰台体育中心各比赛日高峰小时观众流量的预测结果。由图可以看出，丰台体育中心 7 个比赛日中仅有两天观众人数较高，前面 5 天相差不太大。可以以前面 5 天的退场高峰小时人数作为核算场馆周边设施和公交运力配置的依据，通过一些临时性手段可保障需求较高的两天的交通组织及运输组织工作，从而避免因特殊一天或两天的较高需求而配置过多设施和运力所造成的资源浪费。

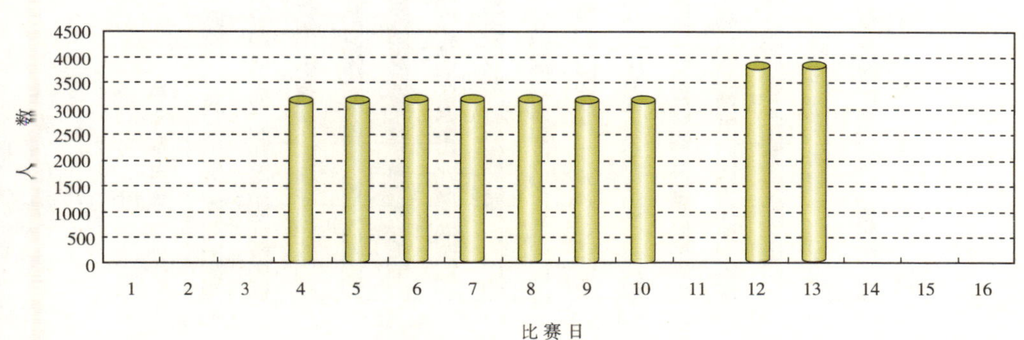

图4-22　丰台体育中心各比赛日退场高峰小时观众人数预测

4.3.3.5　观众交通方式预测

交通方式预测是场馆周边各项交通设施规划、交通组织以及运输组织工作的基础。北京奥运会利用交通方式划分率模型进行观众交通方式的预测。交通方式划分率的选取在测试赛和“中超联赛”的交通方式比例基础上，借鉴了往届奥运会的经验，并考虑了北京交通以及场馆周边交通的实际情况。

（1）测试赛及“中超联赛”。

测试赛和“中超联赛”的调查表明，观众在参加体育赛事的时候，对于交通方式的选择与日常出行比较相似，近距离的观众更多地选择步行，远距离的观众会选择公交、出租汽车和小汽车（图 4–24）。而使用小汽车的比例视场馆周边的停车条件而定，例如朝阳公园有停车场，选择小汽车出行的比例就较大（图 4–23）；而五棵松周边停车设施少，小汽车的出行比例就小（图 4–25）。

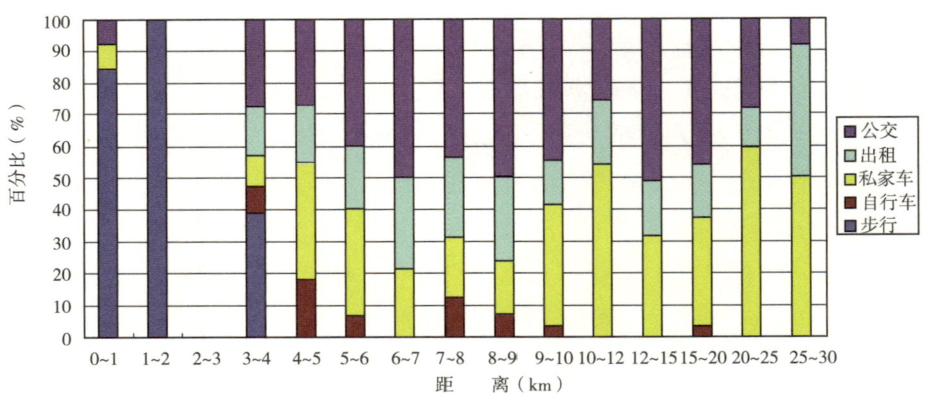

图4–23　朝阳公园观众交通方式结构图

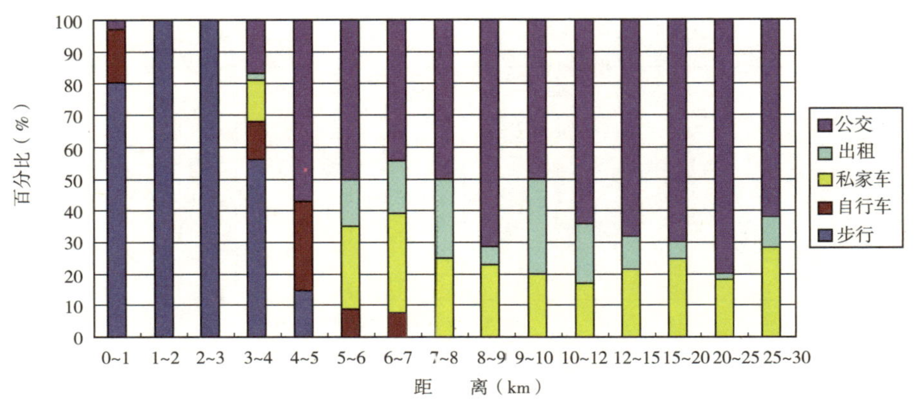

图4–24　丰台体育场“中超联赛”观众交通方式结构图

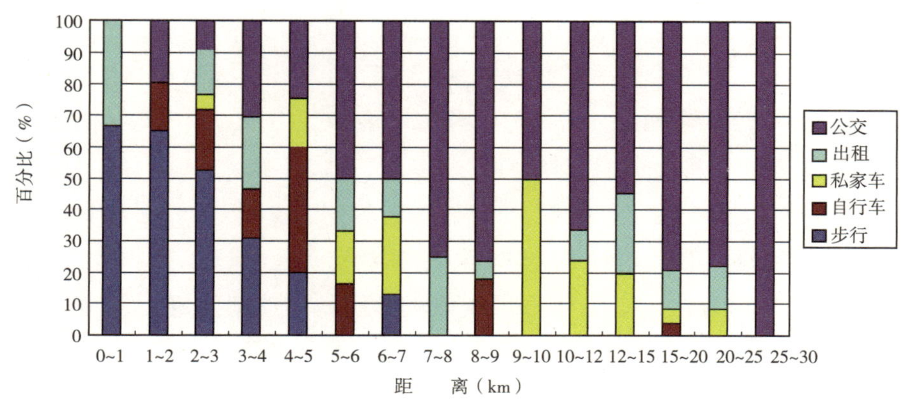

图4-25 五棵松棒球比赛观众交通方式结构图

（2）往届奥运会。

根据往届奥运会的经验，充分利用公共交通是成功举办奥运会的关键，也只有充分发挥公共交通的能力，限制小汽车的使用，交通运行才能得到可靠的保障。

比如悉尼奥运公园，地铁和公交承担了95%的观众流量；雅典奥运公园，地铁和公交同样承担了95%的观众流量，见表4-26。

表4-26 往届奥运会交通方式比例表（%）

方式	悉尼奥运公园	雅典奥运公园
地铁	65	85
公交	30	10
其他	5	5

（3）北京奥运会。

抵离竞赛场馆的观众将主要依靠常规公交、轨道交通、奥运公交专线、出租汽车、自行车、步行等交通方式。借鉴往届奥运会的经验，北京也将大力倡导使用公共交通，并采取多项措施，如限制小汽车出行、实行持票观众免费乘坐公共交通的政策。所以，常规公交、轨道交通、奥运公交专线将是抵离场馆的主要交通方式。奥运会期间采取的可能影响交通方式的措施主要有：

① 为了使观众更多地使用公共交通方式，将按照相对比较高的比例规划公交分担比例，并按照公交需求量配置公共交通资源。赛时，北京市将采取多种措施引导观众使用公共交通工具。

② 限制小汽车出行。采取多种手段限制小汽车的使用，如机动车分单双号停驶、场馆周边限制停车、“控制圈”禁止无奥运证件车辆进入等。

③ 公交免费政策。持票观众在比赛当日可以免费使用公共交通工具。

④ 宣传倡导使用公共交通。赛时将通过广播、电视、报纸、网络，以及利用门

票信息等多种渠道加大力度宣传，引导观众使用公共交通。

基于以上政策，同时也是为了充分考虑公共交通系统面临的不利条件，按照比较高的公共交通出行比例进行方式划分的预测。而预测的重点是在常规出行方式的基础上，奥运会期间各种交通方式如何向公共交通方式转移。

结合我国交通结构的特有情况，预测北京奥运公园公交系统承担的比例为94%。而其他竞赛场馆和场馆群周边的管制措施没有奥运公园那么严格，预测公交系统承担的比例为92%左右。具体取值视该场馆所处的地理位置、公共交通情况、周边土地利用性质、比赛期间交通管制力度等而定。具体的出行比例如表4-27所示。

赛时，工作人员和志愿者可以免费乘坐公共交通工具，也将主要利用公共交通工具。在选择交通工具方面，工作人员的出行特征与观众相似，而由于志愿者大多数来自高校，学校有可能会组织班车接送学生志愿者。本着充分考虑公共交通系统不利条件的原则，假设工作人员、志愿者也将主要利用公共交通，其使用公共交通的比例也为92%左右。具体取值原则与观众选用公共交通的原则类同。

表4-27　预计各场馆各交通方式出行比例表（%）

场馆（群）	步　行	自行车	出租汽车	小汽车	公　交
首都体育馆	1.4	3.2	4	0.5	91
北京航天航空大学体育馆	1.3	2.9	4.1	0.5	91.2
中国农业大学体育馆	1.3	2.1	4.2	0.5	91.8
北京科技大学体育馆	1.5	2.9	4	0.5	91.2
五棵松文化体育中心	0.7	2	4.4	0.6	92.3
北京理工大学体育馆	1.5	3.1	4	0.5	90.9
北京大学体育馆	1.5	2.4	4.3	0.6	91.3
奥林匹克公园北区	0.3	1.5	3.8	0	94.4
奥林匹克公园南区	1	2.6	3.5	0	92.9
奥林匹克公园中区	1	2.3	3.7	0	93.1
工人体育场及工人体育馆	0.5	1.9	4.3	0.6	92.7
北京工业大学体育馆	1.2	2.4	4.3	0.6	91.6
朝阳公园沙滩排球场	0.5	2	4.3	0.5	92.6
丰台垒球场	0.8	2	4.3	0.5	92.4
老山自行车场馆群	1.1	2.9	4.1	0.5	91.4
北京射击场及北京射击馆	0.2	1	4.9	0.8	93.2
昌平铁人三项赛场	0	0	5.1	0.8	94.1
顺义奥林匹克水上公园	0	0.8	4.5	0.6	94

4.3.3.6　场馆群公交专线分担量预测

此项预测是计算临时公交场站面积的先决条件，场站面积由公交专线所分担的观众人数和车辆周转情况来决定。公共交通中奥运公交专线需要承担出行量的预测，首先通过对场馆周边公交及地铁满载率的调查，结合常规公交及地铁运力计算得到常规公交和地铁所能承担的观众人数，然后根据其与总的公共交通需求之间的缺口计算公交专线需要分担的运输量。

4.3.3.7　观众空间分布预测

根据第 2 章的分布模型，结合测试赛的经验，对不同的场馆采用不同的模型参数。

A 类场馆：a=1，b=0，c=0.08；

B 类场馆：a=1，b=0，c=0.1；

C 类场馆：a=1，b=0，c=0.13。

所有比赛日 16 天观众总量空间分布期望线图可以反映出观众的大致流向，首先对不同源头的观众出行量进行分析，然后将各类观众的需求进行汇总，分析总体情况。

以居民家为源头的出行期望线图如图 4-26 所示。

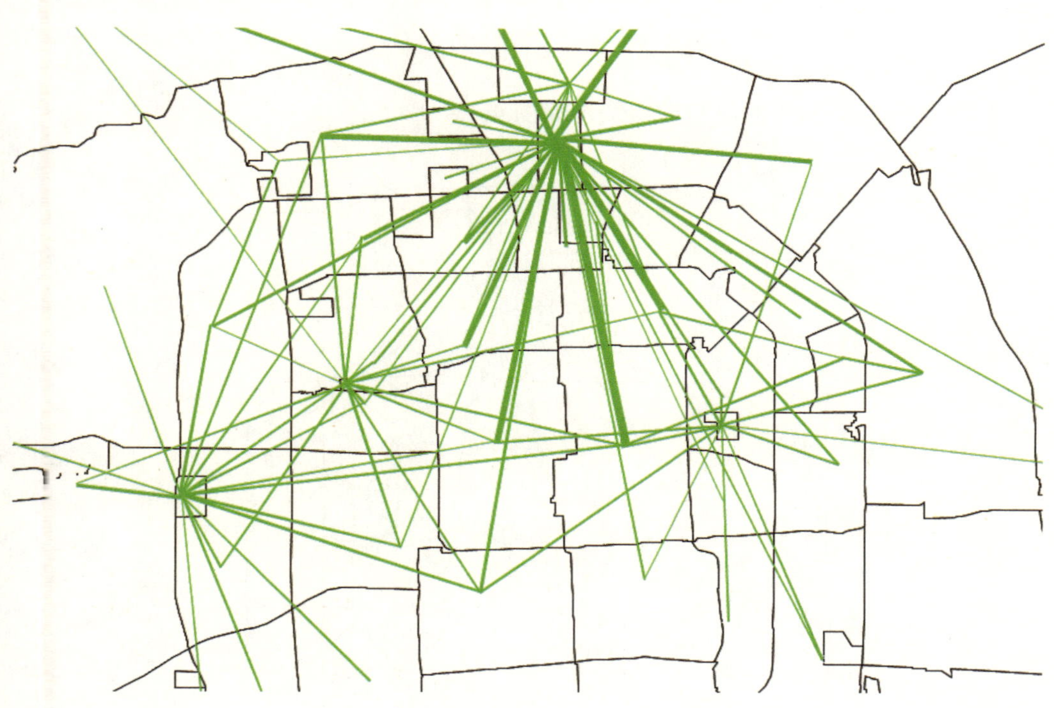

图4-26　以居民家为源头的出行期望线图

以宾馆为源头的出行期望线图如图 4-27 所示。

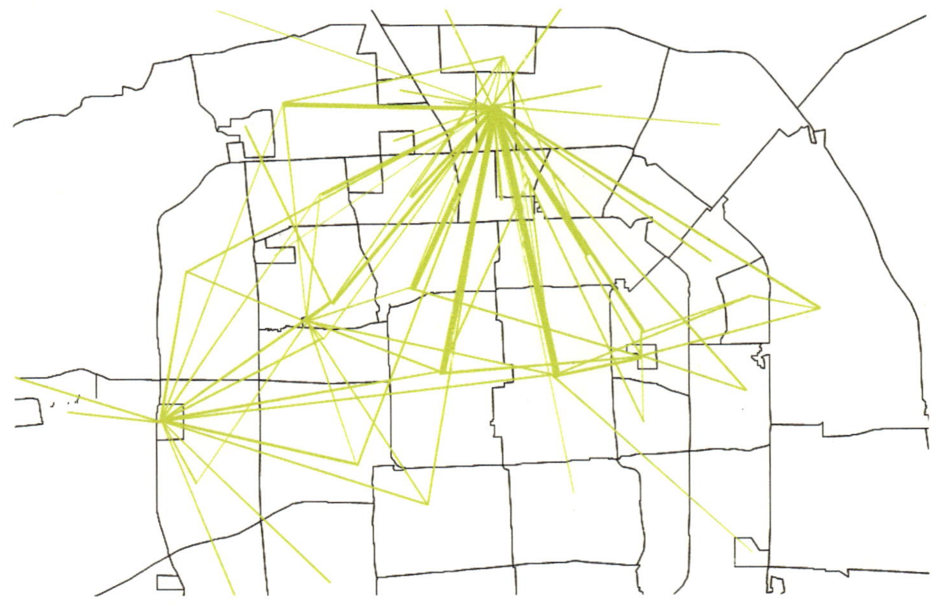

图4-27　以宾馆为源头的出行期望线图

以工作单位为源头的出行期望线图如图 4-28 所示。

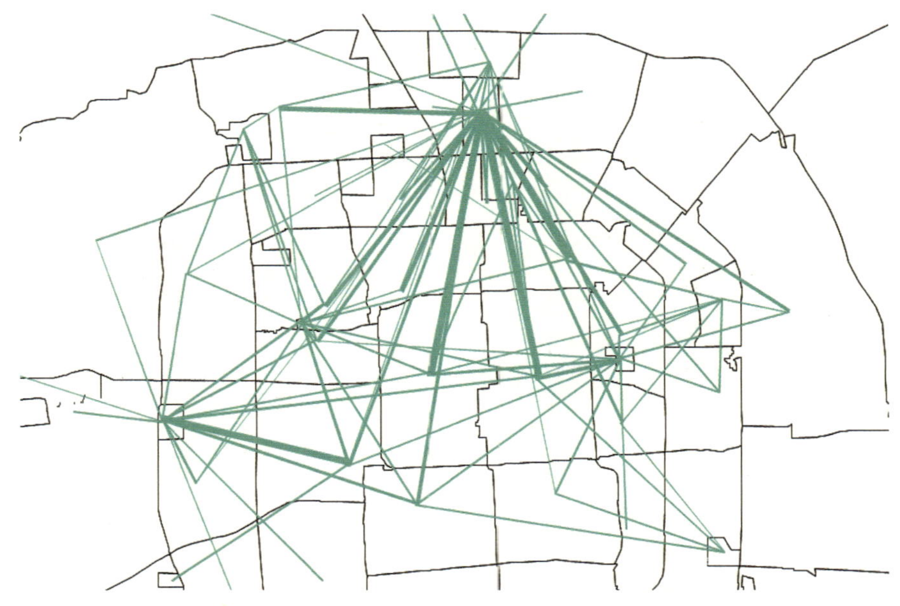

图4-28　以工作单位为源头的出行期望线图

以其他竞赛场馆为源头的出行期望线图如图 4-29 所示。

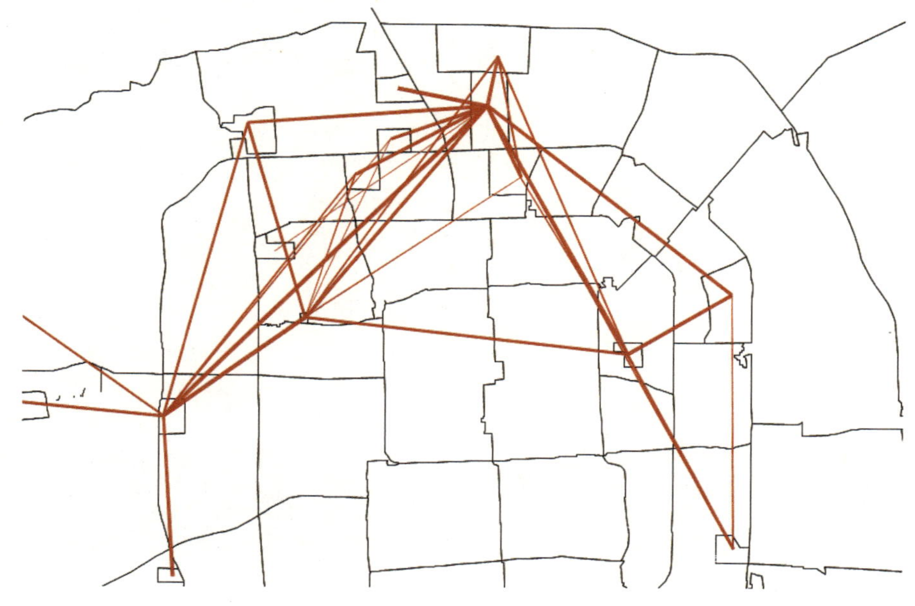

图4-29　以其他竞赛场馆为源头的出行期望线图

将以上四类需求进行叠加，得到总的出行期望线图如图 4-30 所示。

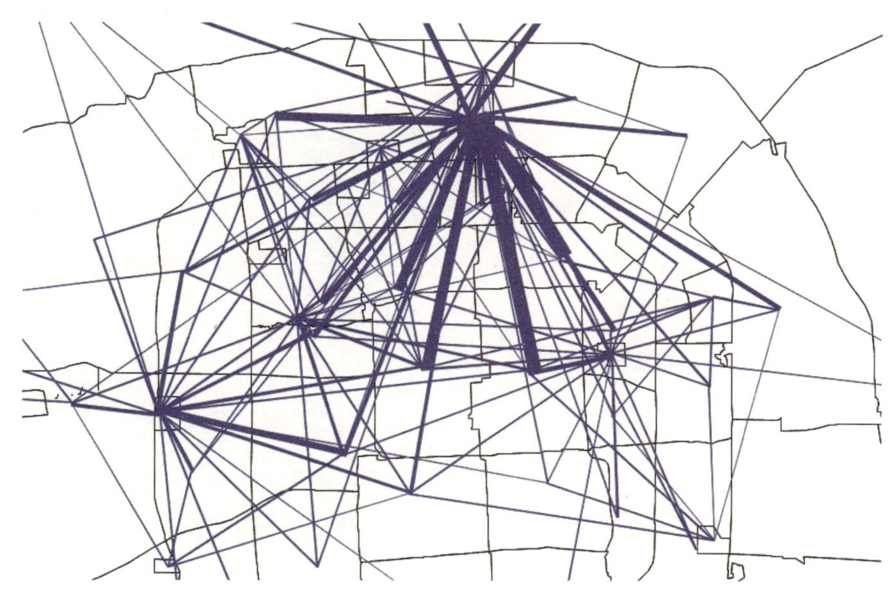

图4-30　总的出行期望线图

从以上图中可以看出，几类出行的规律有相似之处：大多数出行都集中在奥运公园，而其他一些重要的竞赛场馆如五棵松、首都体育馆等需求量也比较大。

工作人员的空间分布规律与以居民家为出行源头的观众的分布规律类似。大量志愿者来自高校，所以其空间来源与高校的分布和人数有很大关系。

4.3.3.8 高峰日观众预测结果

高峰日第 7 日的观众总数为 47 万人次，工作人员和志愿者总数为 6.99 万人。由于奥运赛事涉及的人员总数为 54 万人次，总的出行量为 110.6 万人次 / 日，其中公共交通出行量为 103.4 万人次 / 日，小汽车出行量为 2.2 万次 / 日，自行车出行量为 2.2 万次 / 日，步行出行量为 2.76 万次 / 日，见表 4–28。

表4–28 奥运观众需求预测模型出行需求结果

出行方式	出行量（万次/日）	比例（%）
公共交通	103.4	93.5
小汽车	2.2	2
自行车	2.2	2
步行	2.76	2.5
总量	110.6	100

4.3.4 公交车辆需求的预测

4.3.4.1 奥运专线车辆需求预测

依据线路长度、运送速度、高峰小时断面运力、配车定员和满载利率，可计算出高峰行车间隔和点内配车数。实际点内配车数为计算值向上取整数。

（1）奥运公交专线方案——普通线车数、运力 (表 4–29)。

（2）奥运公交专线方案——快线车数、运力（表 4–30）。

表4–29　普通线车数、运力表

序号	运行方式	首末站	平均路长（km）	运送速度(km/h)	高峰小时断面运力（人）	配车定员（人）	高峰行车间隔（min）	点内配车数（满载率60%）（辆）
1	常规公交线形式，中途设站;大部分线路的运行时段覆盖全部比赛日	奥林匹克南公交场站—奥林匹克南公交场站	18.3	20	2000	80	1.4	88
2		奥林匹克北公交场站—前门	18.3	20	2000	80	1.4	88
3		奥林匹克西公交场站—复兴门南	14.7	20	2000	80	1.4	71
4		奥林匹克东公交场站—东四十条桥东	15.4	20	2000	80	1.4	74
5		奥林匹克南公交场站—酒仙桥商场	14.3	20	2000	80	1.4	69
6		奥林匹克南公交场站—北京南站	24.5	20	2000	80	1.4	118
7		奥林匹克北公交场站—西直门	20.4	20	2000	80	1.4	98
8		奥林匹克西公交场站—五棵松桥东	19.7	20	2000	80	1.4	95
20		奥林匹克水上公园顺义烟草灯岗	7.5	20	2000	70	1.3	42
23		五棵松桥东—西苑	16.1	20	2000	80	1.4	78
合计			169					821

表4-30 快线车数、运力表

序号	运行方式	服务场馆	首末站	平均路长(km)	运送速度(km/h)	小时最大单方向运力(人)	疏散发车时段(h)	配车定员(人)	单方向最小行车间隔(min)	计划配车数（满载60%）（辆）
k9	服务于赛时，主要服务于散场，运行计划随赛事进程灵活安排；没有比赛时停驶	中心区中部四馆	奥林匹克东部场站—大西洋新城南门	12.7	20	2000	1	80	1.4	42
k10		中心区中部四馆	奥林匹克东部场站—西苑	13	20	2000	1	80	1.4	42
k11		中心区北部三馆	奥林匹克北公交场站—新街口豁口	10.6	20	2000	1	80	1.4	42
k12		中心区中部四馆	奥林匹克南公交场站—东直门外	11.3	20	2000	1	80	1.4	42
k13		中心区北部三馆	奥林匹克北公交场站—地铁大屯路东站	6.2	20	2000	1	80	1.4	30
k14		中心区中部北辰西路三馆	奥林匹克西公交场站—地铁大屯路东站	5	20	2000	1	80	1.4	24
k15		中心区国家体育场	奥林匹克东公交场站—地铁大屯路东站	1.9	20	2000	1	80	1.4	10
k16		中心区国家体育场	奥林匹克东公交场站—奥林匹克南公交场站	4.8	20	2000	1	80	1.4	23
k17		科技大学体育馆	二里庄—地铁知春路站	4.1	20	2000	1	80	1.4	20
k18		农业大学体育馆	二里庄—中国农业大学东校区	5.1	20	2000	1	80	1.4	25

序号	运行方式	服务场馆	首末站	平均路长(km)	运送速度(km/h)	小时最大单方向运力(人)	疏散发车时段(h)	配车定员	单方向最小行车间隔(min)	计划配车数(满载60%)(辆)
k 9	服务于赛时，主要服务于散场，运行计划随赛事进程灵活安排；没有比赛时停驶	奥林匹克水上公园	顺义奥林匹克水上公园—奥林匹克南公交场站	43.2	30	2000	1	80	1.4	42
k21		五棵松文化体育中心	五棵松桥东—北京西站南广场	9.3	20	2000	1	80	1.4	42
k22		五棵松文化体育中心	五棵松桥东—阜成门	9.4	20	2000	1	80	1.4	42
k24		首都体育馆	白石桥东—宣武门内	2.3	20	2000	1	80	1.4	12
k25		首都体育馆	白石桥南—北京西站	7.6	20	2000	1	80	1.4	37
k26		北京射击馆	北京射击场—巴沟村	13.5	20	2000	1	80	1.4	42
k27		自行车馆西部	老山自行车馆—北京西站	13.9	20	2000	1	80	1.4	42
k28		自行车馆东部(山地)	老山自行车场—北京西站	10.3	20	2000	1	80	1.4	42
k29		丰台体育中心	丰台体育中心北门—公主坟南	8.4	20	2000	1	80	1.4	41
k30		北京工业大学体育馆	北京工业大学南门—双井桥南	4.8	20	2000	1	80	1.4	23
k31		北京工业大学体育馆	北京工业大学南门—四惠站	6	20	2000	1	80	1.4	29
k32		朝阳公园	朝阳公园沙滩排球场—东直门外	7	20	2000	1	80	1.4	34
k33		朝阳公园	朝阳公园沙滩排球场—大北窑东	7.6	20	2000	1	80	1.4	37
k34		铁人三项赛	十三陵水库—昌平东关路口北	5.2	20	2000	1	80	1.4	25
合计				223.20						790

4.3.4.2 常规线路运力调整预测

依据疏散时间内单方向提供运力、疏散发车时段、配车定员和车辆满载率，可计算出发车间隔和摆车数。实际摆车数应取整数。奥运公交方案——常规线路加车（区间屯车）车数、运力如表 4-31 所示。

表4-31 常规线路加车（区间屯车）**车数、运力表**

序号	服务场馆	摆站站位	站位所在道路	加车线路	所属公司	方向	作用	疏散时间内单方向提供运力（人）	疏散发车时段（h）	配车定员（人）	发车间隔(min)	摆车数（辆）
1	奥林匹克中心区南区三馆	奥体东门	安定路西侧	387	运一	南行	沿安定路、北三环路、西二环路向市区西部疏散	500	0.5	80	2.9	11
2			安定路东侧	358	运一	北行	沿安立路向北疏散	500	0.5	80	2.9	11
3	奥林匹克中心区中区四馆	大屯西站	慧忠路南侧	408	运七	东行	沿四环路向东疏散	500	0.5	80	2.9	11
4			慧忠路南侧	406	运七	南行	沿四环、和平里东街向市区东部疏散	500	0.5	80	2.9	11
5			慧忠路南侧	417	运七	北行	沿安立路向北疏散	500	0.5	80	2.9	11
6		豹房	大屯路北侧	425	电车	西行	沿大屯路、齐园路、北三路环向西疏散	500	0.5	80	2.9	11
7			大屯路北侧	328	运一	西行	沿大屯路、京昌路向北疏散	500	0.5	80	2.9	11
8			大屯路南侧	328	运一	东行	沿大屯路、安立路安定路向市区疏散	500	0.5	80	2.9	11
9			大屯路南侧	751	新奥	东行	沿大屯路、安立路向北疏散	500	0.5	80	2.9	11
10		北辰桥西	北四环路南侧	74或840	新奥	东行	沿四环路小环疏散	500	0.5	80	2.9	11
11			北四环路北侧	74或840	新奥	西行	沿四环路大环疏散	500	0.5	80	2.9	11

序号	服务场馆	摆站站位	站位所在道路	加车线路	所属公司	方向	作用	疏散时间内单方向提供运力（人）	疏散发车时段（h）	配车定员（人）	发车间隔（min）	摆车数（辆）
12		中科院地球所	大屯路南侧	419	运七	东行	沿大屯路、北三环路、东三环路向东南疏散	500	0.5	80	2.9	11
13			大屯路北侧	419	运七	西行	沿大屯路、清华东路、学清路向北及上地地区疏散	500	0.5	80	2.9	11
14			大屯路北侧	727	新奥	西行	沿北三环路、中关村大街向市区西部疏散	500	0.5	80	2.9	11
15			大屯路北侧	425	电车	西行	沿大屯路、齐园路、北三环路向西疏散	500	0.5	80	2.9	11
16			大屯路北侧	328	运一	西行	沿大屯路、京昌路向北疏散	500	0.5	80	2.9	11
17			大屯路南侧	328	运一	东行	沿大屯路、安立路、安定路向市区疏散	500	0.5	80	2.9	11
18			大屯路南侧	751	新奥	东行	沿大屯路、安立路向北疏散	500	0.5	80	2.9	11
19	五棵松文化体育中心	五棵松	复兴路南侧	337或373	运六	东行	向公主坟方向	500	0.5	80	2.9	11
20		沙沟路口东	复兴路南侧	337或373	运六	东行	向公主坟方向	500	0.5	80	2.9	11
21		五棵松南	四环路西	740或840	新奥	北行	沿四环路小环疏散	500	0.5	80	2.9	11
22		五棵松北	四环路东	740或840	新奥	南行	沿四环路大环疏散	500	0.5	80	2.9	11
23	北京工业大学体育馆	北京工业大学南门	松榆南路北侧	29	运五	西行	向劲松、崇文门方向	500	0.5	80	2.9	11
24		双龙小区	双龙小区内	51	运二	西行	向方庄、木樨园、马家堡方向	500	0.5	80	2.9	11

序号	服务场馆	摆站站位	站位所在道路	加车线路	所属公司	方向	作用	疏散时间内单方向提供运力（人）	疏散发车时段（h）	配车定员（人）	发车间隔(min)	摆车数（辆）
25		四方桥西	松榆南路北侧	53	专线	西行	向十里河、方庄、广安门、西站南广场方向	500	0.5	80	2.9	11
26		四方桥西	松榆南路北侧	486	专线	西行	沿西大望路向八王坟方向	500	0.5	80	2.9	11
27	工体场馆群	工人体育场	工体北路北	118	电车	西行	向地安门、平安里方向	500	0.5	80	2.9	11
28		工人体育场	工体东路西	120	运七	南行	向东大桥、永安里、天安门、永定门方向	500	0.5	80	2.9	11
29	朝阳公园（北区）	朝阳公园东门	东四环路西侧	988	八方达	南行	向红庙、八王坟方向	500	0.5	70	2.5	12
30	老山自行车场馆群	京原路口	石景山路南侧	728	双层	东行	向公主坟方向	500	0.5	80	2.9	11
31	北京射击场	北京射击场	香山南路南侧	347	运四	东行	向四季青桥、车道沟、动物园方向	500	0.5	80	2.9	11
32		北京射击场	香山南路北侧	664	运四	西行	向苹果园地铁方向	500	0.5	80	2.9	11
33	北京大学体育馆	海淀路东口	海淀路南侧	332	运三	南行	向白石桥、动物园方向	500	0.5	80	2.9	11
34		中关村	中关村北大街西侧	320	运六	南行	向白石桥、木樨地方向	500	0.5	80	2.9	11
35	北京科技大学体育馆	成府路东口	学院路西侧	375	运四	南行	向西直门方向	500	0.5	80	2.9	11
36	北京航空航天大学体育馆	北京航空航天大学	学院路西侧	375	运四	南行	向西直门方向	500	0.5	80	2.9	11

序号	服务场馆	摆站站位	站位所在道路	加车线路	所属公司	方向	作用	疏散时间内单方向提供运力（人）	疏散发车时段（h）	配车定员（人）	发车间隔(min)	摆车数（辆）
37	中国农业大学体育馆	中国农业大学东区	清华东路北侧	26	运四	西行	向中关村、人民大学方向	500	0.5	80	2.9	11
38		静淑苑	学清路西侧	398	运四	南行	向北太平庄、积水潭方向	500	0.5	80	2.9	11
39	北京理工大学体育馆	农业科学院	中关村大街西侧	827	新奥	南行	向白石桥、木樨地方向	500	0.5	80	2.9	11
40	丰台体育中心	丰台体育中心	西四环西侧	654	运二	东行	向丽泽桥、南三环路方向	500	0.5	80	2.9	11
41	丰台体育中心	丰台体育中心	西四环东侧	654	运二	北行	向五棵松方向	500	0.5	80	2.9	11
42	十三陵水库	昌平奥运场站	水库路	919支	八方达	南行	向昌平城区方向	500	0.5	70	2.5	12
小计												464

奥运公交专线线路长度为 392.4km，奥运公交专线用车有 1611 辆，摆站车数 464 辆，专线和常规线用车共 2075 辆。

4.3.5 奥林匹克公园需求预测

4.3.5.1 奥运公园北区

奥运公园北区有国家会议中心展馆（击剑比赛馆）、奥林匹克公园网球中心、奥林匹克公园射箭场、奥林匹克公园曲棍球场。比赛项目有射箭、网球、曲棍球。

奥运公园北区在第 2、3、4 比赛日赛事密集，观众需求量也比较大，随着后期逐渐进入到决赛阶段，以及赛期较短比赛项目的结束，后面几天的观众需求量越来越小，所以重点要把握住前几天的需求，如图 4-31 所示。北区在整个奥运会期间，曲棍球项目的持续时间最长，为从第 2 天到第 15 天，而且上午比赛开赛时间早(8:30)，晚间比赛结束时间晚（大部分在 22:30 结束，最后两天 23:00 结束），这些特征在第 2 天也有所体现。所以重点应对第 2 比赛日进行分析，如图 4-32 所示。

第 2 比赛日，奥运公园北区的入场高峰时间出现在 8:00 ~ 9:00，此后观众会比较分散地入场，由于早高峰人数较多（6 000 人左右），而且入场时间与城市交通早高峰重叠，因此需要增加运力；而晚高峰出现在 23:00 左右，退场高峰人数可能会达到 1 万以上，因此，对于夜间运输问题也要引起重视。

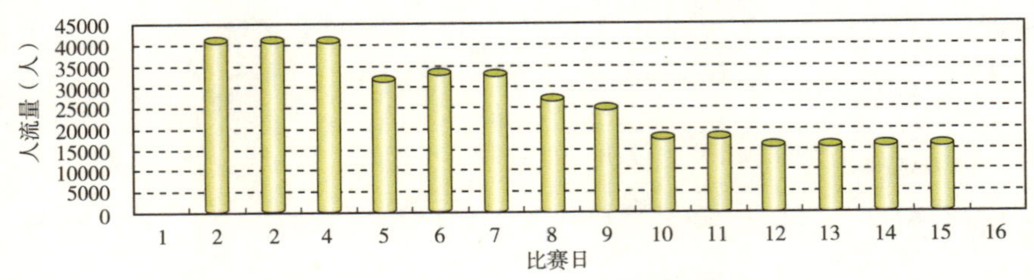

图4-31　奥运公园北区观众人流量分布图

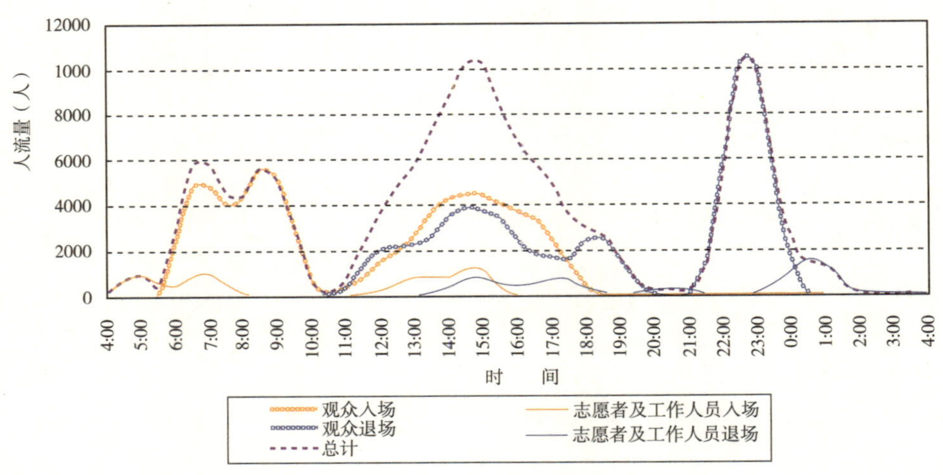

图4-32　奥运公园北区第2日分时段观众人流量分布图

4.3.5.2　奥运公园中区

奥运公园中区有国家体育场、国家体育馆和国家游泳中心。比赛项目主要有田径、足球、体操、手球、游泳、跳水、花样游泳、击剑、现代五项。

根据奥组委对比赛项目吸引观众程度的分级，田径和花样游泳为 B 级；足球、体操、游泳和跳水为 A 级；手球、击剑和现代五项为 C 级。中区大多数项目为 A 级，上座率会很高。

奥运公园中区从第 7 比赛日开始，需求一直都比较高，赛事频繁，而且赛程的变化也比较大（图 4-33）。早晨最早开始的比赛（7:30）出现在第 9 比赛日、第 14 比赛日和第 16 比赛日，从第 7 比赛日开始，几乎每天都有 9:00 之前开始的比赛；

晚上最迟结束的比赛（23:20）出现在第 9 比赛日；从第 7 比赛日开始，几乎每天都有 22:00 以后结束的比赛，所以对于早晨和夜间的运输问题，应该引起重视。这里对第 7、11、13 比赛日的需求情况进行简单分析，如图 4-34 ～图 4-36 所示。

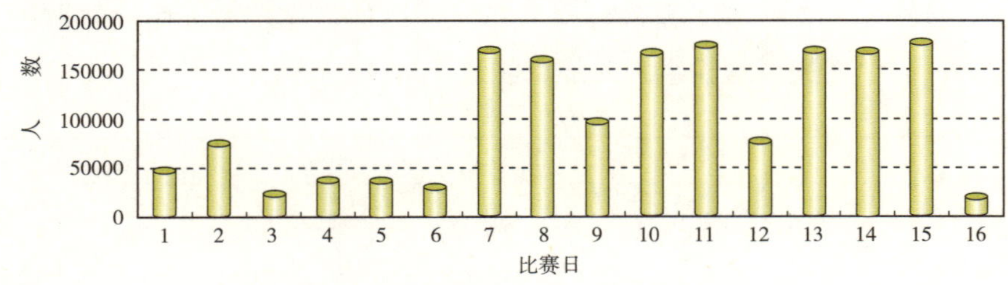

图4-33　奥运公园中区观众人流量分布图

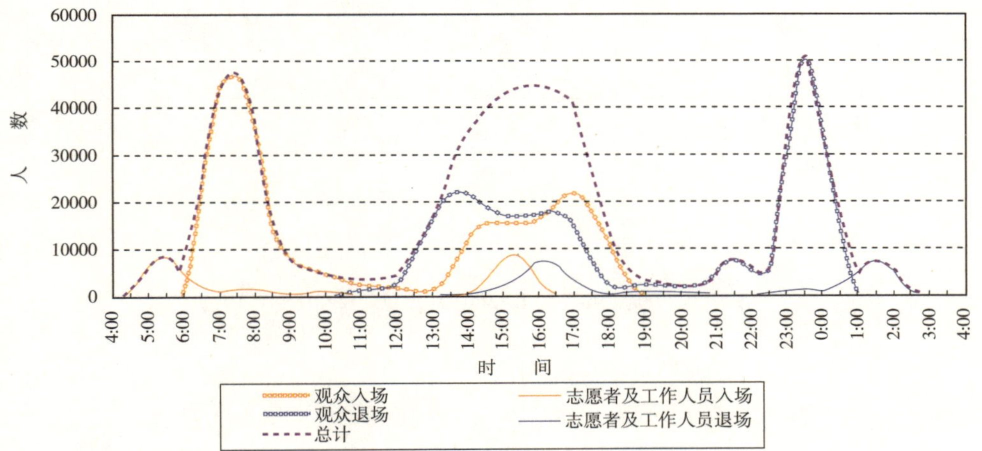

图4-34　奥运公园中区第7日分时段观众人流量分布图

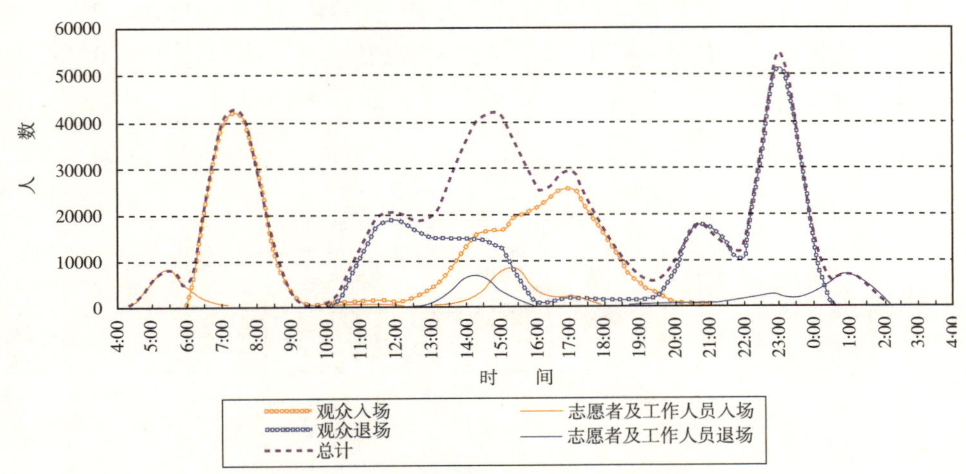

图4-35　奥运公园中区第11日分时段观众人流量分布图

通过图 4-34 ~图 4-36 可以看出，入退场高峰时观众人数大多在 4 万人以上，第 13 天晚间退场达到 6 万人以上，可以说，短时间内疏散如此大的客流对该地区的公共交通系统是一个考验。白天观众的到达和离开曲线趋于平缓，而早晨入场和晚间离场比较集中。相对来说，早高峰对城市交通的冲击比较大，而夜间散场高峰的需求非常大，需要在进行运输组织时加以注意。

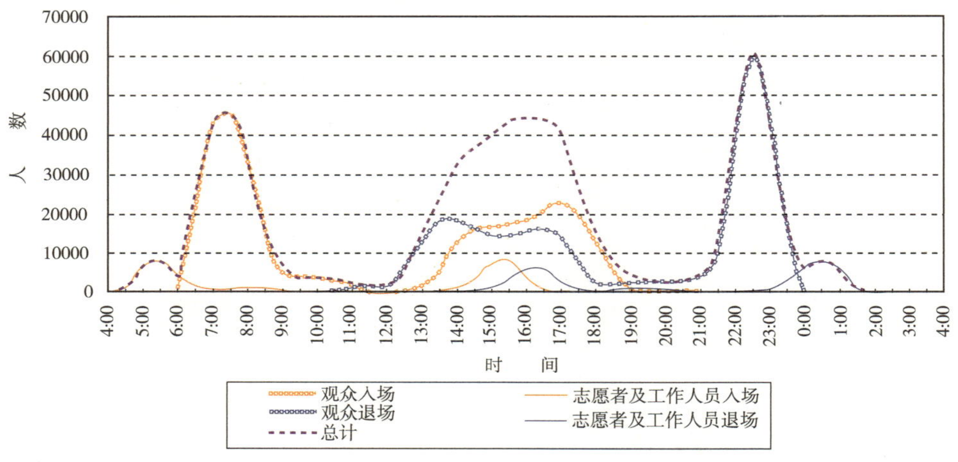

图4-36 奥运公园中区第13日分时段观众人流量分布图

4.3.5.3 奥运公园南区

奥运公园南区有奥体中心体育场、奥体中心体育馆、英东游泳馆。比赛项目主要是手球、水球、现代五项。

根据奥组委对比赛项目吸引观众程度的分级，手球、水球和现代五项三个项目均为 C 级。总体来说，由于受现代五项场馆人数的影响，奥运公园南区的压力相对较大，如图 4-37 所示。

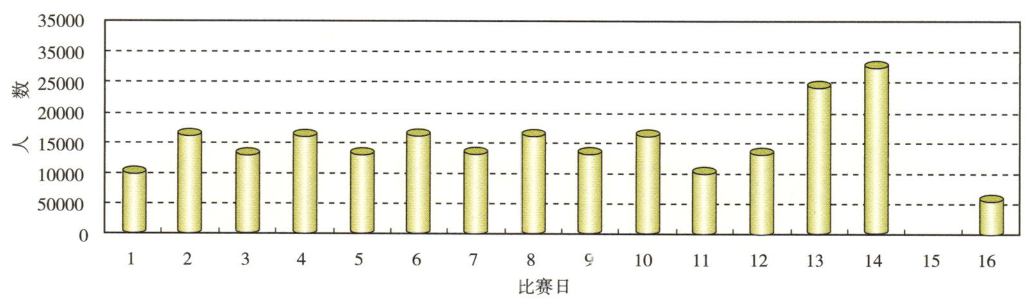

图4-37 奥运公园南区观众人流量分布图

由图 4–37 可见，奥运公园南区除了第 13、14 比赛日外，其他比赛日需求变化均不是特别大。南区早晨最早的比赛是 9:00 开始，晚间最迟结束的比赛在 22:15 左右。第 2 比赛日反映了公园南区比赛日的普遍情况，第 14 比赛日由于有奥体中心体育场的现代五项比赛，观众数量较多，特征比较明显。现以第 2、14 比赛日为重点进行进一步分析，见图 4–38 和图 4–39。

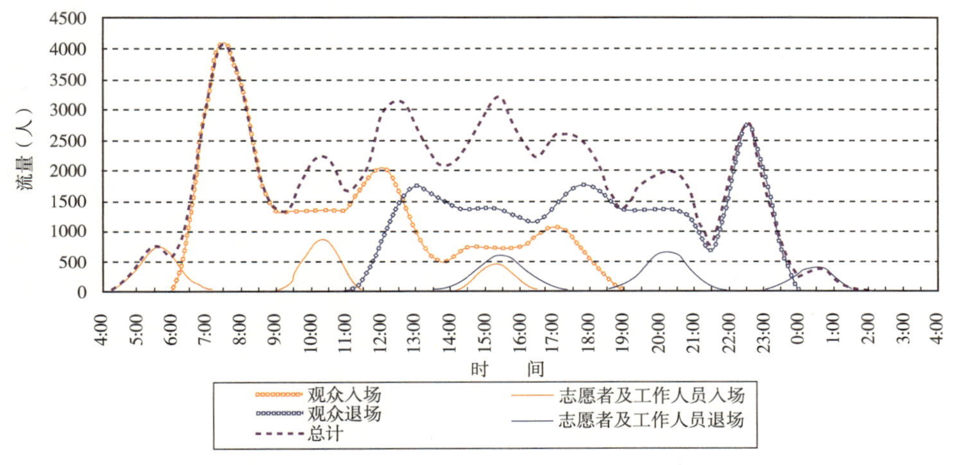

图4–38　奥运公园南区第2比赛日分时段观众人流量分布图

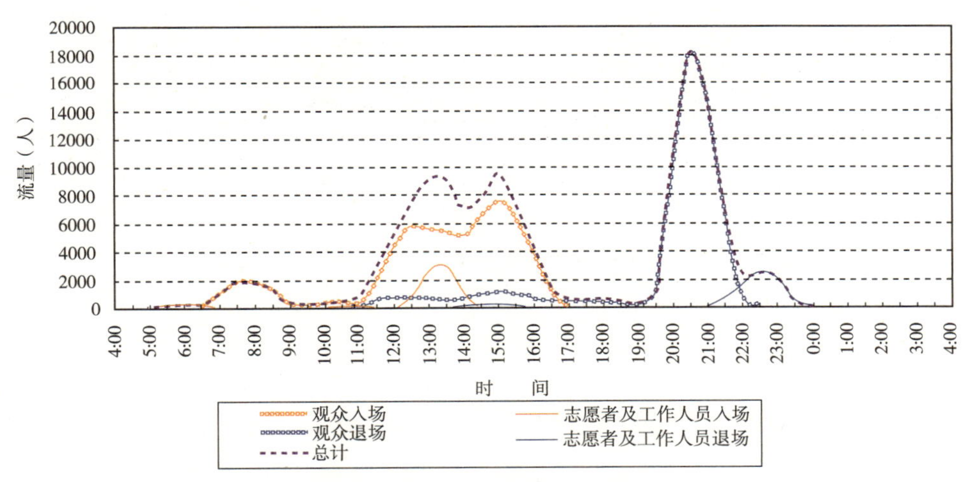

图4–39　奥运公园南区第14比赛日分时段观众人流量分布图

奥运公园南区除了第 13、14 比赛日需求在 2.5 万 ~ 3 万人之外，其余比赛日的需求均在 1.5 万人左右。由于奥运公园观众进退场持续的时间较长，普通比赛日需求相对比较平缓，第 2 比赛日入场高峰也仅在 4000 人左右，而高峰日人流量相对较大，第 14 比赛日退场高峰出现在晚上 20:30 ~ 22:00，退场高峰人数在 1.8 万人左右，并且出现在夜间，运输压力相对较大。

4.3.6 典型场馆群公交运力预测分析

4.3.6.1 奥运公园中区场馆群公交运输能力

从奥运公园中区场馆周边全日公交需求及运输能力来说，高峰需求出现在第 15 比赛日，届时，奥运需求将达到 44.0 万人次，而场馆附近日常出行需求在 10.7 万人次左右，总需求为 54.7 万人次，场馆周边公共交通运力可以达到 81.7 万人次。从全日来看，运力可以满足需求。

在 22:00 左右的散场高峰来临时，场馆周边的公交系统面临比较大的压力。散场离开的观众人数将达到 3.9 万人，加上周边社会出行需求，总需求将达到 4.1 万人 /h。如果不增开公交专线，常规公交的运力仅有 1.6 万人 /h 左右，运力和需求之间将产生很大缺口（2.5 万人 /h），在增加了公交专线的运力后（2.7 万人 /h），公交负荷度为 95%，基本可以满足需求。如果场馆周边公交采取缩短发车间隔、增加区间车数量等措施，完全可以满足赛时需求，见图 4-40。

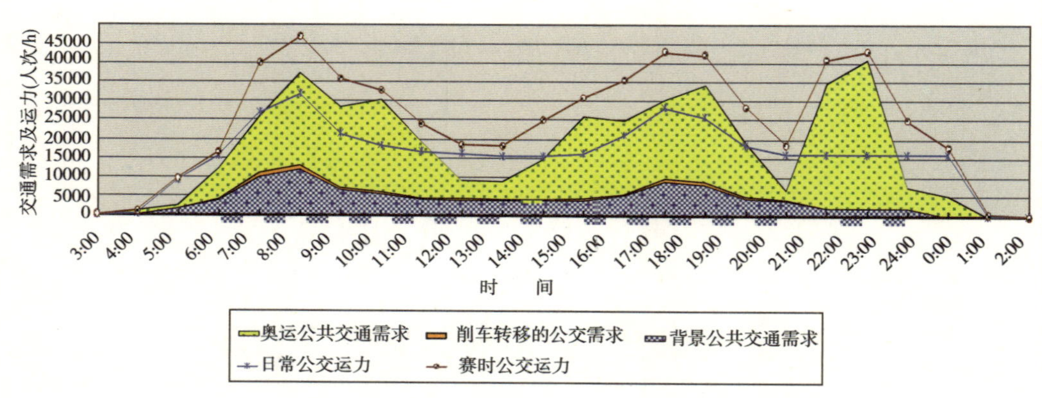

图4-40 奥运公园中区周边公共交通需求及运力关系图

4.3.6.2 北京大学体育馆公交运输能力

从北京大学体育馆周边全日公交需求及运输能力来说，高峰需求出现在第 14 比赛日，届时，奥运需求将达到 1.3 万人次，而场馆附近日常出行需求在 30.4 万人次左右，总需求为 31.7 万人次。场馆周边公共交通运力可以达到 49.6 万人次。从全日来看，运力可以满足需求。

由于北京大学体育馆场馆容量不大，最高峰散场人数不到 4500 人，而场馆周边公共交通运力充足，依靠场馆周边的常规公交就可以满足运输需要。不过，在晚场比赛结束后，工作人员和志愿者离开场馆的高峰时间会有 300 人左右的出行需要，通过提高夜间公交专线的运能完全可以解决这部分人员的出行需求，见图 4-41。

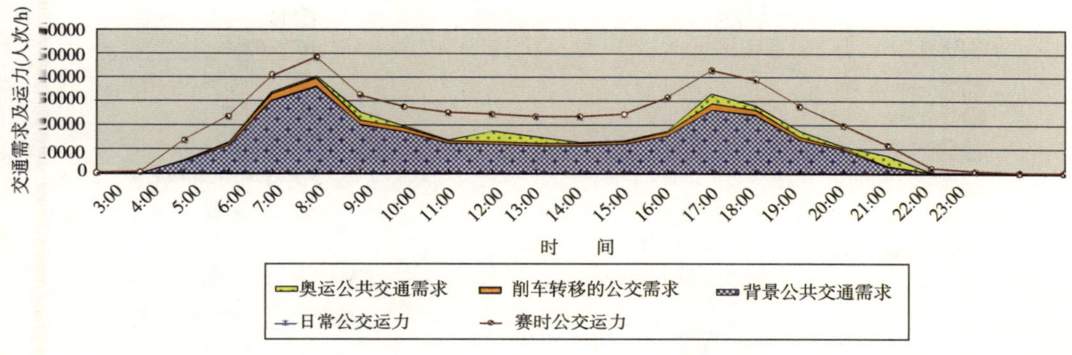

图4-41　北京大学体育馆周边公共交通需求及运力关系图

4.3.6.3　五棵松文化体育中心场馆群公交运输能力

五棵松场馆群周边公交系统比较发达。地铁 1 号线在复兴路和西四环交叉口内设站，紧邻场馆西南角；在场馆群周边五棵松桥北、五棵松桥南、五棵松桥东、沙沟路口西和沙沟路均有多条常规公交设站，其中仅五棵松桥东就有 22 条常规公交线路设站；此外，为进一步弥补场馆群夜间公交运力的不足，还在复兴路和西翠路设置了两处奥运公交专线站点；还设置了出租车停靠点、自行车停车位等交通设施；同时，在行人过街设施方面，考虑到残疾人的需求，还安排了无障碍过街设施，详见图 4-42。

从五棵松文化体育中心场馆周边全日公交需求及运输能力来说，高峰需求出现在第 10 比赛日，届时，奥运需求将达到 11.0 万人次，而场馆附近日常出行需求在 11.5 万人次左右，总需求为 22.5 万人次。场馆周边公共交通运力可以达到 30.5 万人次。从全日来看，运力可以满足需求。

在 13:00 左右的散场高峰出现时，观众人数将达到 1.13 万人，加上城市社会出行需求，总需求将达到 1.6 万人 /h，需求缺口将达到 7400 人 /h，通过增开公交专线，总运输能力将达到 1.61 万人 /h，公交负荷度在 100% 以内，基本可以满足需求，如图 4-43 所示。

如果采取周边公交缩短发车间隔、增加区间车数量等措施，则完全可以满足赛时需求。

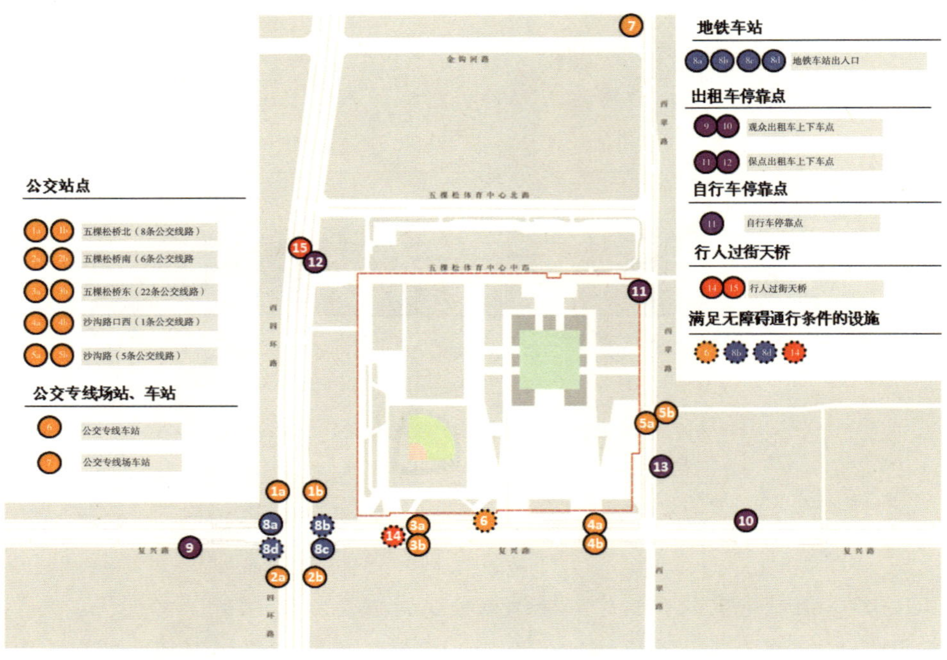

图4-42　五棵松文化体育中心场馆群公交等交通设施布局图

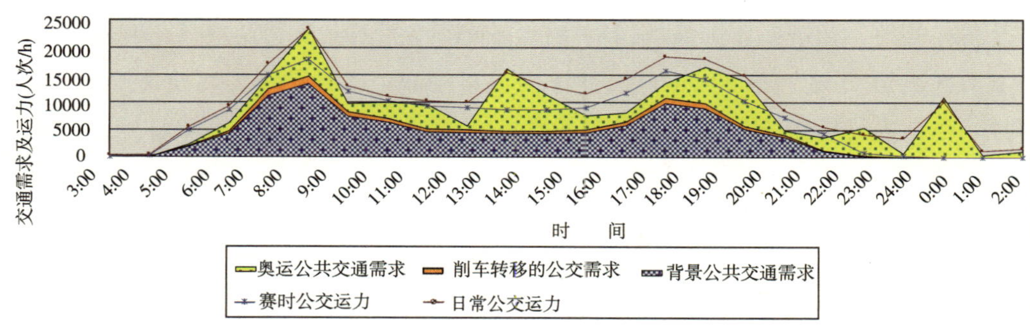

图4-43　五棵松文化体育中心场馆群周边公共交通需求及运力关系图

5 北京奥运交通数据解读

北京奥运会、残奥会期间，北京交通发展研究中心对奥运会和残奥会的开闭幕式、奥运公园以及其他竞赛场馆的交通运行状态进行了调查，主要内容包括观众抵离奥运公园的时空规律、奥运大家庭车辆抵离奥运公园的时间规律、观众抵离奥运公园的交通方式以及观众对公共交通的满意度等。

本章从交通数据的角度，对北京奥运会和残奥会、奥运会和残奥会期间的奥运公园、奥运会和残奥会期间的其他外围典型竞赛场馆的交通需求数量特征进行解读。

5.1 北京奥运总体规模

5.1.1 奥运会和残奥会

（1）302 个比赛项目，204 个参赛国和地区，10965 名运动员。

2008 年 8 月 8 日开幕的第 29 届北京奥运会共设比赛项目 302 项，共有来自 204 个国家和地区的 10965 名运动员参加北京奥运会[1]。表 5–1 所列为近几届奥运会的规模对比。

参加北京残奥会的注册运动员有 3959 人。赛时阶段，有近 100 万残疾人高度关注赛事，数万名残疾人参加“快乐残奥”活动，并前往现场观赛。

[1] http://sports.163.com/09/1120/15/50IS7VME000537AD.html

（2）5045 辆奥运会上会车辆，2476 辆残奥会上会车辆。

奥运会期间，各交通服务团队为各注册客户群提供交通服务的车辆共计 5045 辆，其中大客车 1690 辆，小客车 3275 辆，货运车 80 辆。另外，向客户群如约交付收费卡车 1531 辆，赞助商大客车 1054 辆。

表5-1　近几届奥运会规模对比

奥　运　会	比赛项目	参赛国家和地区数	参赛运动员（人）
北京	302	204	10965
雅典	301	201	10600
悉尼	300	199	10651
亚特兰大	271	197	10318
汉城	237	159	8391
洛杉矶	221	140	6829

残奥会期间，为各残奥会注册客户群提供交通服务的车辆共计 2476 辆，其中大客车 874 辆（含 664 辆无障碍大客车），小客车 1530 辆（含 172 辆无障碍旅行车），货运车 72 辆。另外，向各客户群如约交付收费卡车 99 辆，赞助商大客车 16 辆。

（3）21712 辆公共汽（电）车，1196 列轨道交通车服务公交。

奥运会期间，北京市加大公交运力投入，以保障城市交通和赛事交通。投入公共汽（电）车总数为 21712 辆，其中：单机 16183 辆，占 74.5%，通道车 5529 辆，占 25.5%。用于常规公交线路的共有 18237 辆，用于奥运专线的共有 1500 辆。在轨道交通方面，1196 列地铁列车投入运行，以保障公交服务。此外，共安排 5000 辆出租汽车在媒体村等地进行保点服务奥运交通。

（4）26 处，91 万 m^2 奥运临时交通场站。

为满足奥运会和残奥会交通运行的需要，北京奥运会规划建设了 26 处奥运临时公交场站，总占地面积约为 91 万 m^2。其中，7 处奥运大家庭交通场站总面积约为 59 万 m^2，19 处奥运临时公交场站面积约为 32 万 m^2。

（5）日均 17.2 万公交车次，运送乘客 1313.9 万人次，日均 4312 地铁列次，运送乘客 395.1 万人次。

地面公交采取增加车辆、延长运营时间等措施，使车辆运行准点率提高，日均发车 17.2 万车次，运送乘客 1313.9 万人次（不含免费乘车奥运注册人员及观众等）。

8 条地铁线路全路网运营安全稳定，日均开行 4312 列次，运送乘客 395.1 万人次。出租汽车每日出车率达 95%，约 6.3 万辆以上，日均运送乘客 221 万人次。

奥运会和残奥会期间（7 月 20 日 ~ 9 月 20 日）全市客运系统共计完成客运量 12.39 亿人次，其中城市公共交通完成客运量 10.88 亿人次（含公共汽（电）车客运量 8.57 亿人次，其中奥运专线公交客运量为 2236 万人次，轨道交通客运量为 2.31 亿人次）。

（6）1.9 万辆持证货运车辆，完成货运量 366.7 万 t。

奥运会和残奥会期间，"绿色车队"企业投入运输的 1.9 万辆持证货运车辆共完成货运量 366.7 万 t，平均每日 10.5 万 t；完成货运周转量 25568 万 t · km，平均每日 729.7 万 t · km；平均每车每日运输 1.86 车次，平均每车每日货运量为 5.54t。据统计，"绿色车队"运输的货物直接为奥运服务的占 16%，工业占 22.2%、商业占 42.3%、其他占 19.5%。

（7）7420 架次涉奥飞行，首都机场圆满完成奥运空管保障工作。

从 7 月 20 日至 9 月 20 日，民航空管系统共保障国内外航班 80 余万架次，其中首都机场起降 72590 架次，专机 248 架次，要客 689 架次，涉奥飞行 7420 架次。其中，华北民航共保障国家元首及贵宾 400 余批次，专机、公务机 1823 架次；涉奥航班 6558 架次，保障涉奥人员 95706 人次；出入港轮椅客人 2925 人次；区内圣火传递飞行 55 架次，保障了大量的奥运奖牌、注册卡、场馆物资等紧急运输任务，圆满完成了奥运空管保障工作。

2008 年 8 月 7 日为进港航班最高峰，全天进港航班 451 架次，专包机及公务机 52 架次，一天内达到了 4 个超过 30 架次 / 小时的进港高峰波，最高的一小时进港 37 架次。

（8）2.5 万册出行指南，329 万份出行系列折页宣传奥运交通。

北京市运输管理部门累计印制 2.5 万册《奥运会残奥会公共交通出行指南指南》（中、英文版），63 种、329 万份《北京奥运会残奥会竞赛场馆公共交通出行系列折页》（中、英文版），在 25 个城市志愿者服务站、12 个奥运公交专线首站、13 个地铁换乘站免费发放，宣传奥运交通，倡导优先选择公交出行。

5.1.2 奥运交通运输

（1）25700 余名上会交通服务人员，20 万交通行业员工。

奥运会赛时交通服务人员共计 25793 人，其中交通工作人员 188 人，交通服务志愿者 11741 人，交通服务合同商 13864 人，见表 5-2。

表5-2 奥运会交通工作人员统计表（单位：人）

项　　目	工作人员（P类）	志愿者（C类）	合同商（C类）	合　计
分中心指挥层	84	7	14	105
T3交通服务呼叫台		60		60
奥林匹克大家庭专车（T1/T2）交通服务团队	10	1526	1265	2801
奥林匹克大家庭合乘车（T3）交通服务团队	23	3664	385	4072
国家（地区）奥委会（NOC）交通服务团队	14	2693	108	2815
运动员及随队官员（TA）交通服务团队	6	1214	1751	2971
国际体育单项组织（IF）交通服务团队	9	502	525	1036
注册媒体（TM）交通服务团队	8	1815	2997	4820
抵离交通服务团队	4	30	735	769
赞助商／收费卡交通服务团队	4	50	1638	1692
大家庭饭店交通场站运行团队	5		499	504
奥林匹克公园交通场站运行团队	6	84	507	597
奥体中心交通场站运行团队	4	53	271	328
首都机场交通场站运行团队	3		244	247
海淀交通场站运行团队	4		155	159
石景山交通场站运行团队	4	43	217	264
车辆救援人员			806	806
场馆调度			890	890
场馆电瓶车驾驶人员			857	857
合　　计	188	11741	13864	25793

残奥会期间，投入赛时交通服务人员共计15509人，其中付薪人员184人，志愿者6738人，合同商8587人，见表5-3。

表5-3 残奥会交通工作人员统计表（单位：人）

项　　目	工作人员（P类）	志愿者（V类）	合同商（C类）	合　计
分中心指挥层	84	7	14	105
T3交通服务呼叫台		50		50
奥林匹克大家庭专车（T1/T2）交通服务团队	11	898	689	1598
奥林匹克大家庭合乘车（T3）交通服务团队	17	1318	276	1611
国家（地区）奥委会（NPC）交通服务团队	8	1279	347	1634
运动员及随队官员（TA）交通服务团队	13	1811	1593	3417
国际体育单项组织（IF）交通服务团队	9	232	189	430
注册媒体（TM）交通团队	11	983	1062	2056
抵离交通服务团队	4	30	735	769
赞助商/收费卡交通服务团队	4	10	244	258
残奥大家庭饭店交通场站运行团队	6	30	174	210
奥林匹克公园交通场站运行团队	7	60	506	573
奥体中心交通场站运行团队	7	30	437	474
首都机场交通场站运行团队	3		128	131
车辆救援人员			743	743
场馆调度			585	585
场馆电瓶车驾驶人员			865	865
合　　计	184	6738	8587	15509

为保证北京城市交通、旅游正常运转，北京市公交、地铁、出租汽车等交通运输行业一线员工20余万人（表5-4），在奥运会和残奥会其间以极大的热情投入奥

运会期间的城市交通和奥运交通的保障工作。同时，为满足不同客户群的交通需求，在奥运会和残奥会期间，提供场馆周边出租保点、开闭幕式公共交通保障、非注册媒体交通服务、非注册贵宾（北京市及外埠）交通服务、赛会志愿者交通保障等项目的服务人员 4800 余人。

表5-4　城市交通和奥运场馆外围交通保障人员（单位：人）

序　号	单　　位		人　数
1	一线窗口员工	公交企业	73407
2		地铁运营	5000
3		出租汽车行业	100000
4		租赁旅游	4189
5		旅游客运	5900
6		省际客运	9000
7		水域游船	2180
8	外围交通保点人员	34条奥运专线	3750
9		10号线、奥运支线、机场线	2108
10		出租汽车行业	2730
合计人数	208264		

（2）52.1 万和 187.82 万，12 万和 44.6 万保障专车客户群交通服务。

奥运会交通服务期间（2008 年 7 月 7 日 ~ 8 月 30 日），注册客户群交通服务车辆共运行 52.1 万车次，运送客人 187.82 万人次，运送行李货物 13.35 万件，行驶里程 1 218 万车·km。

残奥会交通服务期间（2008 年 8 月 28 日 ~ 9 月 20 日），赛时各注册客户群交通服务的车俩运行共计 12 万车次（其中无障碍车俩运行逾 3.8 万次），运送客人 44.6 万人次（其中运送轮椅客人近 3.6 万人次），行李货物 7.3 万件，行驶里程 255 万车·km。

（3）8 类 44 种，奥运会车辆证件。

北京奥运会车辆根据不同客户群体需要，设置了 8 大类别共 44 种车证，分别为：

T 类，奥林匹克大家庭分配车辆，12 种；M 类，媒体工作车辆，6 种；R 类，收费卡车辆，4 种；S 类，安全保卫车辆，3 种；V 类，场馆工作保障车辆，9 种；D 类，临时一日卡车辆，3 种；Z 类，公路赛事车辆，1 种；Y 类，场馆移入、移出期车辆，4 种。

（4）1270 辆小客车，13.96 万车次运送 T1/T2 客户 23.2 万人次。

奥运会期间，T1/T2 交通服务团队共运行小客车 1270 辆，参与工作人员 2535 人。自 7 月 22 日 ~ 8 月 27 日，实际运行 37 天，累计运行 13.96 万车次，运送近 23.2 万人次，行驶里程达 283 万 km。

残奥会期间，T1/T2 交通服务团队共运行小客车 516 辆，参与工作人员 1381 人。自 8 月 28 日 ~ 9 月 20 日，实际运行 24 天，累计运行 7277 车次（其中无障碍车辆运行 318 车次），运送 10209 人次（含轮椅客人 466 人次），行驶里程达 14.7 万 km。

（5）960 辆小客车，30 辆大客车，9.66 万车次运送 T3 客户 6.5 万余人次。

奥运会期间，T3 交通服务团队共运行小客车 960 辆，大客车 30 辆。自 7 月 12 日至 8 月 27 日，实际运行 47 天，运行 9.66 万车次，运送客人 6.5 万余人次，累计行驶里程达 206.9 万 km。

残奥会期间，T3 交通服务团队共运行小客车 432 辆（其中无障碍车辆 42 辆），大客车 15 辆（其中无障碍车辆 5 辆）。自 9 月 1 日 ~ 9 月 20 日，赛时运行 20 天，运行 2.58 万车次（其中无障碍车辆运行 2018 车次），运送客人 2.22 万人次（含轮椅客人 674 人次），累计行驶里程达 52.6 万 km。

（6）629 辆大客车，运行 6.56 万车次，运送运动员 57.2 万余人次。

奥运会期间，运动员服务团队共运行大客车 629 辆（含 25 辆青年营大客车），自 2008 年 7 月 20 日 ~8 月 29 日，实际运行 41 天，累计运送客人 57.2 万余人次，运行 6.56 万车次，行驶里程达 129.4 万 km。

残奥会期间，运动员团队共运行大客车 552 辆（其中无障碍大客车 432 辆），自 2008 年 8 月 30 日 ~ 9 月 25 日，实际运行 27 天，累计运行 3.1 万车次（其中无障碍车辆运行 2.18 万车次），运送客人近 22.9 万人次（含轮椅客人 28381 人次），行驶里程达 46.6 万 km。

（7）155 辆小客、150 辆大客，1.7 万车次运送技术官员 7.75 万人次。

奥运会期间，技术官员交通团队共运行小客车 155 辆、大客车 150 辆，自 2008 年 7 月 20 日 ~8 月 28 日，实际运行 40 天，累计运行 1.7 万车次，运送 7.75 万人次，行驶里程达 31.5 万 km。

残奥会期间，技术官员交通团队共运行小客车 45 辆（其中无障碍车 1 辆）、大客车 50 辆（其中无障碍车 10 辆），自 2008 年 9 月 1 日 ~ 9 月 18 日，实际运行 18 天，累计运行 4125 车次（其中无障碍车辆运行 445 车次），运送 1.9 万人次（含轮椅客人 436 人次），行驶里程达 4.85 万 km。

（8）881 辆大客车，运行 11.2 万车次，运送媒体 70.6 万人次。

奥运会期间，媒体团队共运行大客车 881 辆，自 2008 年 7 月 7 日 ~ 8 月 29 日，实际运行 54 天，累计运行近 11.2 万车次，运送 70.6 万人次，行驶里程达 286.7 万 km。

残奥会期间，媒体团队共运行大客车 257 辆（其中大容量无障碍大客车 6 辆，无障碍公交车 211 辆），自 2008 年 8 月 30 日 ~ 9 月 20 日，实际运行 22 天，累计运行近 1.4 万车次（其中无障碍车辆运行 1.12 万车次），运送约 7.15 万人次，行驶里程达 29.2 万 km。

（9）46 处"出租汽车保点"，5000 余辆出租汽车，服务 27 万人次。

北京为奥运会和残奥会创造性地提供了"出租保点服务"方式。在国家体育场、奥运村、新闻中心、媒体村等重要的竞赛和竞赛奥运场馆设立 46 处[1]"出租汽车保点"站，5000 余辆出租车，共计派车约 13.4 万车次，运送奥运大家庭成员约 27 万人次，圆满顺利地完成了"出租车保点"任务。

（10）公交专线日均 67.2 万人次，奥运支线日均 20.49 万人次，提供公交保障。

奥运会期间，34 条公交专线日均发车 8400 车次，日均运送乘客 67.2 万人次；地铁奥运支线日均开行 646 列次，日均运送乘客 20.49 万人次。

（11）192 条通勤班车线路，运送赛会志愿者 184 万人次。

奥运会期间，组织来自 21 个省市的 590 辆运营车辆，为赛会志愿者开行 192 条通勤班车线路，累计出车 40891 车次，运送 184 万人次，安全行驶 73.3 万 km。

（12）2835 辆低地板公交车，70 辆无障碍出租汽车为残疾乘客服务。

残奥会赛事期间，北京市运输管理部门为保证残疾人运动员和观众出行方便，开通了 17 条残奥会公交专线，覆盖了奥林匹克中心区、残奥村、新闻中心、残奥会大家庭总部饭店、残奥会竞赛场馆。北京市配置了 2835 辆低地板无障碍公交车，提供无障碍设施服务；地铁采用通过服务热线接受预约服务和现场服务等方式，为乘客提供"点对点式"的无障碍接力服务；70 辆无障碍出租汽车和 100 辆普通出租汽车，根据残奥会大家庭等客户群需求，统一调配使用，为残障较轻、行动不便的残奥会人员服务，见图 5-1。

[1] 详见丛书之六《北京奥运交通运行》

图5-1　残奥会期间奥运交通工作人员为残疾人服务

5.2　奥运会期间奥运公园的交通

5.2.1　奥运公园总体交通运行特征

奥运公园中心区共设置了 5 处观众安检口，分别是 2 号安检口（地铁北土城站）、8 号安检口（东部场站）、25 号安检口（西南公交场站）、5 号安检口（凯迪克酒店）和 3 号安检口（南中轴），如图 5-2 所示。

5.2.1.1　公交是观众抵离场馆的主要方式

（1）“两开两闭”[1] 入、退场时，观众出行公交承担率达 66% 以上。

在“两开两闭”入场过程中，观众出行以公共交通为主，公共交通共运输了 15 6 万人左右，场均 3.9 万人，占观众总人数的 66%，如图 5-3 所示。

1　指奥运会开幕式和闭幕式，残奥会开幕式和闭幕式。

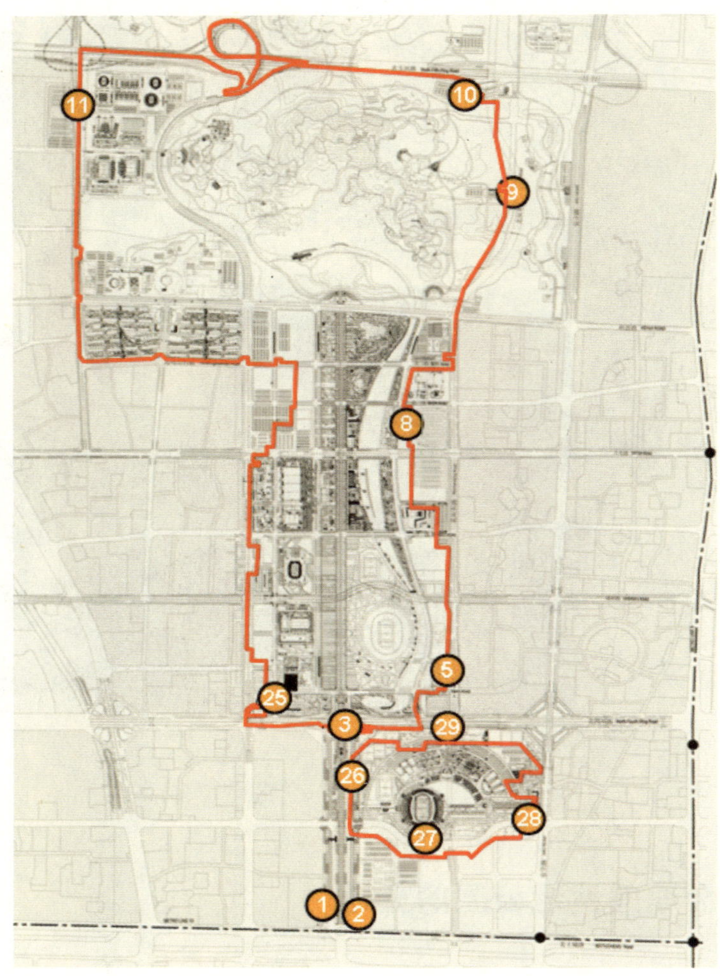

图5-2 奥运公园持票观众安检口示意图

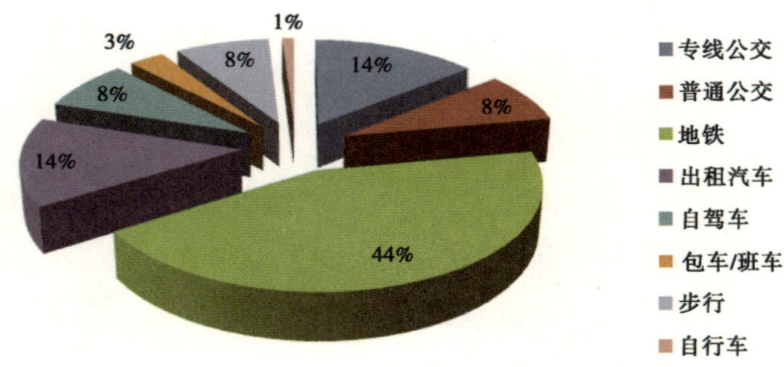

图5-3 开闭幕式观众抵达的交通方式

在奥运会及残奥会的开、闭幕式四个场次的散场过程中，交通方式仍以公交为主，公共交通共疏散了16.7万人左右，场均4.2万人，占观众总人数的68%，如图5-4所示。

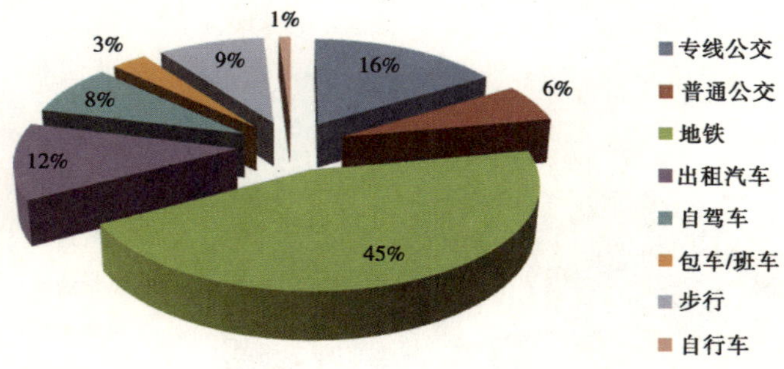

图5-4 开闭幕式观众离开的交通方式

（2）比赛日时，观众抵离奥运公园公交承担率分别达68%和77%。

抽取了奥运公园的一个比赛日（8月16日），针对抵达奥运公园的交通方式进行了问卷调查，共获得样本3629个，调查结果如图5-5所示。

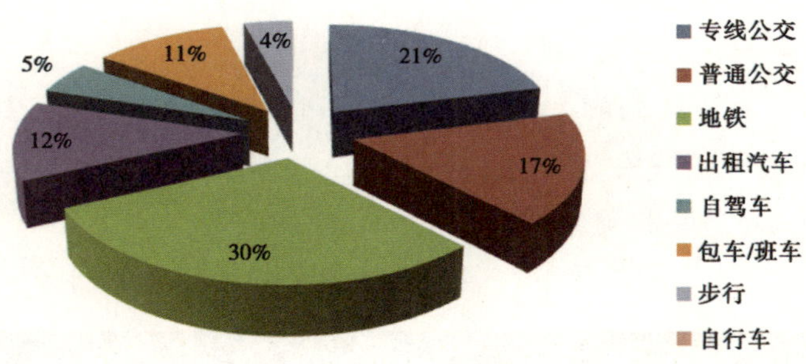

图5-5 比赛日观众抵达奥运公园的交通方式

调查表明，地铁、公交专线、普通公交所占比例较大，三者比例加起来达到了68%。包车所占比例也比较大，达到了11%。相比之下，小汽车、出租汽车比例则较低，两者加起来仅为17%，这在很大程度上减轻了奥运公园周边的交通压力，有利于交通运行的组织。

根据对观众的回访，得到了离开奥运公园的交通方式情况，共获得样本1602个，各种交通方式的分担比率如图5-6所示。

从回访结果来看，与抵达奥运公园的交通方式相比，地铁的分担率大大增加，地铁、公交专线、普通公交三者比例达到了77%，出租汽车、小汽车的比例有所下降。

5.2.1.2 75min 完成奥运会开幕式疏散任务

奥运会开幕式当日，75min 之内将观众疏散完毕，比原计划缩短了 15min，公交专线、地铁共运送离场观众约 4 万人次。奥运会闭幕式散场在总结开幕式经验的基础上，仅用了 70min 便顺利完成了全部观众的疏散工作。

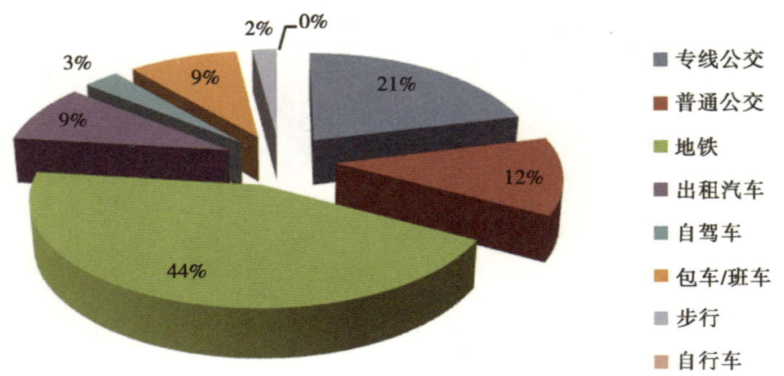

图5-6 比赛日观众离开奥运公园的交通方式

（1）奥运公园中心区疏散时间基本控制在 75min 以内，比承诺的 120min 缩短了 45min，很好地兑现了申奥时作出的承诺。

00:05，火炬点燃，观众开始陆续退场。

00:25，出现观众退场高峰，大概持续 40min，到 01:05 结束。其中最高峰出现在 00:35 ~ 00:45 之间，持续 10min。

01:20，散场基本结束，整个过程用了 75min。

开幕式观众在志愿者的引导下，非常有序地离开了奥运公园，见图 5-7。

图5-7 奥运会开幕式观众散场紧张有序

地铁8号线下沉广场方向的疏散时间最长，在75min左右，这与选择地铁的观众人数多，且下沉广场进行了人流控制，限制通行速度有关；其余各个出口的观众疏散时间大多小于60min。东南和西南方向距离国家体育场最近，疏散时间也最短。东部公交场站距离国家体育场最远，长距离的行走拉长了观众的疏散时间；南中轴出口距离国家体育场很近，但由于观众需要等待贵宾车辆离开后才能使用该出口，散场时间较长，如图5-8所示。

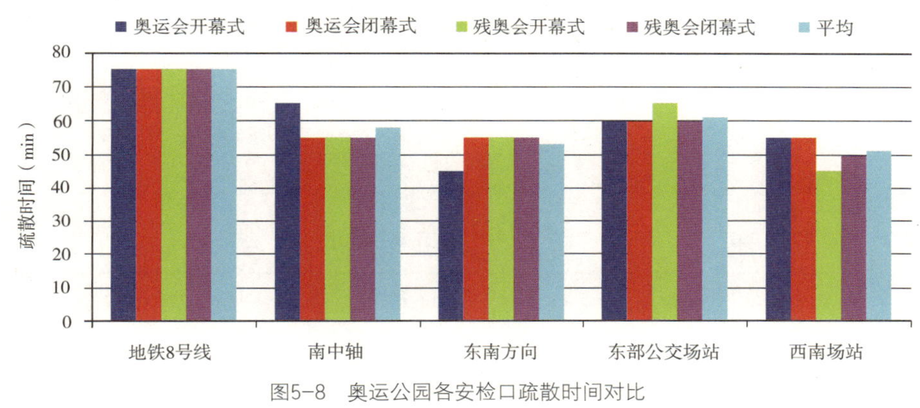

图5-8 奥运公园各安检口疏散时间对比

（2）"两开两闭"，观众两次高峰抵达。

"两开两闭"，观众出现两次高峰抵达的情况，分别在垫场演出前1～0.5h之间和正式演出之前1.5h；比赛日中，观众抵达在一天中随赛程安排出现多次高峰，抵达高峰出现在赛前1～0.5h之间。

在"两开两闭"观众入场的时间分布上，在正式演出20:00之前会出现两次高峰，一次是在18:00开始之前1～0.5h之间，一次为正式演出20:00之前1.5h。持证人员入场没有明显的规律性。图5-9为残奥会闭幕式观众入场时间分布曲线。

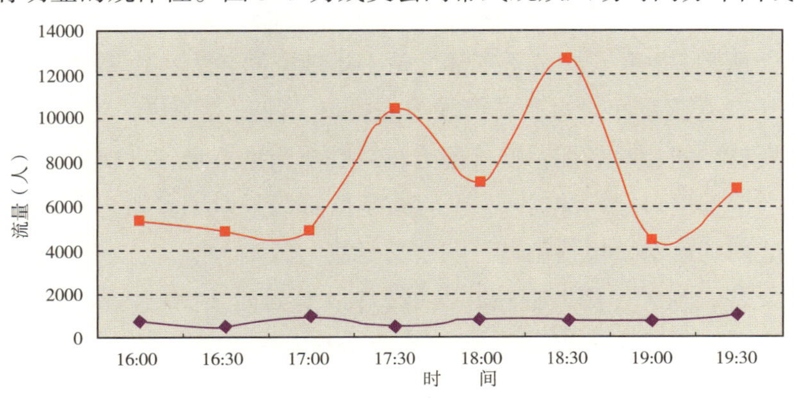

图5-9 残奥会闭幕式观众入场时间分布曲线

（3）预测结果与调查结果基本一致。

选取奥运公园的比赛日 8 月 18 日，对观众抵达奥运场馆的时间规律进行了分析，并与赛前预测进行了对比，如图 5-10 所示。

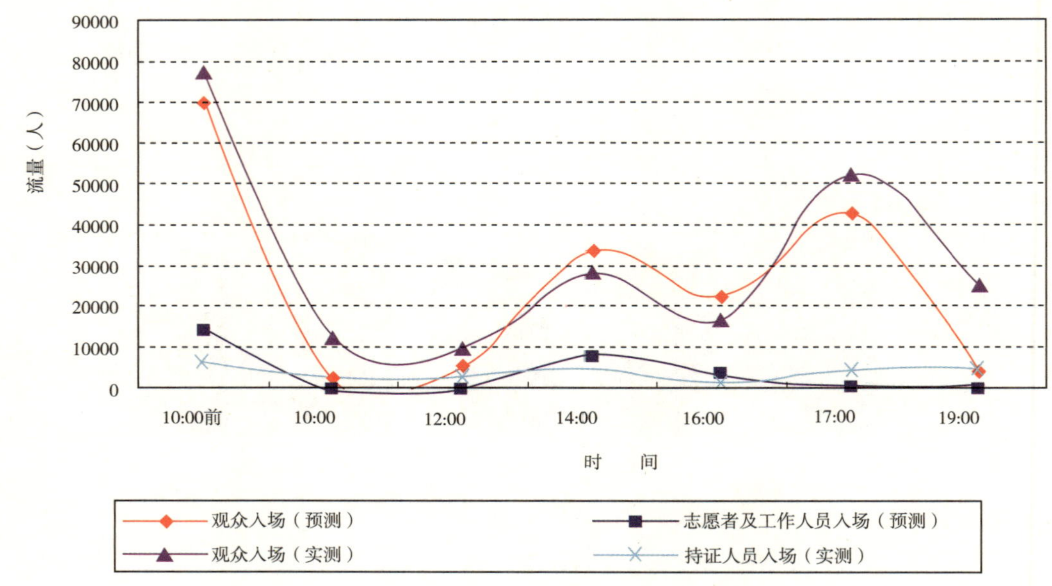

图5-10　奥运公园中心区入场规律实测与预测对比

从图 5-10 中可以看出，调查结果与预测结果基本一致。随着赛程安排，观众入场出现了三次高峰，基本出现在正式比赛前 1 ~ 0.5h 之间。持证人员的调查结果与预测稍有出入，主要原因是持证人员在安检门反复进出，从而造成安检机重复记录人数。

5.2.1.3　公交摆渡，平衡各安检口之间的需求压力

如图 5-2 所示，8 号安检口（东部场站）场地空间较大，距离国家体育场较远，安检能力对于观众流量相对过剩；而 5 号安检口（凯迪克酒店）距离国家体育场距离较近，但安检空间相对局促，安检能力相对观众流量不足，出现安检排队现象。

为平衡各个安检口之间的需求，北京市运管部门采取了多项调整措施[1]，以平衡各个安检口之间的需求，包括制订了“公交摆渡”预案。

奥运会开幕式当天，摆渡临线共发车 219 次，运送 14360 人次。残奥会闭幕式共在 2 号安检口摆渡线发车 20 次，运送观众 1600 人，见图 5-11。

[1] 详见丛书之六《北京奥运交通运行》。

5.2.1.4　比赛日 40%、开闭幕式 37% 的观众选择从地铁北土城站进入奥运公园

分别调查了奥运会三次彩排和"两开两闭"时，观众选择安检口的情况，调查结果见图 5-12。

图5-11　2号安检口摆渡车及引导

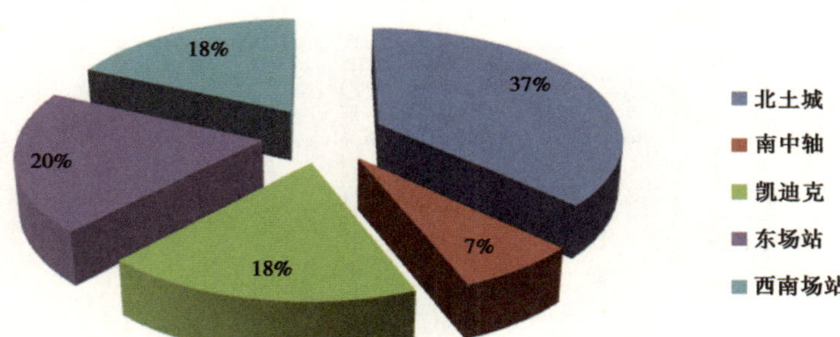

图5-12　入场各安检口观众人数分布图

根据各个安检门的安检机数量，列出了各安检门安检能力与观众人数的匹配情况，见表 5-5。

表5-5　安检门安检数量及安检人数情况

安检口编号	2	3	5	8	25	合计
方位	北土城	南口	东南口	东北口	西南口	
安检门数	40	28	20	80	32	200
能力百分比（%）	20	14	10	40	16	100
开闭幕式人数比例（%）	37	7	18	20	18	100
比赛日人数比例(%)	40	4	13	20	23	100

比赛日 40%、开闭幕式 37% 的观众选择从 2 号安检口（地铁北土城站）进入奥运公园，从 8 号（东部场站）、25 号（西南公交场站）和 5 号（凯迪克酒店）安检口入场的观众人数比较均衡，从 3 号（南中轴）安检口进入奥运公园的人数最少，不足 10%。

安检观众人数与安检能力虽然没有达到完全匹配，但通过各种措施的调整，各安检口之间的观众人数得到了有效的平衡，基本没有出现观众排队时间过长的情况，在正式演出之前半小时即完成安检。

通过对“两开两闭”观众的追踪访问，得到了退场时各个出口的观众分布情况，与入场空间分布情况进行了对比，结果如图 5-13 所示。

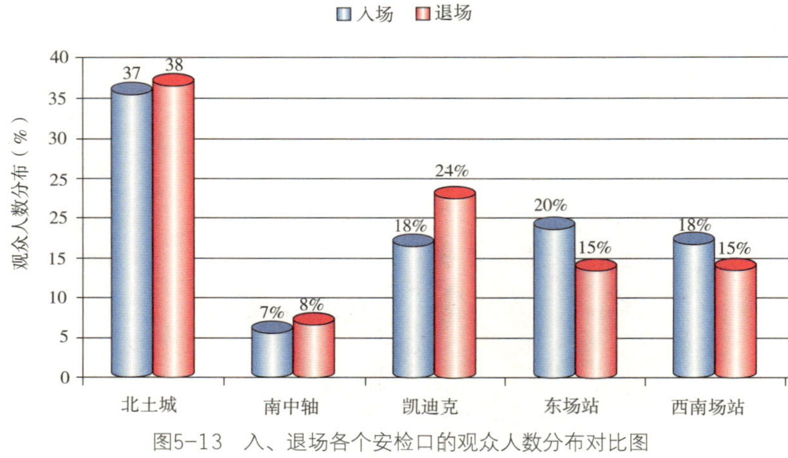

图5-13　入、退场各个安检口的观众人数分布对比图

调查结果表明：

（1）退场时，50% 的观众选择从入口方向原路返回。

（2）各方向入、退场时观众比例相差不大。由于南中轴、凯迪克距离国家体育场最近，退场观众比例比入场时明显要高。

通过分析奥运公园 8 月 16 日 ~ 23 日比赛日各安检口观众入场人数的比例发现，相对于开闭幕式，各个安检口的观众人数比例大致相当，选择 1、2、25 号安检口的观众人数略多，这与这几个安检口靠近地铁及公交专线场站较近有关。

5.2.1.5　19:00，奥运大家庭车辆抵达高峰

（1）在“两开两闭”入场时，奥运大家庭车辆抵达规律基本一致，即车辆从 17:00 开始逐渐增多，之后逐渐减少，19:30 后明显减少，到 20:00 时，基本无车辆进入，如图 5-14 所示。

（2）奥运大家庭车辆离开奥运公园的时间与节目结束的时间相吻合，按时间先后，依次为残奥会闭幕式、奥运会闭幕式、残奥会开幕式、奥运会开幕式，如图 5-15 所示。

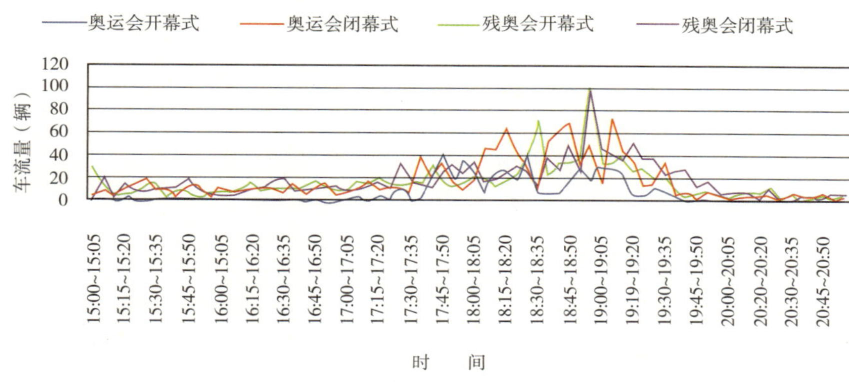

图5-14　奥运大家庭车辆抵达规律

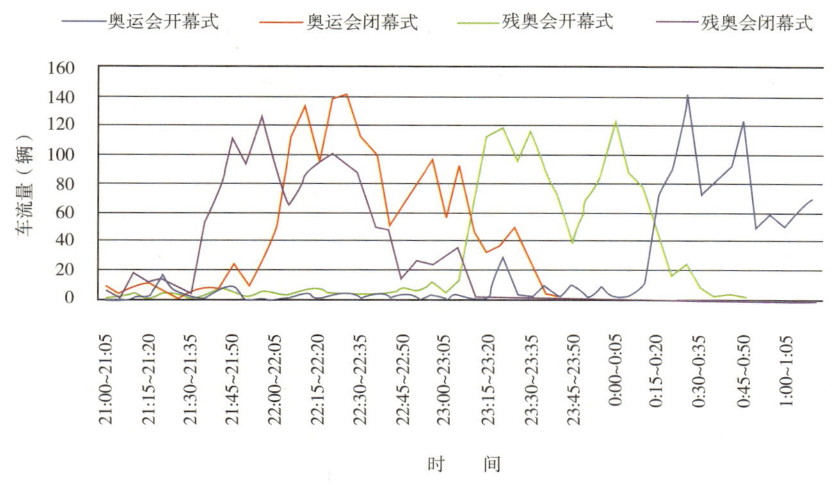

图5-15　奥运大家庭车辆离开规律

5.2.1.6　95% 的公交满意度

（1）公交服务得到了广泛认可，观众满意度达 95% 以上。为了解观众对公共交通系统的满意度，在“两开两闭”中，随机访问了 1800 多名观众，评价“比较满意”和‘很满意”的占到总人数的 95% 以上。奥运会开幕式时，评价“比较满意”和“很满意”的高达 100%，如图 5-16 所示。

（2）公交专线获得青睐，观众满意度最高。观众对公交专线评价很高，所有指标的“很满意”评价都超过了50%。绝大多数的观众对普通公交“很满意”或“比较满意”。与公交专线相比，普通公交略有不足。观众对普通公交的不满比较突出的表现在引导标识以及车内环境上。绝大多数观众都对地铁“比较满意”或“很满意”。地铁的主要问题集中在车内拥挤上。

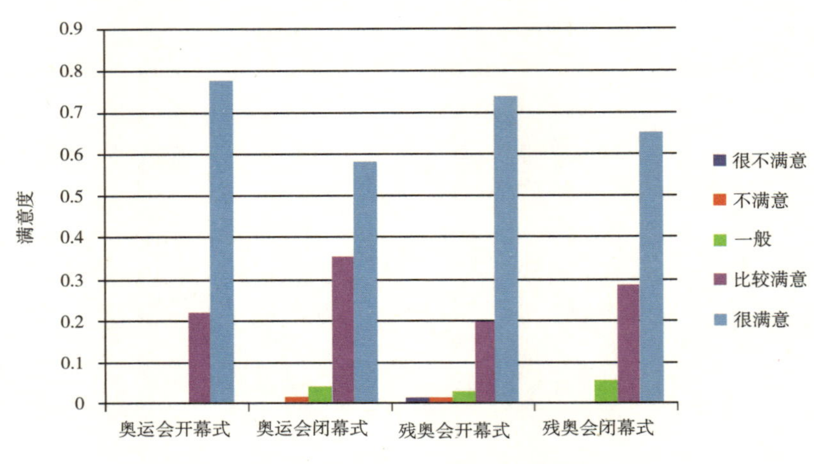

图5-16 开闭幕式观众对公交系统的满意度情况

5.2.1.7 4次转场，1253车次，运送转场物资近2万吨

转换期是指作为奥运会及残奥会开闭幕式主会场的国家体育场，由演出场地向竞赛场地的转换过程。这个过程是场地角色的转换，也是十分复杂的物流过程，涉及物资运入、场地保护、设备拆装、物资运出、铺装草坪、设备调试、清洗保洁等一系列作业环节，运输几乎是贯穿始终的后勤保障工作。奥运会及残奥会开、闭幕式共有四次，由于开、闭幕式日期不可更改，体育赛事赛程已经确定，因此对转换期物流的安全性和准时性要求极高。

奥运会开幕式转场整个运输工作于8月7日15:00开始，至12日6:00时圆满结束。共投入运输车辆138部、运输502车次，运送10大类1.1万余吨、3万多件物资。

奥运会闭幕式设备转场（含部分残奥会开幕式设备入场）运输时间集中在8月23日23:00至8月29日16:00，共投入车辆138部、运输311车次，完成8000余件3800多吨物资的转场。

残奥会开幕式转场运输从9月7日0:00开始，至9月8日8:00结束，共投入车辆110部、运输265车次，运输转场物资共计4000余吨。

残奥会闭幕式转场运输从9月16日23:00开始，至9月18日7:00结束。共投入运输车辆 80 部、运输 175 车次，运输转场物资共计约 1000 余吨。

奥运会及残奥会开闭幕式转换期 4 次转场运输，共 1253 车次，完成各类转场物资近 2 万 t，保障了“两开两闭”的顺利转场。

5.2.2 奥运会开幕式的交通

8 月 8 日晚 20:00，在奥林匹克公园国家体育场举行了第 29 届奥运会开幕式，开幕式在各方共同努力下获得了圆满成功。其中，交通运行平稳有序，获得了一致好评。根据对开幕式观众抵离奥运公园的时空分布、交通方式、奥运大家庭车辆抵离规律、公共交通满意度以及观众集散的应急保障措施的调查，用具体数据总结了奥运会开幕式交通运行的特征。

5.2.2.1 观众抵达奥运公园的平均时耗

本次调查结果显示，观众抵达奥运公园的全程耗时平均为 42.4min。其中，路上耗时在 15 ~ 30min 的观众最多，占 37%；其次是耗时在 15min 以内的人群，占 18%；路上耗时在 45 ~ 60min 的观众所占比例排在第三位，占 17%，如图 5-17 所示。

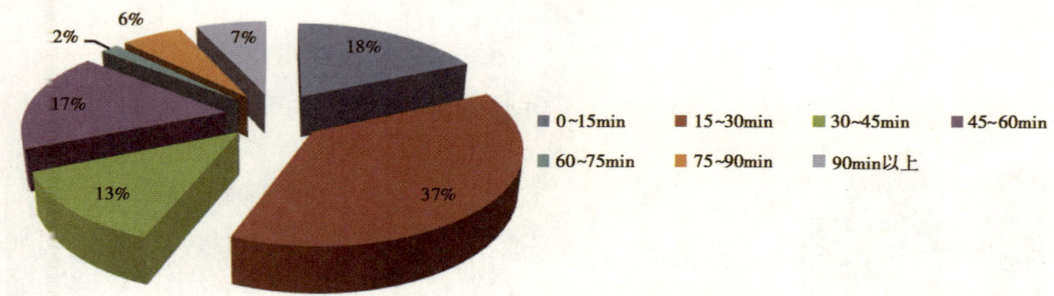

图5-17 观众耗时情况总体分布

根据调查，观众总体平均到达时间是 16:00。具体来看，调查显示，近 50% 的观众在 16:00 ~ 18:00 之间到达，如图 5-18 所示。

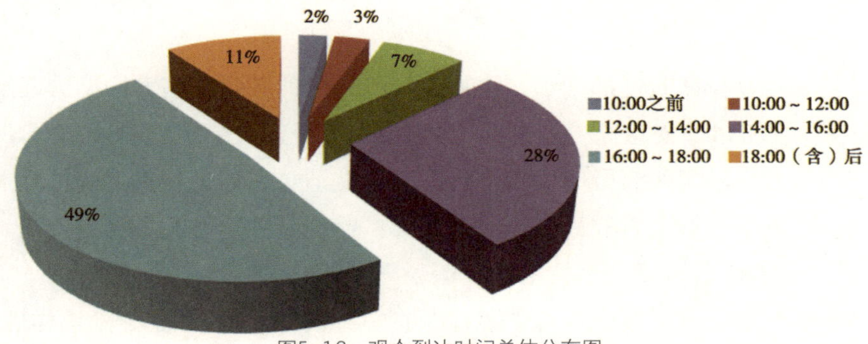

图5-18 观众到达时间总体分布图

5.2.2.2　3.5h 完成安检 6.95 万人

据统计，从 8 号口安检口进入的观众有 2.4 万人，5 号口安检口有 0.7 万人，3 号安检口有 0.7 万人，2 号安检口有 2.15 万人，25 号安检口有 1 万人，总计 6.95 万。

开幕式安检从 16:00 开始，观众开始陆续到达，高峰期出现在 17:30 ~ 18:30，到 19:30 基本结束。

由于开幕式安保级别高，对观众的安检非常严格。从统计数据来看，开幕式的安检工作具有以下几个特点。

（1）从 16:00 开始安检，经过 3 ~ 3.5h，到 19:30，安检基本结束。

（2）一个安检门的平均安检人数不足 120 人 /h，最慢时只有 40 人 /h。

（3）观众排队，最长时能达到 230 ~ 250 人，观众的等候时间平均超过半小时，见图 5–19。

图5–19　安检门外等候的人群

（4）随着观众排队长度的增加，增加了安检人员的数量，使安检能力逐渐提高。

（5）5 个安检口的安检压力差别较大，2 号、5 号口安检压力很大，而 8 号安检口安检能力很富余。组织者及时发现了这一问题，通过在各安检口之间加开摆渡车，疏导观众，很好地平衡了各安检口之间的压力，使观众都能及时顺利地入场。

5.2.2.3　75% 观众乘坐公交抵达奥运公园

分别在 5 个安检口对观众进行了抽样调查，共获得样本 2349 个。扩样后，得到了观众抵达奥运公园的交通方式，有 75% 的观众乘坐公交抵达奥运公园，如图 5-20 和图 5-21 所示。

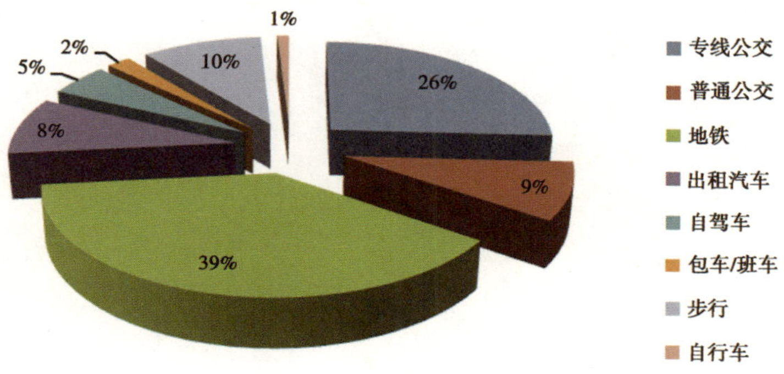

图5-20　观众抵达国家体育场时各交通方式分担比例图

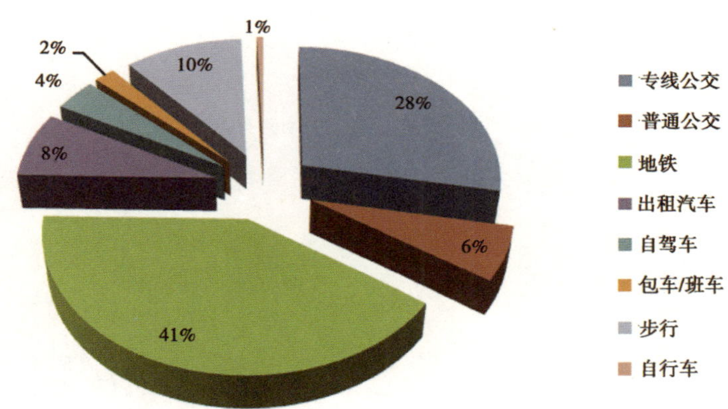

图5-21　观众离开国家体育场实际采用交通方式的分担比例图

从调查结果来看，地铁和普通公交是观众抵离国家体育场的首选，两者加起来的比例超过了 75%。与彩排相比，小汽车、出租汽车得到了很好的控制，比例比之前彩排大大降低，也使得国家体育场周边的交通秩序大大改善。

5.2.2.4　专车集中疏散

根据奥运大家庭进入车流量总分布趋势图显示（图 5-22），15:00 ~ 17:30 进入的车辆相对较少，分布较为平缓；从 17:30 ~ 18:25，驶入车辆急剧增加。期间出现两个较为明显的峰值，第一次在 17:45 ~ 18:00 出现，第二次在 18:45 ~ 19:00 出现。

从驶出车辆的分布图看，如图 5-23 所示，21:00 ~ 21:50 车流分布不太规则，其中 21:20 ~ 21:25 出现小的高峰，峰值为 16 辆。21:50 ~ 23:20，驶出车辆较少，最多时段只有 5 辆。23:20 ~ 23:25 迎来第二个驶出高峰，峰值为 29 辆。23:25 ~ 0:10 驶出车辆分布不规则，多则 11 辆，少则 1 辆。0:15 ~ 1:15 是驶出车辆的高峰时段。其中在 0:25 ~ 0:30 及 0:45 ~ 0:50 出现两次较为明显的高峰，高峰时间为 5 min，分别达到 141 辆和 123 辆。

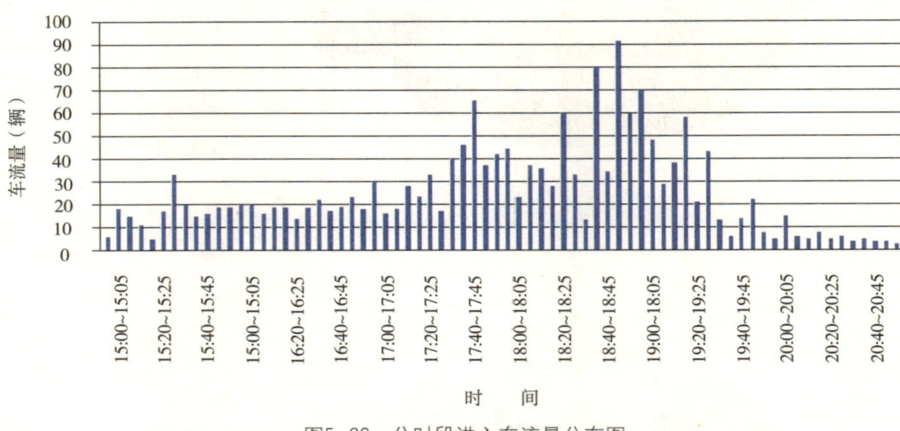

图5-22　分时段进入车流量分布图

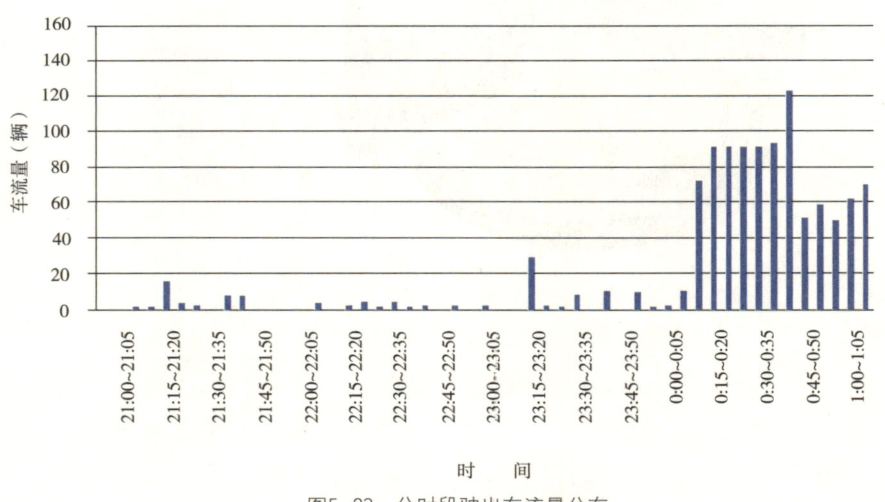

图5-23　分时段驶出车流量分布

5.2.2.5　100%的公交专线总体满意度

针对公交专线、常规公交、地铁三种公共交通方式及出租汽车，做了观众满意度调查。

（1）公交专线。

从公交专线的观众满意度调查来看，观众对公交专线的评价很高，在所有指标中，"很满意"接近80%，加上"比较满意"，总体服务水平满意度达到100%。"换乘方便性"、"候车时间"、"引导标识醒目性"、"车内拥挤程度"以及"信息咨询服务"方面稍有欠缺，如图5-24所示。

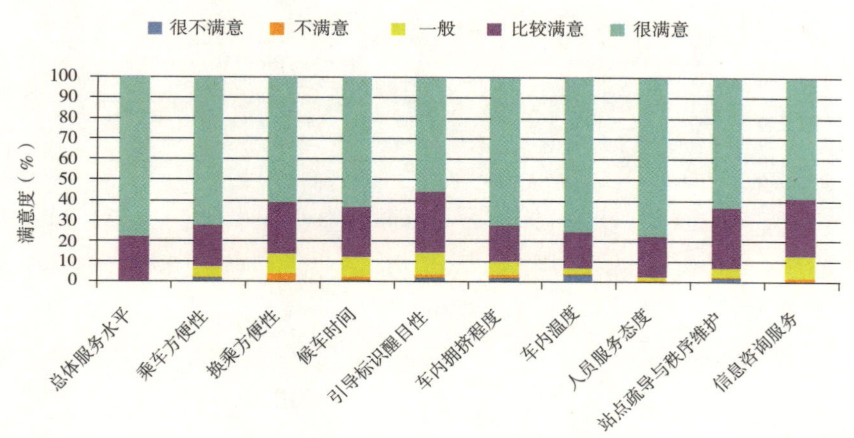

图5-24　公交专线观众满意度

（2）普通公交。

从调查结果来，绝大多数的观众对普通公交"很满意"或"比较满意"。与公交专线相比，普通公交略有不足。观众对普通公交的不满比较突出的表现在引导标识以及车内环境上，如图5-25所示。

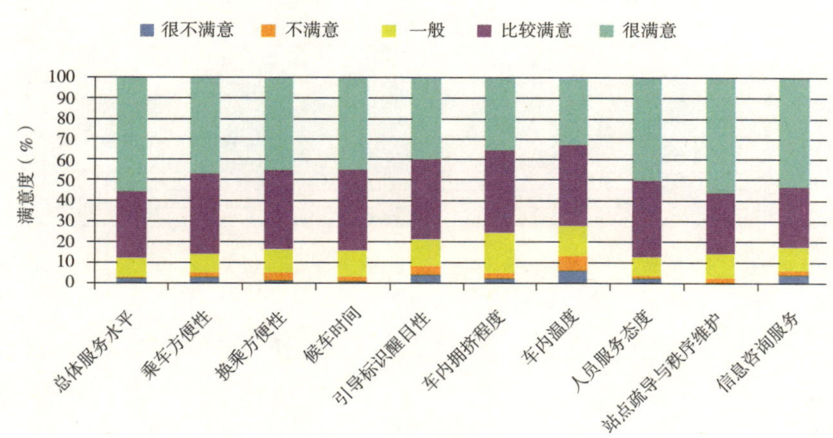

图5-25　普通公交观众满意度

（3）地铁。

绝大多数观众都对地铁“比较满意”或“很满意”。地铁的主要问题集中在车内拥挤上，如图 5-26 所示。

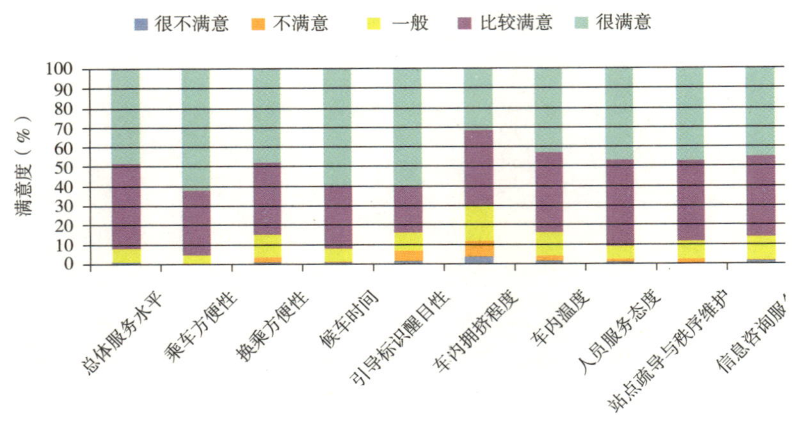

图5-26　地铁观众满意度

（4）出租汽车。

从调查来看，观众对出租汽车总体比较满意。比较突出的问题，一是下车点离国家体育场距离较远，这与开幕式当天交通管制有关；二是出租汽车司机语言沟通能力，这可能与外地人及外国游客较多有关；三是打车等候时间较长，这与开幕式当天人流过于集中，以及出租汽车难以接近国家体育场有关，如图 5-27 所示。

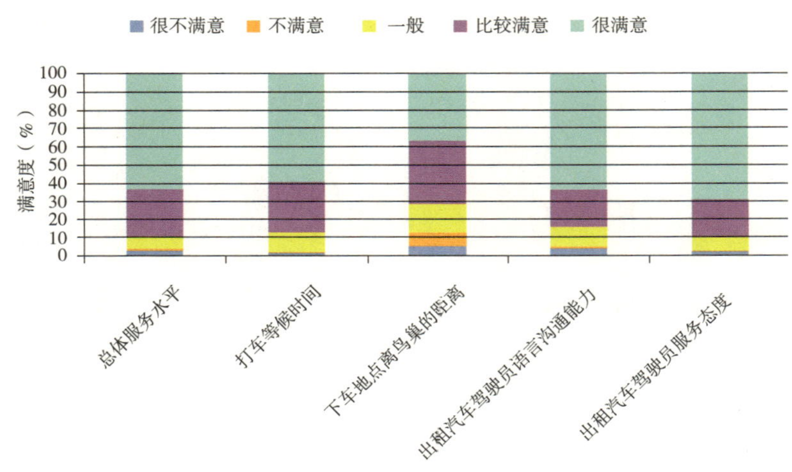

图5-27　出租汽车观众满意度

5.2.2.6 28条专线，100条常规公交线，轨道24h不间断运营

为了保证观众集散的高效性和安全性，北京市交通管理部门针对开幕式观众集散问题采取了多方面的措施，以保障观众疏散。

（1）多次完善奥运会开幕式公共交通保障方案，开辟了28条奥运会开幕式公交专线，在北京游乐园、航天桥、南菜园等28处远端首站发车，另有100条常规公交线在9日凌晨1:00前摆车接驳。

（2）地铁8日首车起至9日末，包括机场线在内，全路网24h不间断运营，大大方便了观众选择公共交通方式观看开幕式。地铁24h不间断运营，这在全国尚属先例，特别是对新开通的线路，其难度是巨大的。

（3）编制了《奥运会开幕式公共交通服务指南》，通过电视、广播、报刊等各种媒体将8月8日开幕式当日公共交通运营服务详细信息及时提供给社会各界。

（4）按照开幕式现场指挥部统一部署，北京市交通管理部门领导现场指挥，实施了优化的公共交通保障方案，地铁奥运支线奥林匹克公园站站内、下沉广场、地面三级联动，各单位、各部门发挥合力，及时调控通过下沉广场进入地铁奥林匹克公园站的客流量，采取公交封站、开行摆渡车等措施，确保了交通保障到位。

（5）对局部降雨、大客流出现的情况及道路设施突发事件，以及对公共交通保障工作可能带来的影响，制订了周密的应急方案，以确保奥运会开幕式交通保障万无一失。

5.2.3奥运会比赛日的交通

2008年8月15日对奥运公园实施了交通调查，调查了观众抵离奥运公园的时空特征及交通方式。

5.2.3.1 观众观赛的入场高峰时间

（1）入场情况。

奥运公园中区入场高峰分别出现在早上和晚上国家体育场比赛开始时间前后（9:00和17:00左右）。

各安检口入场情况如下：

东南安检口（5号安检口）设置了到8号安检口的摆渡车，平衡了8号和5号安检口的需求。

西南、北土城的入场需求比较大，但由于增加了安检机，并提高了安检速度，所以排队时间并不是很长。

奥运公园北区观众入场较为分散，开赛后入场观众较多，安检压力不大。

奥运公园南区上午只有一场 9:00 开始的手球比赛，观众到达高峰在 8:15 ~ 8:45，大部分观众从奥体南门安检口进入，各安检口基本没有观众排队等候现象。

（2）散场情况。

奥运公园中区的散场高峰出现在国家体育场夜间比赛结束时，持续时间大约为 40min。

由于国家体育馆、国家游泳中心和国家会议中心击剑馆距离西南公交场站比较近，很多观众散场从西南场站离开，从 5 号和 8 号安检口离开的较少。

奥运公园北区和南区散场时，公交专线的发车频率仍显得不足，观众等待时间较长。

5.2.3.2　普通公交和包车有所上升

在 5 个安检口，分别针对抵达奥运公园的交通方式进行了问卷调查，共获得样本 3629 个，得到了各种交通方式的分担率，如图 5-28 所示。

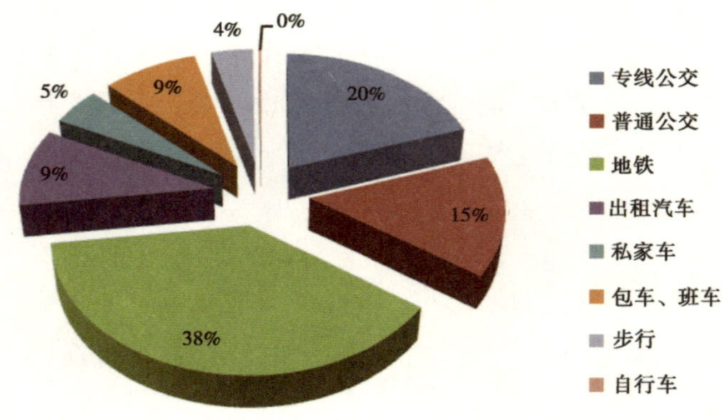

图5-28　观众抵达奥运公园的交通方式

从调查结果来看，地铁、公交专线、普通公交所占比例较大，三者比例之和达到 73%，说明观众大多数都选择了公共交通。普通公交比例为 15%，包车所占比例达到 9%，和开幕式相比均有所上升。

根据对观众的回访，得到了离开奥运公园的交通方式情况，共获得样本 1602 个，各种交通方式的分担比率如图 5-29 所示。

从回访结果来看，与抵达奥运公园的交通方式相比，地铁的分担率大大增加，地铁、公交专线、普通公交三者比例之和达到了 77%，而出租汽车和小汽车的比例则有所下降。

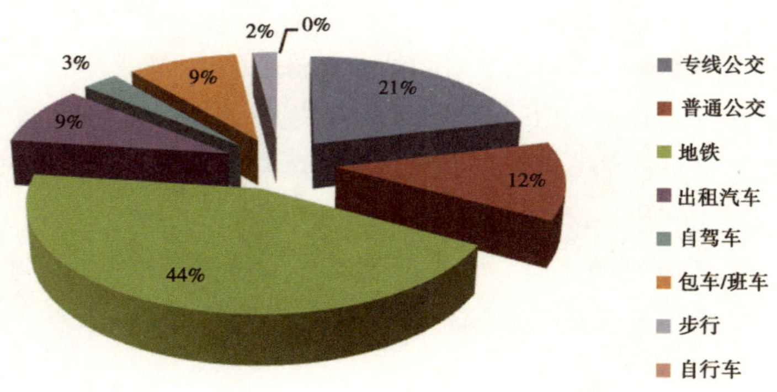

图5-29　观众离开奥运公园的交通方式

此外，把奥运公园比赛日观众出行方式同奥运公园开闭幕式交通方式进行了对比后发现，比赛日同开闭幕式当天，公共交通都是主要的交通方式，其中，地铁所占比重最大。不同的是，比赛日中，观众选择普通公交和包车的比重明显上升。

5.2.4　奥运会闭幕式的交通

奥运会于8月24日20:00在奥运公园国家体育场内闭幕。对奥运会闭幕式观众抵离奥运公园的时空规律、交通方式、奥运大家庭车辆抵离规律以及观众对公共交通的满意度进行了调查，结果表明，观众基本在闭幕式开始前1h进入奥运公园，疏散用时间为70min；奥运大家庭车辆到达从17:35开始增多，一直持续到19:30，离开时出现两次高峰；观众出行以公共交通为主；观众对公共交通的满意度较高。

5.2.4.1　70min完成散场观众疏散

（1）入场情况。

闭幕式加强了对外围交通的管控力度，无证、无票人员基本被控制在规定区域之外，安检口附近秩序井然。

从入场过程来看，闭幕式观众从15:00左右开始入场，观众到达时间比较分散，而且由于安检速度的加快以及观众总人数的减少，在所有的安检口都没有形成很大的压力，到19:00左右，所有入口的观众排队都基本消散。

为了平衡各个安检口之间的安检能力，公交运输部门在2号安检口和3号安检口附近都准备了摆渡车，由于安检口压力都不大，摆渡车并未使用。

（2）散场情况。

从疏散时间看，22:00左右闭幕式结束，22:30左右东南方向退场高峰结束，

22:40 左右西南场站方向退场高峰结束，22:45 左右东北公交场站方向退场高峰结束；22:50 左右南中轴路方向退场高峰结束；23:10 左右下沉广场退场高峰结束。由于大量观众选择地铁，由下沉广场的疏散时间最长，整个退场时间持续了 70min。

从观众散场方向性来看，由下沉广场离开的观众人数最多，东南（慧忠路、凯迪克）和西南方向次之，东北公交场站和南中轴路的观众人数相对少一些。

5.2.4.2　公交比例比开幕式有所降低

对观众抵达奥运公园的交通方式进行了调查，得到了 843 个样本，经过扩样，得到了观众抵达奥运公园所采用的交通方式情况，如图 5-30 所示。

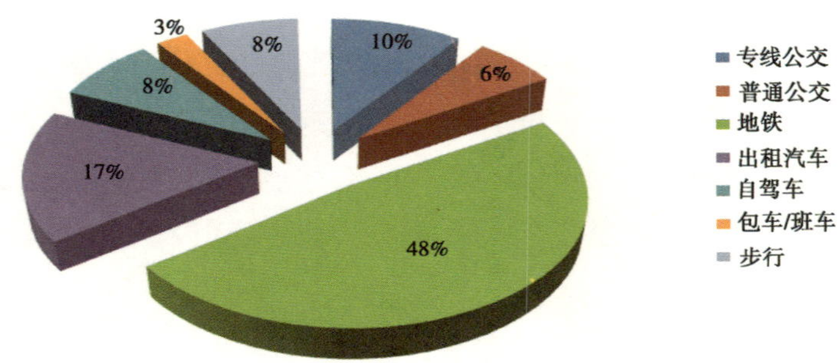

图5-30　观众抵达奥运公园的交通方式

从图 5-32 来看，公共交通比例达到了 64%。与开幕式相比，闭幕式观众乘坐公交比例略有下降，自驾车比例略有上升，这与闭幕式观众总人数减少，观众结构中北京当地观众比例增大有关。

观众离开奥运公园的交通方式如图 5-31 所示，公共交通所占比例为 61%。

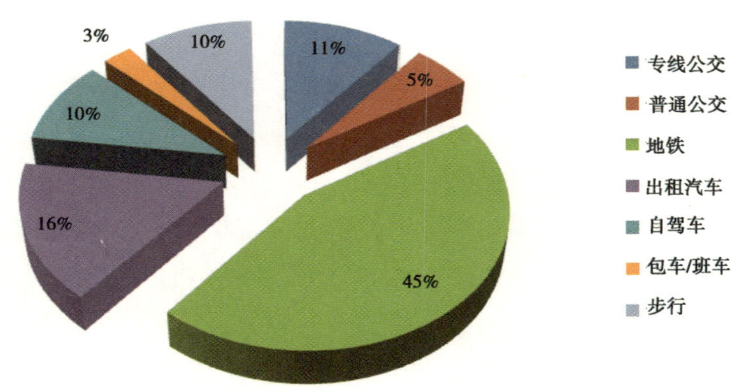

图5-31　观众离开奥运公园的交通方式

5.2.4.3　辆大家庭车辆，运送 2.45 万名注册客户入场

赛事交通服务分中心组织调度了 915 辆交通服务用车，其中大客车 831 辆、旅行车 42 辆、小客车 42 辆，将 2.45 万名注册客户安全顺利送达国家体育场各专用停车场。

奥运大家庭车辆从 17:35 开始增多,一直持续到 19:30,之后开始减少,见图 5-32。

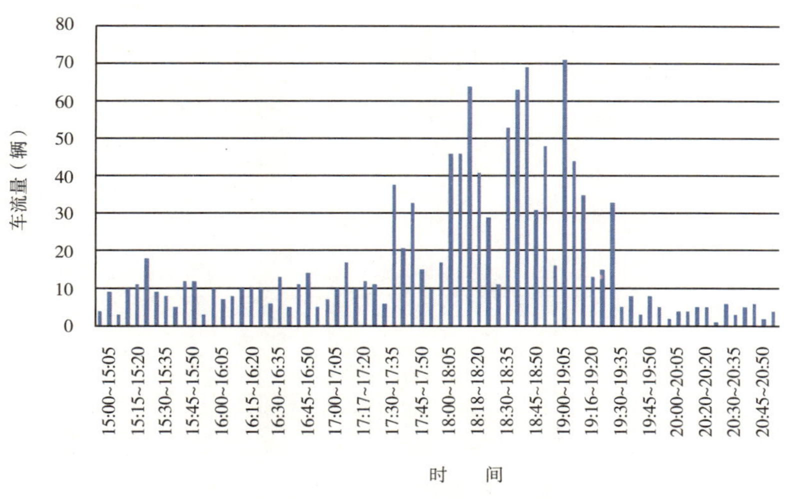

图5-32　奥运大家庭车辆到达规律

退场时，奥运大家庭车辆从 22:00 开始增多，在 22:30 达到高峰，之后逐渐减少，到 23:30 已基本无车辆，如图 5-33 所示。

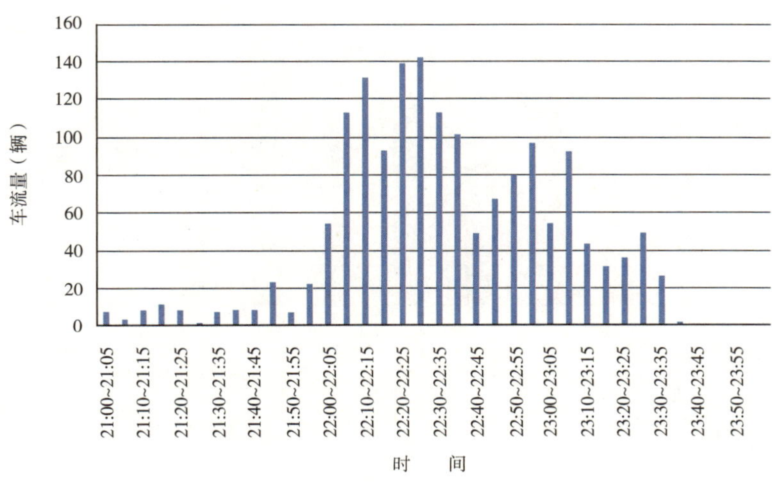

图5-33　奥运大家庭车辆离开规律

5.2.4.4　奥运支线闭幕式当天的客运量

在闭幕式入场阶段，28 条专线共发车 369 次，运送乘客 2870 人次。在散场阶段，闭幕式专线发车 171 次，运送乘客 5397 人次。

地铁全线网 8 月 24 ~ 25 日不间断运营 44h。8 月 24 日，共开行列车 4470 列，加开临客 20 列，共运送乘客 342.3 万人次。地铁奥运支线闭幕式当天运送客运量 18.3 万人次。

针对观众对公共交通满意度情况，调查了 390 个样本，分别对公交专线、普通公交、地铁进行了满意度分析。分析表明，在各项调查指标中，观众对公共交通的评价，“比较满意”和“很满意”均占到了 80% 以上，如图 5-34 ~ 图 5-36 所示。

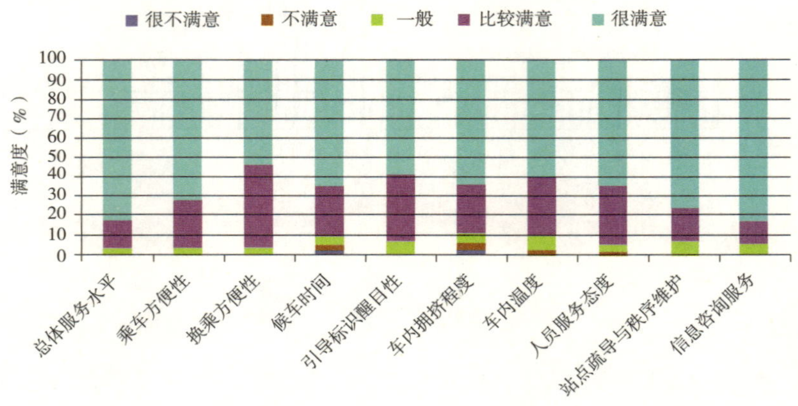

图5-34　公交专线满意度情况

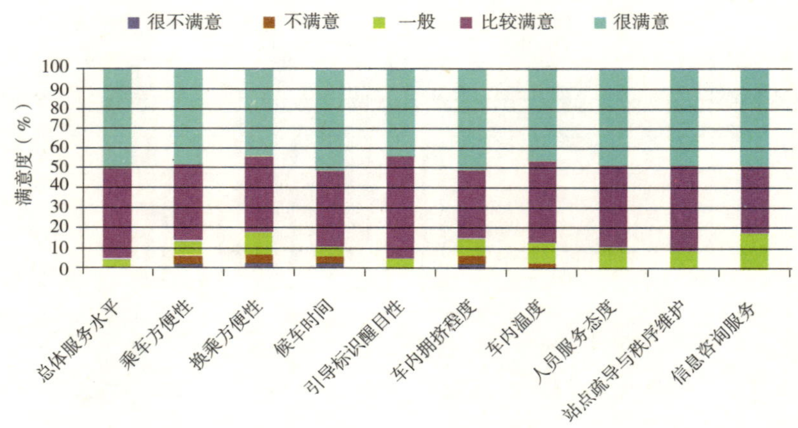

图5-35　普通公交满意度情况

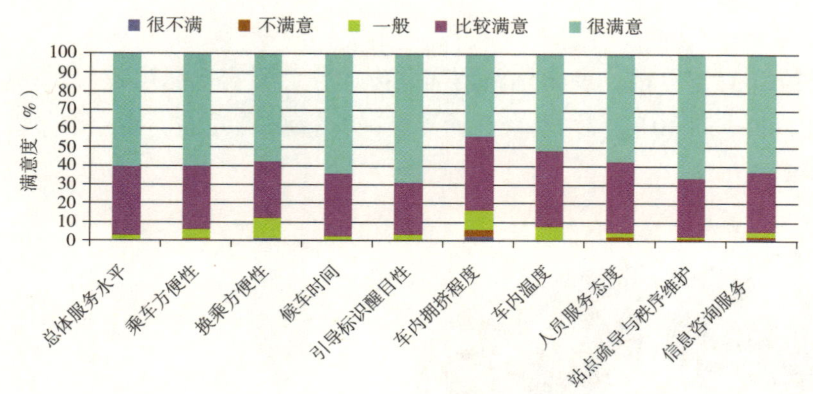

图5-36　地铁满意度情况

5.3　残奥会期间奥运公园的交通

5.3.1　残奥会开幕式的交通

残奥会开幕式于 9 月 6 日 20:00 在奥运公园国家体育场内举行。通过对观众抵离奥运公园的时空分布、交通方式、奥运大家庭车辆抵离规律以及公共交通满意度进行调查，结果表明，观众基本在开幕式开始前 1h 全部进入奥运公园，观众疏散用时 75min，观众出行以公共交通为主，奥运大家庭车辆在开幕式前 1h 达到高峰，开幕式结束出现两次高峰，观众对公共交通满意度较高。

5.3.1.1　观众平均抵达奥运公园耗时 38.6min

（1）时间分布。

①入场：调查结果显示，残奥会开幕式观众全程耗时总体平均为 38.6min，观众路上耗时在 30 ~ 45min 的比例最多；其次是耗时在 15 ~ 30min 的人群，所占比例在 25% 左右；全程耗时在 60 ~ 75min 之间的观众比例也占到将近 15%，如图 5-37 所示。

残奥会开幕式有超过 50% 的观众在 16:00 ~ 18:00 之间到达，如图 5-38 所示。

② 退场：

8 号安检口：22:50 有少量观众退场；23:08 观众增多，23:15 退场到达高峰，平均 180 人 /min ；23:50 高峰基本结束；00:00 又一个小高峰出现，主要是演员退场，持续到 00:30 结束，公园内基本净场。

观众疏散用时 65min。

3 号安检口：23:30 前，南中轴路南向北方向作为贵宾车队出口使用；23:30，观众散场的最高峰；23:40 左右，观众开始逐渐减少；00:20 左右，观众疏散基本结束。观众疏散用时 55min。

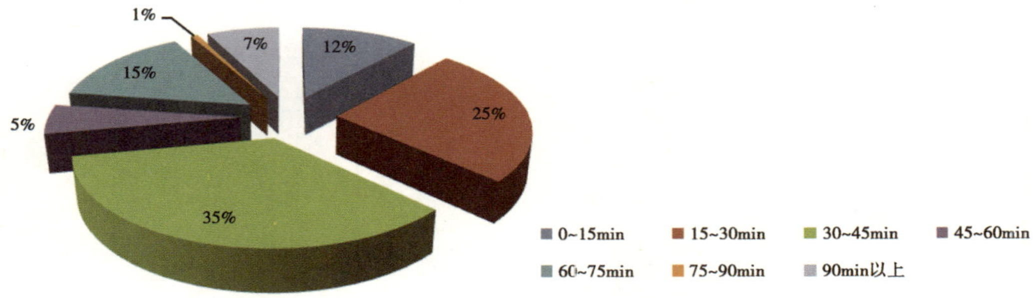

图5-37　观众耗时情况总体分布情况

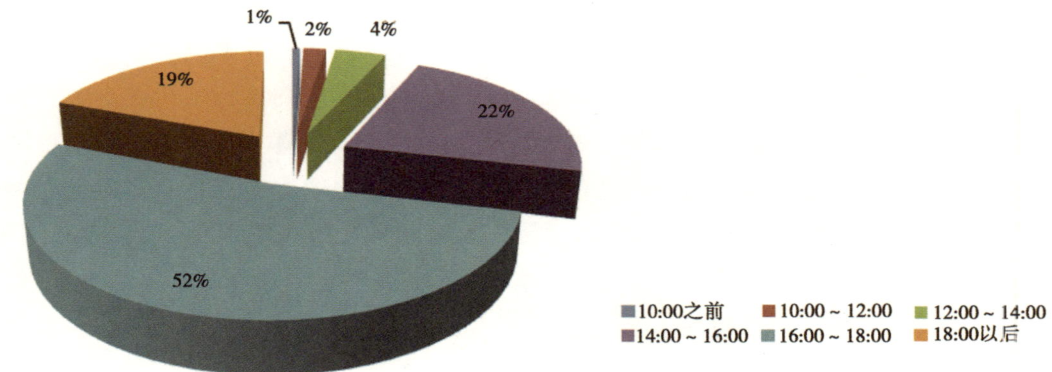

图5-38　观众抵达时间总体分布

25 号安检口：21:10 陆续有少量观众散场，此时开放一个退场出口；23:10 ~ 24:00 为观众散场高峰期，此时开放两个退场出口。

观众集中疏散用时 45min。

地铁 8 号线：散场高峰从 23:10 持续到 00:20 左右，每分钟通过 400 人左右。00:20 人流量明显减少。

观众疏散用时 75min。

（2）空间分布。

通过对各个安检口观众抵达奥运公园的分布情况的调查，得到表 5-6。

表5-6　各安检口安检人数分布情况（单位：人）

安检口	2	3	5	8	25
持证	2470	62	1982	7677	438
观众	26793	2152	12715	7890	8373
轮椅	24	3	310	27	82

各安检口在16:00开始安检，17:00人员陆续增多，18:00达到高峰，19:00后观众入场明显减少，19:30之后基本无观众到达。

5.3.1.2　观众抵达和离开奥运公园的公交比例

对观众抵达奥运公园的交通方式进行了调查，得到了3292个样本，经过扩样，得到了观众抵达奥运公园所采用的交通方式情况，如图5-39所示。

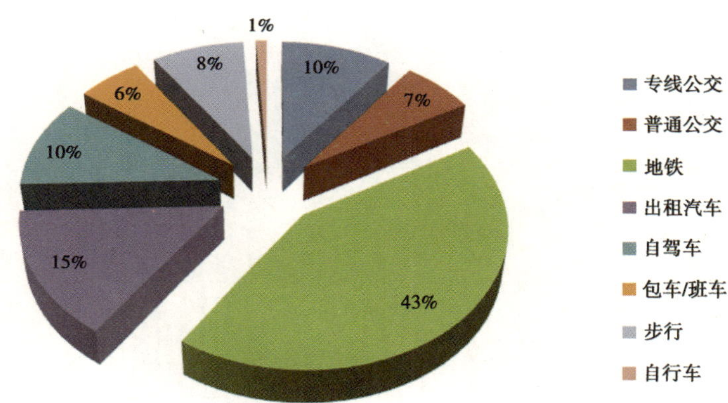

图5-39　残奥会开幕式观众抵达奥运公园的交通方式

从调查结果来看，公共交通仍然是观众的主要出行方式，选择公交专线、普通公交和地铁的比例达到了60%。相比奥运会开幕式，自驾车和出租汽车的比例有所上升，两者比例达到了25%，这与残奥会期间，北京观众占多数有很大关系。

开幕式结束后，针对观众离开国家体育场采用的交通方式，进行了电话跟踪访问调查，结果见图5-40。同抵达时相比，观众乘坐地铁的比例有所增加，而乘坐出租汽车和小汽车的比例则有所下降。

5.3.1.3　一次进入高峰，两次退场高峰

奥运大家庭车辆从18:00开始增多，在19:00左右，即开幕式前1h出现一次入

场高峰，之后逐渐减少，到 20:00 后几乎没有车辆进入，见图 5-41。

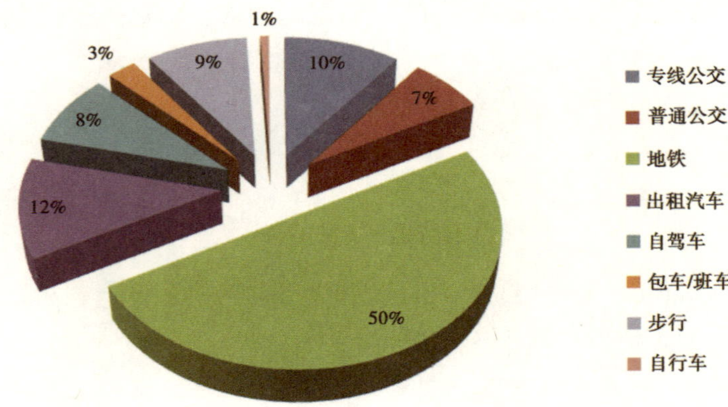

图5-40　观众离开奥运公园实际采用的交通方式

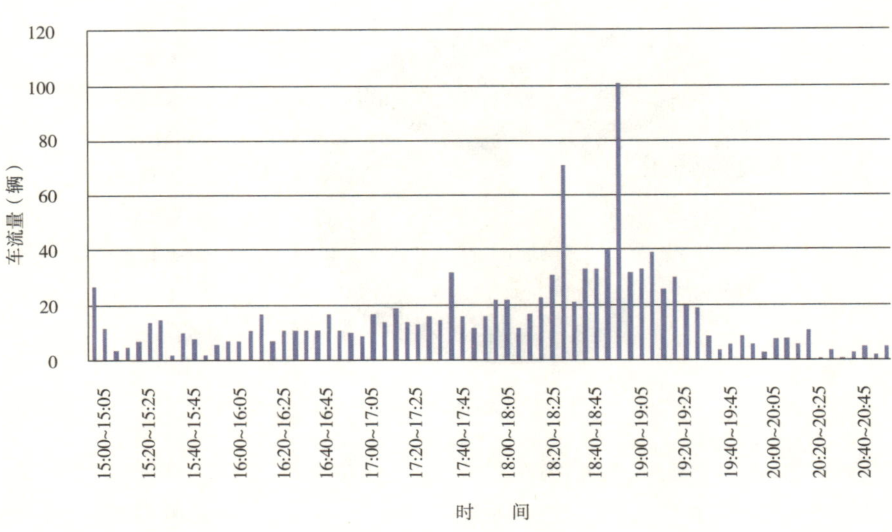

图5-41　奥运大家庭车辆抵达规律

奥运大家庭车辆离开时出现两次高峰，一次从 23:30 持续到 23:45，一次从 00:15 ~ 00:20，见图 5-42。

从 15:00 到次日 00:55，大家庭车辆进出累计达 2529 辆。21:00 之前进出 1153 辆，占 46%；21:00 之后进出 1376 辆，占 54%，见图 5-43。

5.3.1.4　公交总体满意度很高

针对公交专线、常规公交、地铁三种公共交通方式及出租汽车，做了总体服务水平、乘车方便性、换乘方便性等 11 方面的观众满意度调查。结果表明，公交总体满意度很高。

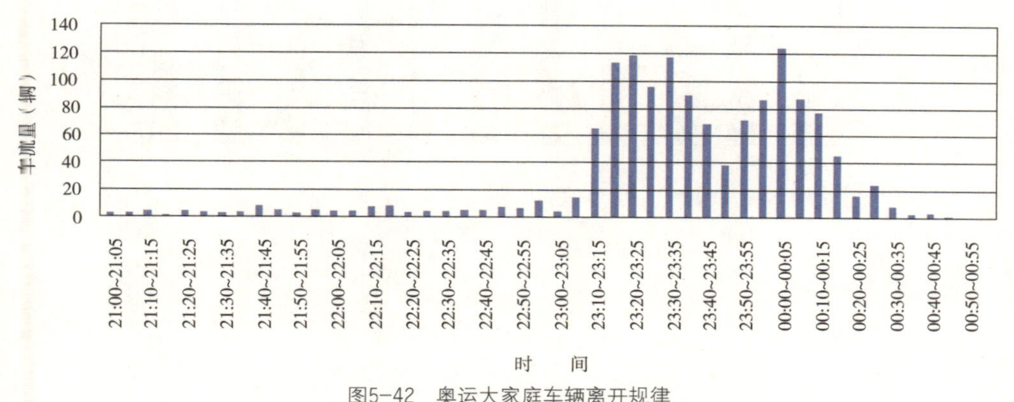

图5-42　奥运大家庭车辆离开规律

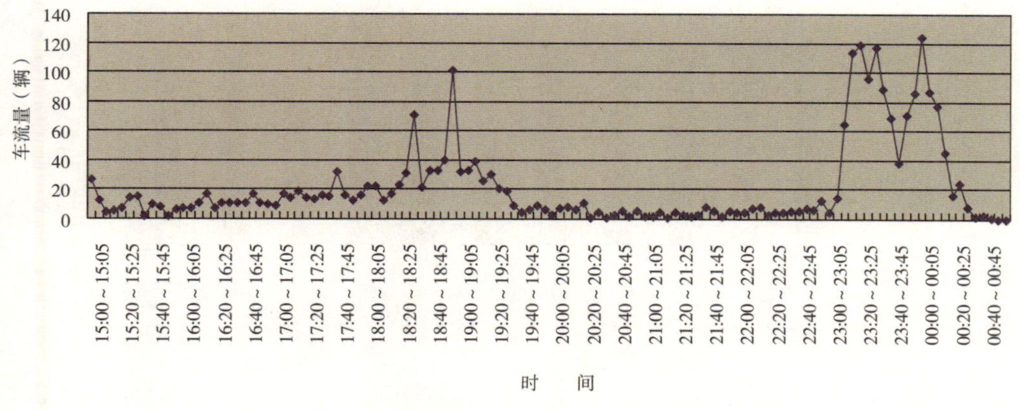

图5-43　奥运大家庭车辆进出时间分布曲线

（1）公交专线。

从调查结果来看，观众对公交专线的评价普遍很高，11 方面调查中的 9 方面满意度在 90% 以上，候车时间、信息咨询服务和引导标识方面满意度也在 80% 以上，见图 5-44。

（2）常规公交。

从调查结果来看，观众对普通公交的评价，相比公交专线虽然满意度有所下降，

但大多方面的总体满意度在 80% 以上，在换乘方便性、候车时间、标识引导、车内拥挤、残疾人服务等方面略显不足，见图 5-45。

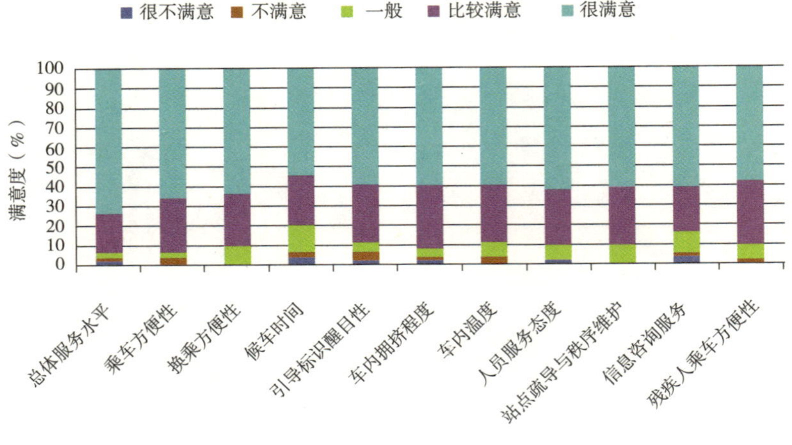

图5-44　公交专线满意度情况

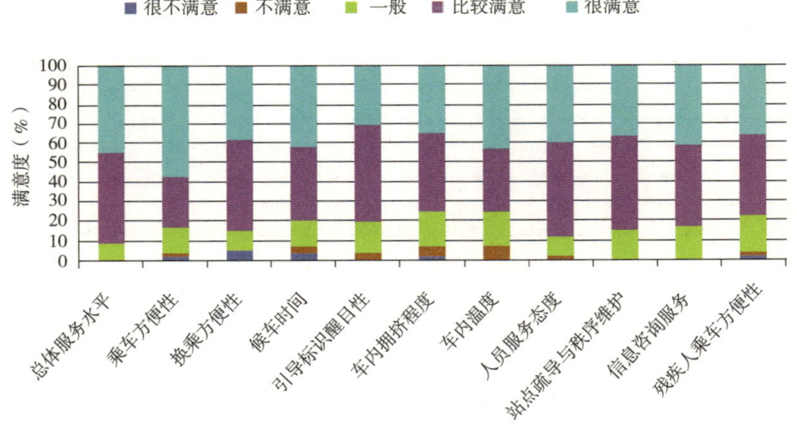

图5-45　常规公交满意度情况

（3）地铁。

从调查结果来看，观众对地铁的总体评价较高，总体满意度接近或超过 90%，比较明显的不足是车内比较拥挤，换乘不够方便，见图 5-46。

（4）出租汽车。

从调查结果来看，观众对出租汽车总体评价较高，总体满意度在 90% 以上，比较突出的问题是下车地点离国家体育场距离较远，这与交通管制有很大的关系，见

图 5 -47。

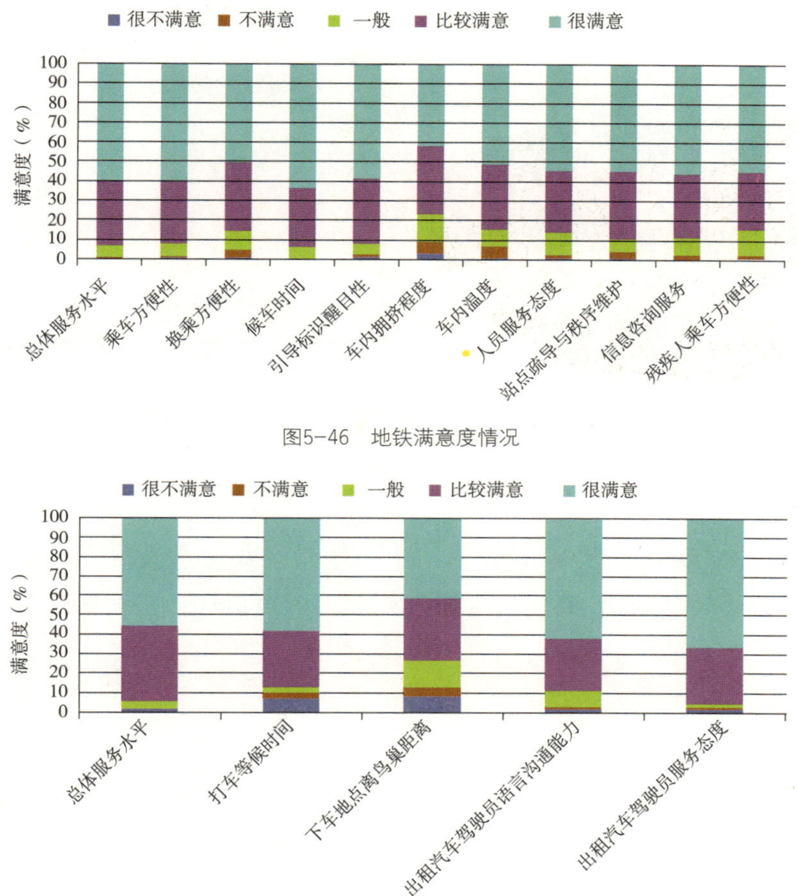

图5-46 地铁满意度情况

图5-47 出租汽车满意度情况

5.3.2 残奥会闭幕式交通调查

残奥会于 9 月 17 日 20:00 在奥运公园国家体育场内举行。对观众抵离奥运公园的时间规律、交通方式、奥运大家庭车辆抵离规律以及公共交通满意度等进行了调查，结果表明，观众基本在闭幕式开始之前 1h 进入奥运公园，疏散用时 75min，出行以公共交通为主，奥运大家庭车辆抵达在 19:00 达到高峰，闭幕式结束离开时出现两次高峰，观众对公共交通满意度较高。

5.3.2.1 54% 的观众 10:00 前入场

（1）入场。

闭幕式观众全程耗时平均为 41.1min。其中，观众路上耗时在 30 ~ 45min 的比例最多，占 37%；其次是耗时在 15 ~ 30min 的人群，所占比例在 24%；全程耗时在 60 ~ 75min 之间的观众比例也占到 14%，如图 5-48 所示。

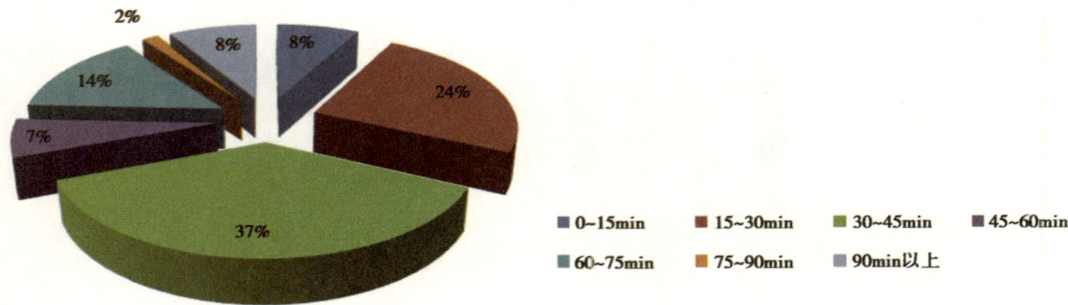

图5-48　残奥会闭幕式观众抵达奥运公园耗时分布图

（2）退场。

8 号安检口：21:30 闭幕式结束，21:40 有少量观众通过该口；21:45 观众增多，22:00 退场到达高峰；22:20 高峰基本结束；22:30 演员退场，持续到 22:45 结束，公园内基本净场。

观众疏散用时 60min。

3 号安检口：21:45 之前，南中轴路南向北方向作为贵宾车队出口使用；21:45 ~ 22:15，观众集中散场；22:15 左右，观众开始逐渐减少，至 23:10 左右，观众疏散基本结束。

观众疏散用时 55min。

25 号安检口：21:00 开始陆续有少量观众散场，此时开放一个退场出口；21:35 ~ 22:00 为观众散场高峰期，此时开放两个退场出口。

观众疏散用时 50min。

地铁 8 号线：21:00 开始有工作人员退场，在散场前已经有少数观众到达地铁入口；21:35 退场高峰开始，观众流量持续增大，至 21:50 左右达到最高峰，一直持续到 22:30，平均每分钟约通过 400 多人。23:00 退场基本结束。

观众疏散用时 75min。

5.3.2.2　公共交通是抵离场馆的主要方式

对观众抵达奥运公园的交通方式进行了调查，得到了 3080 个样本，经过扩样，得到了观众抵达奥运公园所采用的交通方式情况，见图 5-49。

从调查结果来看，观众出行以公共交通为主，公交专线、普通公交、地铁三者比例之和达到了 64%，出租汽车、自驾车比例也比较高，两者比例占到 27%。

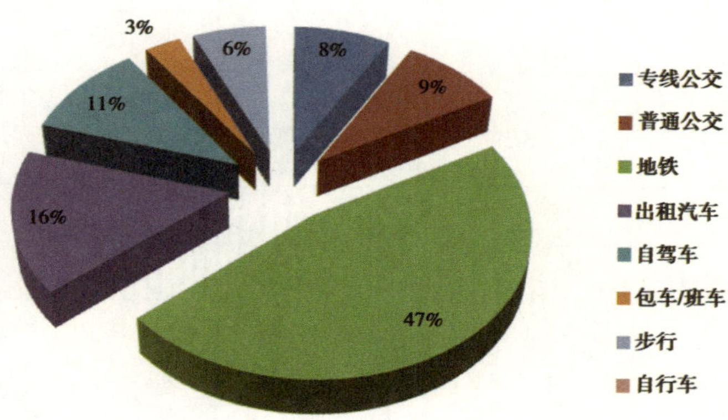

图5-49　残奥会闭幕式观众抵达奥运公园的交通方式结构图

闭幕式结束后，针对观众离开国家体育场采用的交通方式，进行了电话跟踪访问调查，结果见图 5-50。由图可见，公共交通仍是主要的交通方式，其比例达到了 68%。同到达时相比，专线公交和常规公交比例有所提高，自驾车和出租汽车比例有所下降。

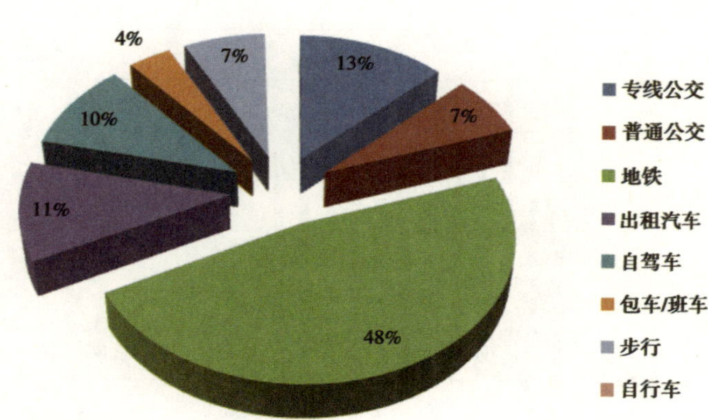

图5-50　残奥会闭幕式观众离开奥运公园的交通方式结构图

5.3.2.3　奥运大家庭车辆入场和离场的高峰

奥运大家庭车辆在 18:30 开始增多，到 19:00 达到高峰，之后逐渐减少，到

20:00 几乎没有车辆到达，见图 5–51。

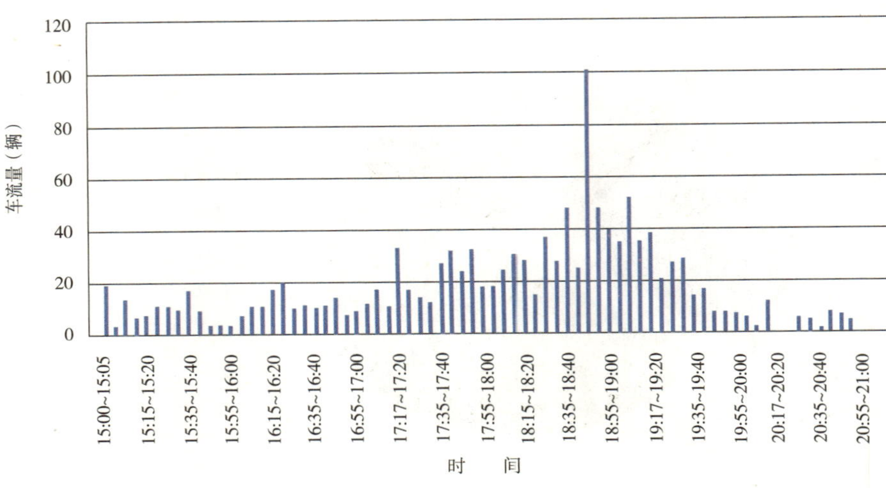

图5–51　残奥会闭幕式奥运大家庭车辆到达时间分布图

奥运大家庭车辆在离开时出现了两个高峰，一次出现在 21:40 ~ 22:00，一次出现在 22:20，见图 5–52。

在 18:50 出现大家庭车辆入场的高峰，5min 间隔达到 100 辆；21:50 出现大家庭车辆离场的高峰，5min 间隔达到 126 辆。从 15:00 ~ 23:30，调查累计进出大家庭车辆 2645 辆，如图 5–53 所示。

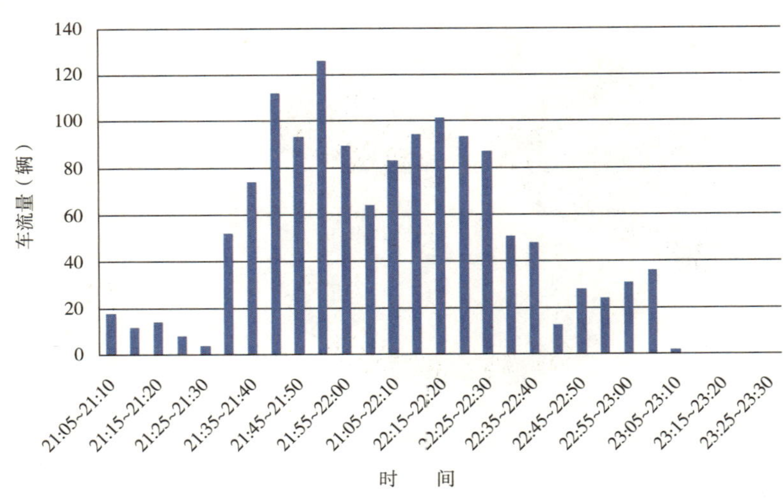

图5–52　残奥会闭幕式奥运大家庭车辆离开时间分布图

5.3.2.4　11 项调查中 5 项公交专线满意度 100%

通过对观众进行问卷调查，得到了观众对公交系统的满意度情况。总体来看，观众对公共交通比较满意，其中，对公交专线满意度最高，各项指标的观众满意度都超过了 95%。在 11 项调查中，总体服务水平、乘车方便性、换乘方便性、站点疏导与秩序维护和残疾人乘车方便性等 5 项满意度达到 100%，如图 5-54 ~ 图 5-56 所示。

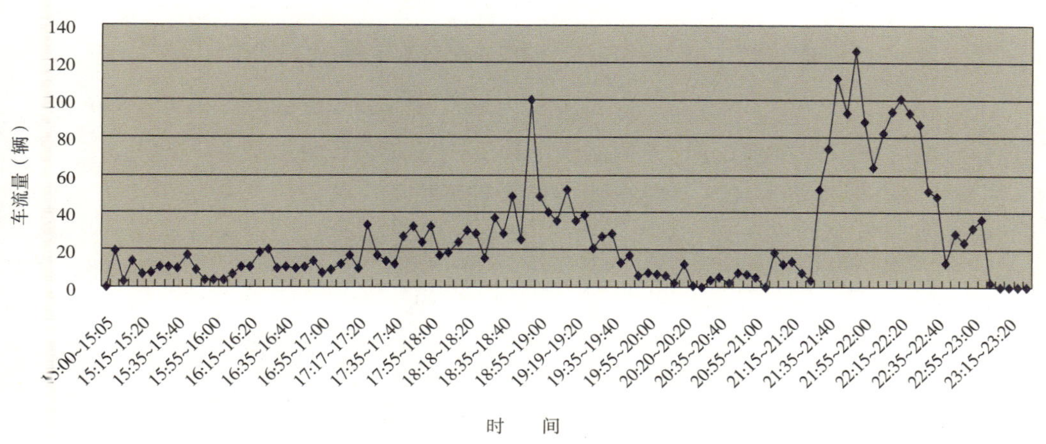

图5-53　残奥会闭幕式奥运大家庭车辆进出时间分布曲线

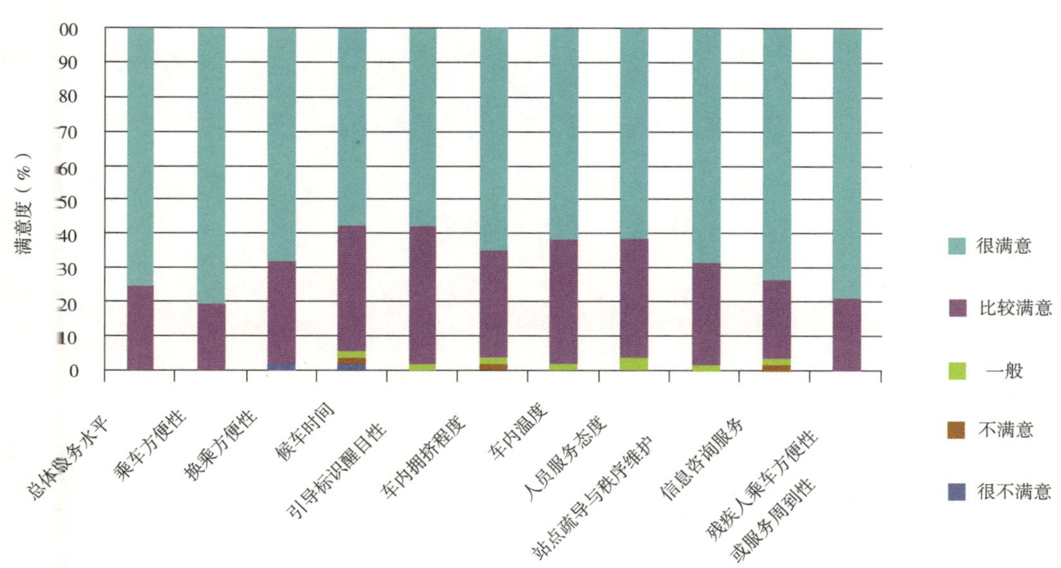

图5-54　公交专线满意度情况

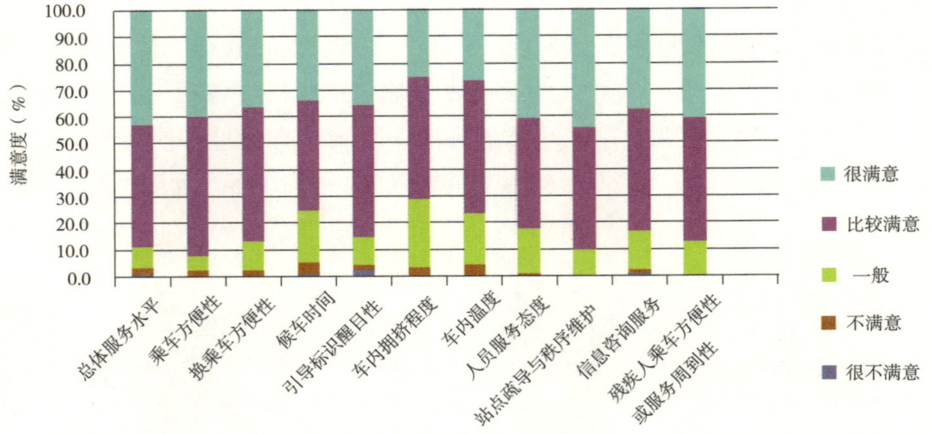

图5-55　普通公交满意度情况

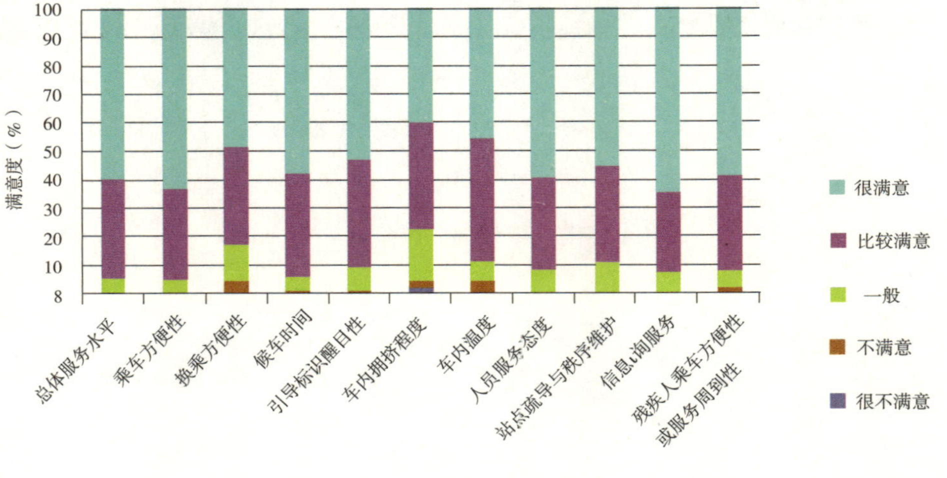

图5-56　地铁满意度情况

5.4　奥运会期间外围场馆的交通

5.4.1　五棵松场馆群

五棵松篮球馆为奥运会篮球竞赛场馆，选取一天内有 6 场女子篮球预赛的第 8 个比赛日 8 月 15 日进行调查（赛程见表 5-7），五棵松场馆群出入口设置及组织流线图如图 5-57 所示。

表5-7　8月15日五棵松篮球馆赛程

时　　间	对　　阵	地　　点
09:00	捷克 vs 新西兰	五棵松篮球馆
11:15	拉脱维亚 vs 澳大利亚	五棵松篮球馆
14:30	俄罗斯 vs 巴西	五棵松篮球馆
16:45	中国 vs 马里	五棵松篮球馆
20:00	美国 vs 西班牙	五棵松篮球馆
22:15	韩国 vs 白俄罗斯	五棵松篮球馆

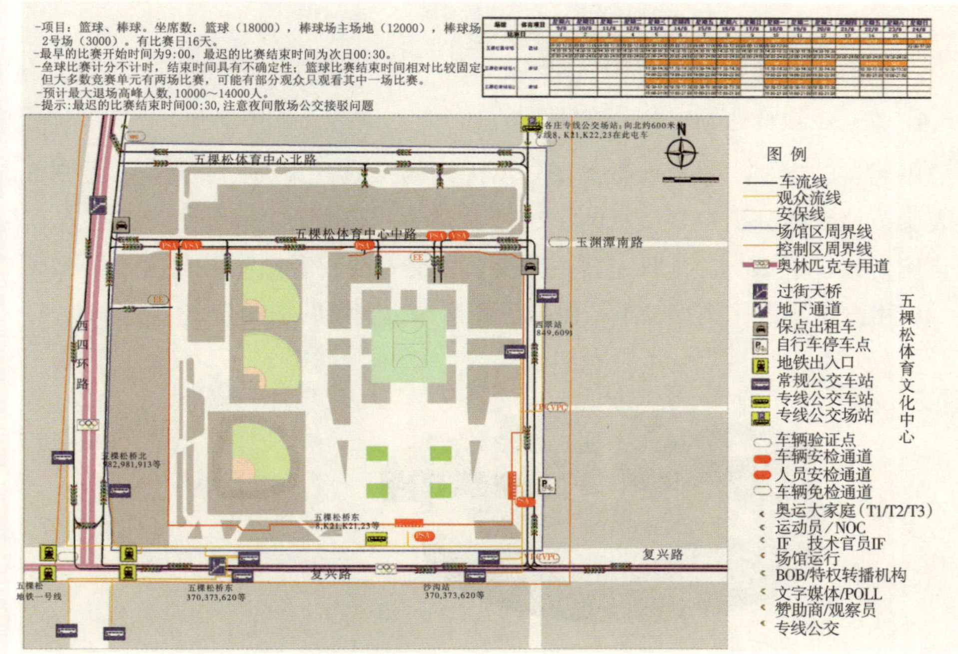

图5-57　五棵松场馆群出入口设置及组织流线图

5.4.1.1　多比赛场次，对应观众多峰进出场

分别选取了地铁站、场馆大门(五棵松场馆东门、南门)、场馆附近的天桥，每5 min对比赛日观众进、退场人数进行了统计。由于8月15日五棵松场馆有6场比赛，

且比赛时间有重叠，因此，观众抵离出现了多次高峰。进、退场的观众人数合并结果见图 5–58。

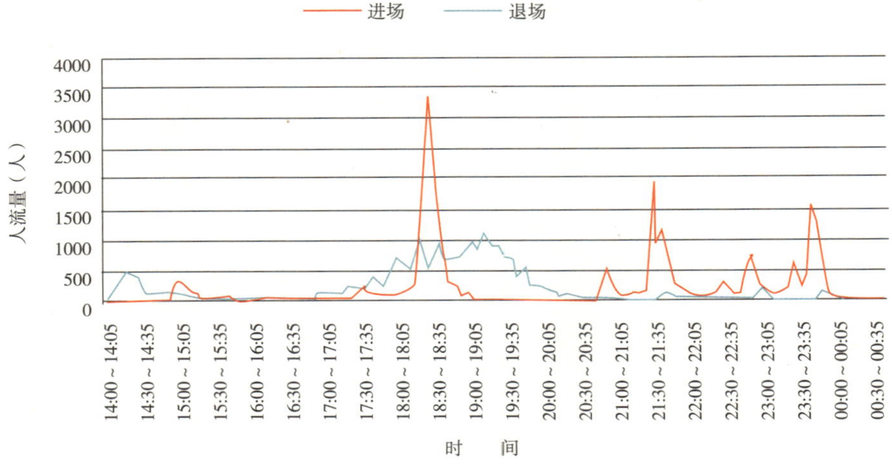

图5–58　第8比赛日五棵松场馆进、退场人流量时间分布图

5.4.1.2　观众抵达场馆的公交比例

采用问卷的方式，对观众抵离场馆所采用的交通方式进行了调查，见图 5–59。调查表明，地铁的分担率是最高的，超过了 50%，普通公交和公交专线也占有相当大的比例，超过了 20%。地铁、普通公交、公交专线三者比例之和达到了 82%。小汽车、出租汽车所占比例都较小，保障了场馆周边交通的畅通。

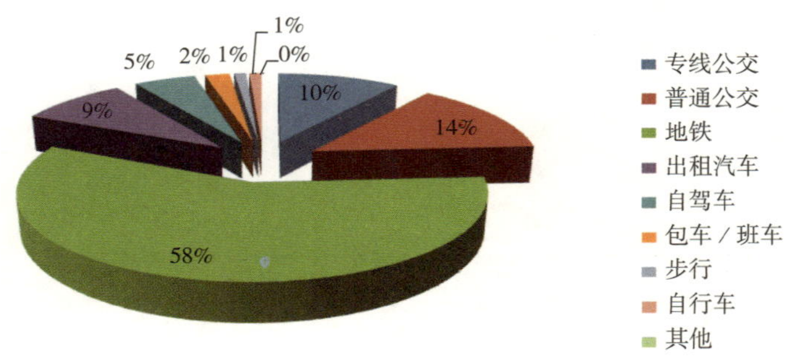

图5–59　观众抵达场馆的交通方式

5.4.2　北京工业大学体育馆

8 月 14 日，北京工业大学进行了羽毛球男子单打和混合双打共 8 场比赛，调查

了观众抵离场馆的时空规律、奥运大家庭车辆抵离规律以及观众抵离场馆的交通方式。具体赛程如表 5-8 所示。图 5-60 所示为北京工业大学体育馆出入口设置及组织流线图。

表5-8　8月14日北京工业大学赛程

时　间	比　赛	时　间	比　赛
10:00	男子单打	18:30	男子单打
11:30	男子单打	20:00	男子单打
11:50	混合双打	20:08	混合双打
13:12	混合双打	22:07	混合双打

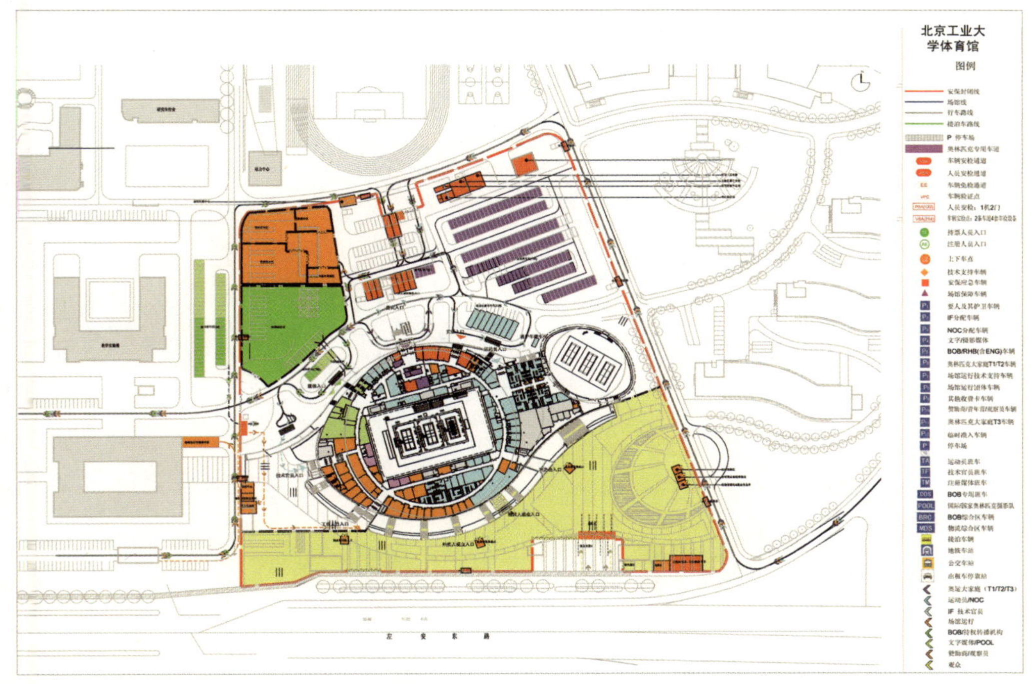

图5-60　北京工业大学体育馆出入口设置及组织流线图

5.4.2.1　两场比赛观众抵离双峰明显

选取在北京工业大学体育馆大门处对比赛日观众进、退场人数进行了统计。由于 8 月 14 日该场馆有早晚两场比赛，因此，观众抵离出现了多次高峰。

分别统计了北京工业大学体育馆东门、西门、南门每 5min 进、退场的观众人数，合并结果见图 5-61。从图中可以看出，北京工业大学体育馆大门进、退场的规律与比赛时间规律基本一致，分别在两次比赛开始之前和两次比赛结束之后各出现了两次高峰，观众抵离的双峰明显。

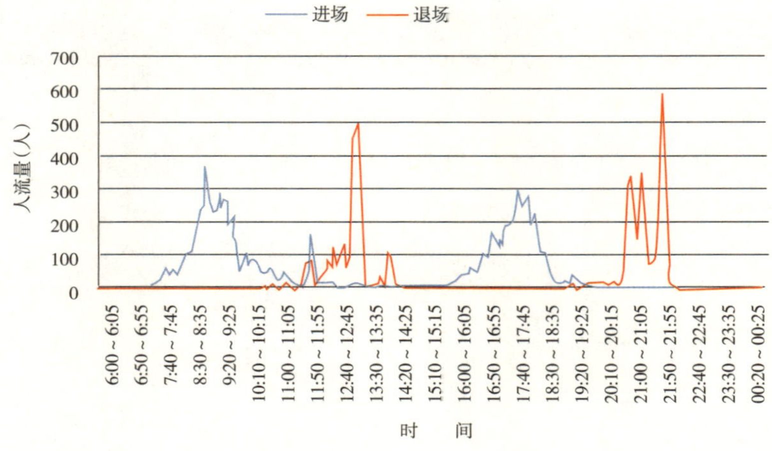

图5-61　北京工业大学体育馆进、退场人流量

5.4.2.2　夜间比赛散场后专车集中离开

调查了 6:00 ~ 24:00 每半小时场馆注册人员车辆抵离的数量，统计规律见图 5-62。

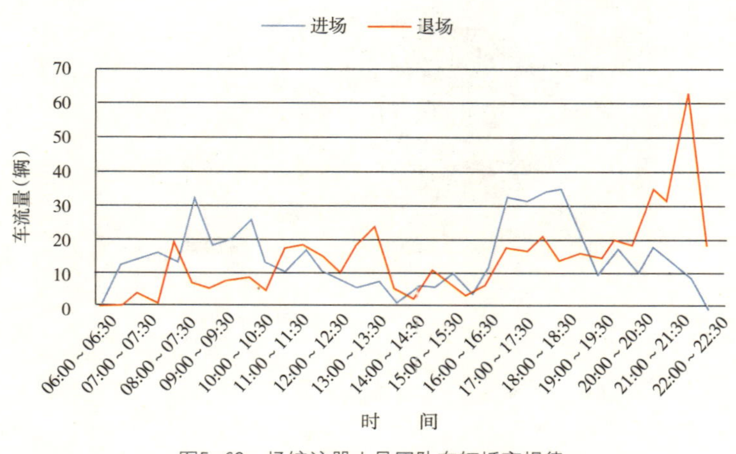

图5-62　场馆注册人员团队车辆抵离规律

北京工业大学体育馆注册人员团队车辆抵离呈现了一定的时间规律性，其抵离的高峰时间与观众抵离的高峰时间基本一致，也出现类似观众的较明显的入场和退

场高峰，尤其在晚场比赛退场高峰明显。

5.4.2.3　公交和出租汽车方式比例相当

采用问卷的方式，对观众抵离场馆所采用的交通方式进行了调查，见图 5-63。调查表明，公交专线、普通公交、出租汽车为观众的主要交通方式，分别均在 25% 左右，三者承担的方式分担比例相当，小汽车所占比例为 15%，3% 的观众乘坐地铁抵达。

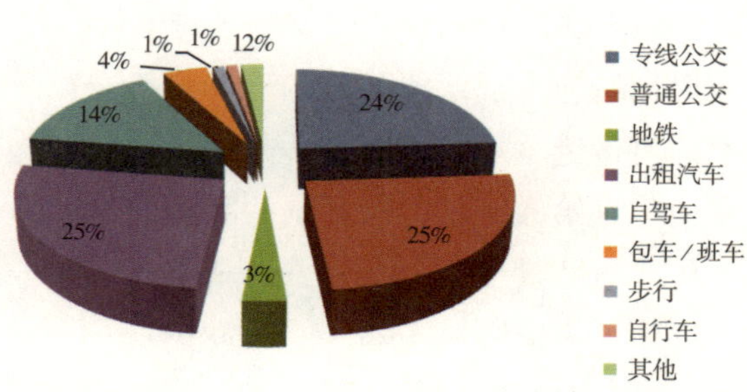

图5-63　观众抵达场馆的交通方式

图索引

北京奥运交通需求
BEIJING
OLYMPIC
TRANSPORT
DEMANDS
ANALYSIS

北京奥运交通
需求

表索引

需求

后 记

《北京奥运交通丛书》在有关单位的鼎力配合下，终于付梓印刷了，北京市交通委员会和北京交通发展研究中心在组织丛书的编著过程中，得到了北京市交通委员会路政局、北京市交通委员会运输管理局、北京市交通执法总队、北京公交集团、北京市地铁运营公司、北京市轨道交通建设公司、北京市基础设施投资公司、北京市首都公路发展集团、北京市公联公路联络线公司、北京市市政路桥集团、北京祥龙公司、北京市轨道交通指挥中心、北京市公安局公安交通管理局、原北京奥组委交通部等单位有关负责同志、专家学者和工作人员的大力支持。

刘小明、王兆荣、全永燊、郭继孚、郭卫亮、孙壮志等同志对丛书的架构和内容设计付出了辛勤的劳动。

刘剑锋、孙福亮、姚广铮、李春燕、刘新华、宋俪婧等同志对本书的编写做了大量的工作，陈金川、温慧敏、张德欣、孙明正、许娟、蔡乐、宋俪婧、王书灵、杨军、孙建平、刘京富等同志为本书提供了大量的资料或参加了编写工作。

北京交通发展研究中心在奥运筹备和赛时，对相关测试赛、奥运会和残奥会开闭幕式和比赛，做了全面的交通调查和评价工作，为本书的编著提供了丰富的资料；柏诚（北京）公司为本书提供了翔实的数据和资料；北京市交通委员会、北京市交通委员会运输管理局、北京公交集团、北京市地铁运营公司、北京市轨道交通建设公司、北京祥龙公司也为本书提供了宝贵的资料。

在此，对参与编写工作的各单位和各位同志付出的辛勤劳动表示衷心的感谢！

本书的出版得到了人民交通出版社戴慧莉编辑的帮助，她认真负责的工作态度与高水平的编辑能力，为本书增色很多，在此一并表示感谢！

《北京奥运交通丛书》编著委员会

2010年2月

参考文献

[1] 第29届奥林匹克运动会组织委员会．第29届奥林匹克运动会主办城市合同[R]. 北京：第29届奥林匹克运动会组织委员会，2001.

[2] 第29届奥林匹克运动会组织委员会．第29届奥林匹克运动会交通服务标准 BEIJING[R]. 北京：第29届奥林匹克运动会组织委员会，2006.5.

[3] 第29届奥林匹克运动会组织委员会．北京奥运会单元竞赛日程3.20版．北京：第29届奥林匹克运动会组织委员会，2007.

[4] 第29届奥林匹克运动会组织委员会．北京奥运会比赛场馆坐席数及单场可售票统计．北京：第29届奥林匹克运动会组织委员会，2006.

[5] 第29届奥林匹克运动会组织委员会运动会服务部交通处．北京奥运会交通战略计划[R]. 北京：第29届奥林匹克运动会组织委员会，2005.1.

[6] 第29届奥林匹克运动会组织委员会．奥运比赛场馆观众需求预测[R]. 北京：第29届奥林匹克运动会组织委员会，2006.9.

[7] 第29届奥林匹克运动会组织委员会．雅典及悉尼奥运会门票销售统计表[R]. 北京：第29届奥林匹克运动会组织委员会，2006.10.

[8] 第29届奥林匹克运动会组织委员会．奥运交通详设[R]. 北京：第29届奥林匹克运动会组织委员会，2008.

[9] 北京奥运会交通工作协调小组办公室．关于奥运赛时奥林匹克公园地区T5交通需求和对策的初步研究[R]. 北京：北京奥运会交通工作协调小组办公室 2006.10.

[10] 第29届奥林匹克运动会组织委员会．OCD每日数据统计[R]. 北京：第29届奥林匹克运动会组织委员会，2008.

[11] 第29届奥林匹克运动会组织委员会交通部．北京奥运会残奥会赛事交通服务纪实。[M]. 北京：人民交通出版社，2009.

[12] 第29届奥林匹克运动会组织委员会交通部．交通服务运行团队交通服务运行计划（方案）汇编。[R]. 北京：第29届奥林匹克运动会组织委员会，2008.

[13] 国际奥林匹克委员会．交通技术手册[R]. 北京：第29届奥林匹克运动会组织委员会，2005.7.

[14] 北京市交通委员会，运输局 . 北京奥运交通人力资源部分——付薪人员的组织管理 [R]. 北京：北京市交通委员会，运输局，2009.
[15] 北京奥组委交通部 . 奥运会交通服务专用小客车需求 [R]，2007.
[16] 北京市交通委员会，等 . 北京交通发展纲要（2004-2020）[R]. 北京：北京交通发展研究中心，2005.
[17] 第 29 届奥林匹克运动会组织委员会 . 关于北京奥运会交通服务大客车相关问题的请示 [R]. 北京：第 29 届奥林匹克运动会组织委员会，2007.
[18] 北京市交通委员会 . 北京 2008 奥运场馆周边道路建设计划 [R]. 北京：北京市交通委员会，2006.
[19] 北京市奥运交通协调办公室 . 奥运场馆周边现状公交线路及运力统计 [R]. 北京：北京市奥运交通协调办公室，2006.1.
[20] 北京市运输局 . 北京市运输局关于奥运会临时公共交通设施需求的报告 [R]. 北京：北京市运输局，2006.
[21] 北京市公交公司 . 场馆周边现状公交线路日间营业时间 [R]. 北京：北京市公交公司，2006.1.
[22] 北京交通发展研究中心 . 奥运会比赛场馆周边公交保障主要信息 [R]. 北京：北京交通发展研究中心，2008.
[23] 北京交通发展研究中心 . 北京市城市交通仿真系 [R]. 北京：北京交通发展研究中心，2008.
[24] 北京交通发展研究中心 . 奥运会开幕式散场疏散情况说明 [R]. 北京：北京交通发展研究中心，2008.
[25] 北京交通发展研究中心 . 奥运期间交通需求转移及公交需求变化及各方式分担测算 [R]. 北京：北京交通发展研究中心，2008.
[26] 北京交通发展研究中心 . 奥运比赛场馆周边临时交通设施及交通组织规划 [R]. 北京：北京市交通委员会，北京交通发展研究中心，2006.
[27] 北京交通发展研究中心 . 2004-2009 年北京交通发展年度报告 [R]. 北京：北京交通发展研究中心，2009.
[28] 北京交通发展研究中心 . 北京市第三次交通综合调查系列报告 [R]. 北京：北京交通发展研究中心，2006.
[29] 北京交通发展研究中心 . 奥运公园周边公交人流政策标准措施 [R]. 北京：北京市交通委员会，北京交通发展研究中心，2007.

[30] 北京交通发展研究中心 . 奥运会交通仿真系统研究——奥运城市交通模型 [R]. 北京：北京交通发展研究中心，2007.

[31] 北京交通发展研究中心 ."中超"联赛交通调查报告 [R]. 北京：北京交通发展研究中心，2007.

[32] 北京交通发展研究中心 . 首都体育馆大型活动调查报告 [R]. 北京：北京交通发展研究中心，2005.

[33] 北京交通发展研究中心 . 奥运专用道测试评价报告 [R]. 北京：北京交通发展研究中心，2007.

[34] 北京交通发展研究中心 ."鸟巢"田径测试赛交通调查报告 [R]. 北京：北京交通发展研究中心，2008.

[35] 北京交通发展研究中心 ."好运北京"环境交通保障测试期间出租汽车运营情况分析报告 [R]. 北京：北京市运输管理局，北京交通发展研究中心，2007.

[36] 北京交通发展研究中心 . 奥运交通需求管理政策汇报 [R]. 北京：北京市交通委员会，2007.

[37] 北京交通发展研究中心 ."好运北京"测试赛调查报告 [R]. 北京：北京交通发展研究中心，2007.

[38] 北京交通发展研究中心 . 奥运会注册客户群交通服务运行专项测试评估 [R]. 北京：北京交通发展研究中心，2008.6.

[39] 北京交通发展研究中心 . 奥运会及残奥会交通运行评价 [R]. 北京：北京交通发展研究中心，2008.11.

[40] 北京交通发展研究中心 . 奥运公交专线线网规划 [R]. 北京：北京市运输局，北京交通发展研究中心，2007.

[41] 北京 2008 奥运会申办委员会. 北京 2008 年奥运会申办报告 [R]. 北京：北京 2008 奥运会申办委员会，2001.

[42] 北京公交集团奥运保障协调办公室 . 八月份好运北京公交专线测试情况小结 [R]. 北京：北京运输局，北京公交集团，2007.

[43] 柏诚 (北京) 工程技术有限公司 . 奥林匹克中心区赛时观众需求分析与交通设施规划 [R]. 北京：柏诚 (北京) 工程技术有限公司，2007.

[44] 柏诚 (北京) 工程技术有限公司 . 奥林匹克公园赛时交通设施与交通组织规划 [R]. 北京：柏诚 (北京) 工程技术有限公司，2008.

[45] 柏诚(北京)工程技术有限公司 . 奥林匹克专用道交通仿真系统研究(简)[R]. 北京：

柏诚（北京）工程技术有限公司，2006.

[46] 柏诚（北京）工程技术有限公司．奥林匹克公园设施规划报告 [R]. 北京：北京市 交通委员会，2006.

[47] 北京市城市规划设计研究院．奥运行动规划 [R]. 北京：北京市城市规划设计研究院，2001.10.

[48] 清华大学交通所等．公共场站建筑与建设用地标准研究 [R]. 北京:北京市运输局，2006.2.

[49] ORTA（Olympic Roads and Transport Authority）. Nothing Big Than This（Transport for the Sydney 2000 Olympic and Paralympic Games）[R]. ORTA，2001：2–3、12–23、28–32、37–39、42–53.

[50] PARK R. Olympic Spectator Transportation System，Utah Transit Authority After-Action Report[R]. Utah Transit Authority，2001：20–35.

[51] HOWERY D R. 1984 Olympic Games Draft Venue Transportation Plans[R]. Department of Transportation，City of Los Angeles，1983：30–37.

[52] Bowman J，Ben-Akiva M. Activity-Based Disaggregate Travel Demand Model System with Activity Schedules[J].Transportation Research A，2001，35A：1–28.

[53] 全永燊．奥运交通需求分析与战略对策 [J]. 道路交通与安全，2002(4)：9.

[54] 全永燊．北京市奥运交通需求管理的启示 [J]. 城市交通，2008，6(5)：1.

[55] 郭继孚．对《北京奥运交通规划》的几点认识 [J]. 交通运输系统工程与信息，2003，3（2）: 8–10，17.

[56] 许焱，刘小明，杨孝宽，等. ITS 在奥运交通系统中的应用 [J/OL]. 交通运输工程与信息学报，2004，2（2）: 59–65.

[57] 孙壮志，郭继孚，马海红．北京奥运会交通规划及交通组织管理 [J]. 城市交通，2008，6(3)：11–15，34.

[58] 李春艳，陈金川，郭继孚，等．北京奥运城市交通仿真平台及应用 [J]. 城市交通，2008，6(5)：69–73.

[59] 孙福亮，孙壮志，贾洪飞，等．北京奥运会观众交通需求预测 [J]. 城市交通，2008，6(3)：16–22.

[60] 姚广铮，孙壮志，孙福亮，等．北京奥运公交专线规划及评价方法 [J]. 城市交通，2008，6(3)：29–34.

[61] 刘新华，孙壮志，孙福亮．“好运北京”环境测试期间出租汽车运营状况 [J]. 城

市交通，2008，6(3)：35–38.
[62] 陈艳艳，安志强，荣建 .2008 年奥运观众交通需求预测 [J]. 北京工业大学学报，2005，31(5)：466–470.
[63] 许焱，荣建，刘小明，等 . 奥运交通特点及对策研究 [J]. 科学技术与工程，2004，4(4)：288–292.
[64] 孙福亮 . 奥运场馆周边临时交通设施规划及交通组织研究——以五棵松文化体育中心为例 [D]. 长春：吉林大学，2007.
[65] 姚广铮，孙壮志 . 北京奥运会奥运公交专线线网规划初探 [A].，同济大学出版社，2006.
[66] 刘莹，郑红普，张德欣 . 北京市出租汽车换型期供给能力分析 [J]. 城市交通，2006，4（3）：62–66.
[67] 陈艳艳等 . 北京奥运交通组织规划初探 [J]. 城市规划汇刊，2003(5)：63–67.
[68] 荣建，陈艳艳，刘小明. 奥运场馆交通组织规划 [C]. “北京交通与奥运”百千万人才工程学术论坛，2004.
[69] 陈艳艳，安志强，刘小明. 奥运场馆交通组织规划 [C]. “北京交通与奥运”百千万人才工程学术论坛，2004.
[70] 于春全. 北京交通管理应急指挥系统概述 [J/OL]. 综合运输，2004(10)：50–52.
[71] 严海，严宝杰. 2008 北京奥运会期间赛场周边车辆停放对策研究 [J/OL]. 交通运输工程与信息学报，2004，2(1)：63–68.
[72] 史建港，陈艳艳，任福田 . 奥运中心场馆区域行人交通分布预测 [J]. 北京工业大学学报，2006，32(1)：38–42.
[73] 邱雪 . 雅典奥运会组织与管理的六条经验 [J]. 体育文化导刊，2007，(11)：30–31.